Manuel Zerwas

JONAS, NIMM DEN DINOSAURIER AUS DER NASE!

33 Geschichten aus dem absurden Alltag eines Kita-Erziehers

Mit Illustrationen von Jana Moskito

W0171961

SCHWARZKOPF & SCHWARZKOPF

INHALT

Für Lisa und Claudia.

Die besten Kolleginnen im
alltäglichen Kampfeinsatz.

DANKE

An Lena, vor allem Lena. Aber danke auch an Martin Brinkmann, Oliver Schwarzkopf und sein Team, meine Erzieherinnen, damals, noch nicht sooo lange her, aber irgendwie doch, die vielleicht, ganz vielleicht, Ähnliches mit mir erlebt haben, meine Eltern, für vieles, Sylvia und Mike fürs Probelachen im Garten.

KINDER SIND WITZIG, LEBENSBEJAHEND UND WUNDERBAR.

Aber überlegen Sie sich zweimal,
ob Sie wirklich täglich mit ihnen zu tun
haben möchten ... Ein Vorwort

Volle Windeln in allen leuchtenden Farben, Diskussionen über Gummifrösche und Rülpswettbewerbe beim Mittagessen: Der Alltag in einer Kindertagesstätte ist abwechslungsreich, nervenaufreibend und manchmal auch nah am Wahnsinn. Pädagogisches Wissen und vernunftgemäßes Handeln sind bei der Arbeit mit den Kleinen und ganz Kleinen nicht immer ganz einfach umzusetzen, und manchmal ist man als Erzieher auch einfach nur froh, wenn der Tag nach Elterngesprächen, fremdartigen Bastelarbeiten und Verstecken spielen extrem vorbei ist, ohne dass jemand ernsthafte Blessuren davongetragen hat.

Herr Zerbas arbeitet als Erzieher in der Krippe einer Kindertagesstätte. Zusammen mit seiner Kollegin Lara Richter wacht er über acht Kleinkinder im Alter zwischen ein und drei Jahren in der Gruppe der Kleinen Murmeltiere. Häufig darf er jedoch auch bei den bis zu Sechsjährigen in der Eulen- oder Bibergruppe einspringen und sein pädagogisches Geschick beim Fußballspiel, beim Mittagessen und beim Geschichtenvorlesen unter Beweis stellen. Auch besondere Festivitäten wie das Sommerfest, die Kindergartenfaschingsparty, die Busschule oder der eher einschläfernde Gottesdienst fordern seine Aufmerksamkeit und den situativ adäquaten Umgang mit Kindern, Kolleginnen und Eltern. Dabei versucht er sich von den Tücken des Alltags, die nicht immer einfach zu ertragen sind, nicht die Freude an der Arbeit mit den Kleinen nehmen zu lassen, die doch immer wieder herzerweichend und lehrreich sein kann und stets mit einem ironischen Augenzwinkern kommentiert wird.

Denn bei seinen kleinen Alltagsabenteuern erfährt er jeden Tag aufs Neue: Kinder sind toll, liebevoll und witzig. Aber Kinder kotzen auch in Legokisten, bringen Windeln zum Platzen und lassen ihre St.-Martins-Laternen abfackeln.

33 Episoden aus dem absurden Alltag eines unerschrockenen Kita-Erziehers und der Versuch, bei Essensverweigerern, unendlich langen Rotzfäden und Spielzeugbirnen im Popo nicht die Nerven zu verlieren. Und nicht selten bleiben pädagogische Pläne dabei auf der Strecke, und man muss spontan reagieren. Zum Beispiel wenn ein unglaublich großer Popel im Kuchenteig landet …

KAPITEL 1

SCHNICK SCHNACK SCHNUCK

Wenn der bösartige Geruch zuschlägt und
das Atmen erschwert, dann stellt sich die alles
bedeutende Frage: Wer wechselt die Windel?

Der Geruch ist durchaus ein Problem. Keines, das man nicht lösen kann, das nicht. Die meisten Probleme sind lösbar. Probleme sind Möglichkeiten, maskierte Gelegenheiten, um zu zeigen, was man kann, wie Duke Ellington so schön sagt. Aber nur weil ein Problem lösbar ist, macht es das nicht weniger zu einem Problem. Und zu etwas Tollem erst recht nicht. Also der Geruch, der ist wirklich ein Problem. Ich will eigentlich gar nicht weiter darüber nachdenken. Es gibt Tage, da kann man die olfaktorische Extremsituation mehr oder weniger ausblenden. Meist weniger. An wenigen Tagen. An sehr wenigen Tagen. Dem Tag vor Vollmond vielleicht. Heute ist nicht dieser Tag.

Meine Kollegin und ich spielen Schnick Schnack Schnuck. Unsere Blicke sind verbissen, höchst konzentriert. Die Muskeln meines

schnuckenden Arms sind angespannt und kampfbereit. Lara beißt sich auf die Unterlippe.

Wir sprechen gemeinsam die Zauberformel, Worte, mit denen man siegen kann oder mit denen man dem Untergang geweiht ist. Ich habe Stein. Sie hat Papier.

»Verdammt!«, springt es unaufhaltsam aus meinem Mund, nicht daran denkend, wer mir nachplappern könnte.

Ich schnappe mir Lucas und trage ihn mit weit von mir gestreckten Armen zum Wickeltisch. Der Geruch schlägt mir bereits brutal und unerbittlich entgegen. Ich glaube, sogar Jean-Baptiste Grenouille würde angesichts dieser Duftnote, dieses Tritonus der Geruchswelt, zusammenbrechen.

Auf dem Rücken liegend, blickt mich Lucas mit seinen tiefblauen Augen von unten an, sodass ich einfach lächeln muss. Er lächelt zurück, ein seliges Kinderlächeln in einem derart niedlichen Gesicht, dass ich fast glauben will, so ein Gesicht muss alle Kriege der Welt auf einen Schlag beenden können. Dann öffne ich die Windel.

Blau sehe ich nicht, aber ansonsten leuchtet mir der Inhalt der Windel in allen Regenbogenfarben entgegen. Und auch in ein paar Farben, die ich nicht benennen kann. Der Geruch steigert sich noch einmal, versucht, sich selbst zu übertreffen, ein Geruch, den man als biologische Waffe einsetzen könnte.

Ich muss Lucas daran hindern, mit seinen kleinen Händen in seiner körpereigenen Produktion herumzupanschen. Gleichzeitig halte ich seine Beine nach oben, mache seinen Popo sauber, versuche, ihn mit einem Gummifrosch abzulenken, hole eine neue Windel und versuche, mich nicht zu übergeben. Und das alles mit zwei Händen. Ein Oktopus könnte es nicht besser machen.

Fast fertig, dann ein dummer, kleiner Aufmerksamkeitsfehler, und eine kleine Hand landet doch noch in der gefüllten Windel.

»Nein! Lucas, bäh!«

Worte, die in einem endlosen Dasein verloren gehen.

Ich wasche seine Hände gründlich am Kinderwaschbecken und krümme dabei meinen Rücken in einem ungesunden Winkel. Während ich mir selber die Hände wasche und desinfiziere, bekommt Lucas die Klobürste zu fassen. Erneut wasche ich seine Hände. Ich öffne die Tür und rufe Lucas hinter mir her. Seine Hände stecken bereits im Windeleimer.

Das kann ich besser, denke ich und wasche zum dritten Mal die kleinen Finger, die fasziniert den Wasserstrahl aus dem Wasserhahn untersuchen. Anschließend treibe ich ihn aus dem Badezimmer vor mir her wie ein kleines Lamm.

Im Gruppenraum rümpft Lara die Nase, zeigt auf Jaqueline und streckt mir ihre Faust entgegen.

»Doppelt oder nichts«, sagt sie, und ich lasse den Kopf auf die Brust fallen.

Das ist doch scheiße, denke ich und muss kurz innerlich über meinen eigenen Wortwitz lachen. Dabei ist das Ganze nicht wirklich lustig. Eigentlich ist es sehr traurig.

Zauberformel. Ich habe Schere. Sie hat Stein.

»Fuck!«, sage ich, diesmal etwas leiser.

Lucas steht neben mir und schreit mir nach: »Fak!«

Lara und ich sehen uns einen Moment an.

Dann sage ich: »Das merkt keiner.«

KAPITEL 2

DAS BÖSE WORT

Sind Kleinkinder in der Nähe,
sollte man aufpassen, was man sagt.

S cheiße, ich habe Scheiße am Finger! So eine ekelhafte, verdammte Scheiße!«

»Bäh! Igitt! Von wem denn?«, fragt meine Kollegin.

»Scheiße, ist doch scheißegal, von wem die Scheiße ist, ich habe
Scheiße am Finger!«

Angewidert recke ich meinen rechten Zeigefinger in die Luft wie
die Freiheitsstatue ihre hoffnungsvolle Fackel.

»Mich persönlich stört es ja nicht«, sagt Lara, während sie etwas
von mir wegrückt. »Aber du solltest hier ein bisschen auf deine
Wortwahl achten.«

Sie blickt seitwärts nach unten. Ich ebenfalls.

Lucas und Justin stehen neben uns, blicken wie kleine Garten-
zwerge zu uns herauf. Sie grinsen. Ich schüttle den Kopf. Sie grinsen
noch mehr. Ich schüttle noch heftiger.

»Scheiße«, sagt Lucas.

»Nein«, sage ich.

»Scheiße«, sagt Lucas.

»Nein, Lucas, das ist kein schönes Wort!«

»Scheiße, scheiße, scheiße.«

Die sch- und s-Laute aus Lucas' Mund klingen leicht gelispelt, auch die Intonation ist etwas eigenwillig, er betont vor allem das *ei*. Ansonsten ist seine Aussprache makellos.

»Scheiße«, wiederholt er freudig.

Etwas panisch blicke ich zu Lara, die selbst unsicher zu sein scheint, was sie von der Situation halten soll. Meine Panik hingegen wächst bei dem Gedanken, dass Lucas heute sein erstes vollständiges Wort nach *Mama* und *Papa* ausgesprochen hat. Eine denkbar ungünstige Wahl, vor allem angesichts der Tatsache, dass er es gerade eben von mir gelernt hat.

»Scheiße«, sagt Lucas erneut und grinst dabei so breit, als zergehe ihm das Wort wie Ambrosia auf der Zunge. »Scheiße.«

Scheiße, denke ich. Das gibt Ärger mit der Mama.

Ich blicke wieder zu meiner Kollegin, erhoffe mir einen Rat, Tröstung, einen rettenden Einfall, irgendein scheiß Deus ex machina, egal in welcher Form. Aber alles, was kommt, ist ein immer deutlicher artikuliertes »Scheiße«. Der kleine Hosenscheißer lernt schnell.

Eine pädagogische Meisterleistung. Ich sehe schon das Gesicht von Lucas' Mutter vor mir. Ich sehe schon das Gesicht meiner Chefin vor mir. Ich sehe sogar schon eine Schlagzeile auf einer großformatigen Zeitung vor mir, eine Schlagzeile von solch dämlicher Gewitztheit: *Scheiße aus dem Mund eines Kleinkindes. Erzieher lehrt Krippenkinder unflätigen Wortgebrauch.*

Das ist nicht gut. Das ist echt scheiße gelaufen. Scheiße. Das Wort scheint omnipräsent, ist überall, kein Entkommen, es verfolgt mich, es verfolgt uns, hat uns regelrecht gefangen und lässt sich nicht vertreiben. Das dritte Wort, das dieser kleine Schlawiner lernt, und es ist ausgerechnet dieses Wort, und um die Katastrophe perfekt zu machen – er hat es von mir, seinem Erzieher, seinem

zeitweiligen Beschützer, seiner Vertrauensperson, der eine pädagogische Pflicht obliegt, die für einen Großteil des Tages verantwortlich für sein physisches und psychisches Wohl ist, die ihm Lehrer und Freund sein sollte. Diese Person hat dem kleinen Menschlein in einer empfindlichen Phase seiner frühkindlichen Prägung und in einer Zeit des wichtigen Lernens das Wort *scheiße* beigebracht. Ein Wort, das in großen Teilen der Gesellschaft eine recht alltägliche Verwendung findet, das im Grund nicht allzu dramatisch ist, aus dem Mund eines 20 Monate alten Kleinkindes jedoch irgendwie nicht wirklich angebracht erscheinen will.

Ich muss es ihm wieder austreiben, schießt es mir durch den Kopf. Ihn dazu bringen, es wieder zu vergessen, zu verlernen, das Wort vielleicht durch ein anderes Wort zu ersetzen, irgendetwas machen, damit das Wort wieder aus seinem Kopf verschwindet, zumindest untertaucht, ehe es in ein paar Jahren unwiederbringlich wieder auftauchen wird. Oder ich überzeuge ihn, dass es sich hierbei wirklich um kein schönes Wort handelt, dass das keine tolle Sache ist, dass dieses Wort mich traurig und auch wütend macht, oder enttäuscht, ja, enttäuscht ist immer gut, ihm ein schlechtes Gewissen machen, das Kind ist schließlich nicht blöd, ganz im Gegenteil, vielleicht kann ich ihn auf emotionaler Ebene überzeugen. Auf jeden Fall muss ich mir etwas einfallen lassen, wenn ich keine Probleme mit seiner Mutter bekommen will, welche ich vielleicht, zugegebenermaßen, da will ich ehrlich sein, ganz eventuell ja auch verdient hätte. Unter Umständen.

Ich beuge mich zu Lucas hinunter und sehe ihn wohl mit einer Mischung aus Freundlichkeit, Empörung und Panik an, deren Kombination auf meinem Gesicht sicherlich nicht allzu vorteilhaft aussieht.

»Lucas«, spreche ich ihn in möglichst ruhigem Tonfall an. »Jetzt hör mir mal bitte genau zu. Dieses Wort ist kein schönes Wort. Ich möchte das nicht hören. Die Frau Richter«, ich zeige auf meine Kollegin, »möchte das auch nicht hören. Und die Mama auch nicht.

Das Wort darf man nicht sagen.« Während diese verzagte Botschaft aus meinem Mund kommt, würde ich mich gerne selbst ohrfeigen, so bescheuert und pädagogisch zweifelhaft klingen die Worte, aber irgendwie muss ich es ja versuchen. »Hast du gehört, Lucas?«

Er sieht mich an, lauernd, fragend, gespannt. Dann spuckt er mir beinahe ins Gesicht.

»Scheiße.«

Ich richte mich schwer seufzend wieder auf und will mir verzweifelt durch die Haare streichen.

»Stopp!«, schreit mich meine Kollegin beinahe an.

Ich erstarre.

»Schau mal auf deinen Finger!«

Ich blicke auf meinen rechten Zeigefinger und sauge entsetzt die Luft ein, da ich um ein Haar vergessen hätte, womit alles begann.

*

Körperlich und geistig ausgelaugt, sitze ich wie ein schlaffer Kartoffelsack auf dem Boden des Gruppenraums der Kleinen Murmeltiere. Mein Kopf brummt, meine Füße sind geschwollen, meine Klamotten kleben an meinem Körper. Während der letzten beiden Stunden habe ich verzweifelt alles Mögliche versucht, dem kleinen Papagei dieses verfluchte kleine Wörtchen wieder auszutreiben. Aber egal was ich auch probiert habe, es war hoffnungslos. Ich konnte es ihn weder vergessen lassen, noch leidig machen, noch durch etwas anderes ersetzen.

Er habe sich verhört, habe ich ihm gesagt, ich habe nicht *scheiße*, sondern etwas anderes gesagt. Aber welches andere Wort hätte ich ihm anbieten sollen? Welches Wort reimt sich glaubhaft auf *scheiße*? Auch mit einem unechten Reim hätte ich mich zufrieden gegeben. Aber mir wollte nichts Erfolgversprechendes einfallen. *Leise, Meise, Reise* – alles Mist, alles stimmhafte *s*. Ich habe es versucht, in der wohl richtigen Annahme, dass der kleine Kerl, dessen Wortschatz seit heute drei Wörter beinhaltet, sicherlich keinen großen Anstoß an stimmhaften oder stimmlosen *s* nehmen würde. Aber er hat es mir nicht abgekauft. Auch durch *Scheibe* oder *Scheine* wollte er sich nicht von dem verhängnisvollen Wort abbringen lassen.

Ich habe ihn vollgetextet. Ich bin ihm hinterhergelaufen, panisch, fieberhaft, habe mit ihm gespielt und dabei einen schier endlosen Monolog geführt, bei dem ich meine ganze Eloquenz unter Beweis gestellt, gefühlt die Hälfte aller mir bekannten deutschen Wörter gebraucht habe, ein paar englische waren auch dabei, sogar ein paar Neologismen habe ich nebenbei noch rausgehauen, in der Hoffnung, dieses kleine unsägliche Wort mit einer ganzen Wortflut aus ihm herauszuspülen. Aber als wollte er mich ärgern, als spürte er meine Verzweiflung, bestand seine Antwort jedes Mal und immer wieder nur aus einer einzigen Vokabel: Scheiße.

»Sollen wir zusammen ein Puzzle machen, Lucas?«

»Scheiße.«

»Möchtest du mit der Knete spielen?«

»Scheiße.«

»Möchtest du etwas trinken?«

»Scheiße.«

»Einen Keks vielleicht?«

Kopfnicken. Und dann: »Scheiße.«

Meine Verzweiflung wuchs. Ich hatte keine sinnvollen Ideen mehr. Das Wort saß fest. Warum war das menschliche Gehirn auch nur so gut konstruiert?

Für einen kurzen Moment habe ich sogar über einen Exorzismus nachgedacht. Aber wie hätte der aussehen sollen? Hätte ich den kleinen Kerl mit Weihwasser bespritzen und ihm das Kreuz vor die Nase halten sollen? Außerdem spricht er ja nicht ganz plötzlich in fremder Zunge, er sagt das, was wir alle täglich sagen, was er aber eigentlich noch nicht hören und erst recht nicht sagen soll. Paradox irgendwie, sogar ein wenig scheinheilig, wenn ich es mir recht überlege, aber so ist unsere Gesellschaft nun einmal. Und jetzt sitze ich hier, ich armer Tor, und bin so hoffnungslos als wie zu zuvor.

Lucas kommt auf mich zugelaufen und hält mir einen Dinosaurier mit dem mittlerweile leider so vertraut gewordenen Kommentar »Scheiße« entgegen. Ich schüttle müde den Kopf und bringe gerade noch so ein »Tyrannosaurus Rex« als Antwort hervor.

Wie wird Lucas' Mutter wohl reagieren? Wird sie mich an Ort und Stelle zur Rede stellen und meine pädagogische Kompetenz hinterfragen? Wird sie sofort zu meiner Vorgesetzten rennen? Meinen Job werde ich wohl schon nicht verlieren aufgrund solch eines scheiß Vorfalls, aber gepunktet habe ich damit sicherlich auch nicht gerade, egal in welcher Hinsicht. Und vor allem wird es bald jeder wissen, jede Kollegin, der Pfarrer, alle Eltern, alle Großeltern, unser Hausmeister Herr Brause, einfach alle, der Vorfall wird in aller Munde sein, ein Kindergarten ist auch nur eine große Klatschrunde.

Meine Kollegin kommt mit dem Mittagessen in den Gruppenraum. Wir richten den Tisch her, binden jedem Kind ein Lätzchen um, das übliche Prozedere. Ich muss wahrscheinlich noch froh sein, dass Lucas am Ende des Gebets anstatt *Amen* nicht *scheiße* sagt.

Nach dem Essen machen wir die Kinder bettfertig. Justin sind schon während des Essens die Augen zugefallen, und mehrmals wäre er beinahe mit dem Kopf im Suppenteller gelandet. Auch Lucas ist müde, seine Augen hängen auf Halbmast, er gähnt ausgiebig.

Ist das vielleicht die Lösung? Kann das meine Rettung sein? Vielleicht wird er ja während des Mittagsschlafs alles vergessen. Seine Träume werden sich über sein Gedächtnis und über das unheilvolle Wort legen, und wenn er wieder aufwacht, ist das Wort aus seinem Kopf verbannt, vergessen. Als wäre nie etwas passiert.

Ich klammere mich an diesen schwachen Hoffnungsschimmer wie ein Ertrinkender.

Lucas schläft bereits wenige Sekunden, nachdem wir das Licht ausgemacht haben, als hätte ihn das Lernen dieses neuen Wortes, mit dem er ausschweifend und verschwenderisch den ganzen Vormittag jongliert hatte, alle Kräfte gekostet und ihn nun in einen wohlverdienten Schlaf fallen lassen. Nicht einmal die Quengeleien von Samantha, die partout nicht liegen bleiben will, können ihn wieder aufwecken und seine Ruhe stören. Gerne würde ich es ihm gleichtun und dem seligen Vergessen des Schlafes verfallen. Aber ich bin zu aufgeregt, ich balanciere zu sehr auf diesem schmalen Grad der Hoffnung, als dass ich selbst meine Augen schließen könnte.

Nachdem alle Kinder eingeschlafen sind, räume ich den Gruppenraum auf. Dann setze ich mich auf einen Stuhl gegenüber dem Schlafraum. Ich starre auf die verschlossene Tür. Und ich warte.

*

Die Zeit scheint in einen unheimlichen Schwebezustand verfallen zu sein. Die Minutenzeiger auf der Uhr rasen, da ich den Moment fürchte, in dem Lucas abgeholt wird und seiner Mutter sein neu erlerntes Wort entgegenschmettert. Gleichzeitig schleichen die Minutenzeiger unendlich langsam, da ich es nicht erwarten kann, ob der zweistündige Mittagsschlaf nicht doch meine Rettung bedeutet.

Das Babyfon liegt vor mir. Es verfügt über eine zusätzliche Kamerafunktion. Gebannt starre ich auf den kleinen Bildschirm, der mir die nebeneinanderliegenden Matratzen zeigt, auf denen kreuz und quer die kleinen Gestalten liegen. Ab und zu macht eines der Kinder eine halbe Drehung, hier und da zuckt ein Arm oder ein Bein. Justin hat sich im Schlaf einmal gedreht und liegt nun mit seinem Kopf am Fußende. Samanthas kleine Hand liegt auf Jaquelines Gesicht. Ein regelmäßiges leises Schnarchen klingt aus dem Babyfon. Ansonsten nichts. Mehrmals glaube ich, ein leise geflüstertes *scheiße* zu vernehmen, nur um jedes Mal festzustellen, dass ich es mir eingebildet habe.

Es ist halb drei. Wir hören das Gemaule der ersten Aufgewachten. Nacheinander holen wir die Kinder aus dem Schlafraum und ziehen sie wieder an. Die ersten Murmeltiere werden bereits abgeholt. Kurze Gespräche mit den Eltern, ein paar Worte über das Wetter, schönen Nachmittag noch, ich lächle, ich winke, aber in mir brodelt es.

Lucas schläft noch immer. Er ist der Letzte, als wolle er es absichtlich noch spannender und quälender für mich machen.

Dann ist es schließlich so weit. Auf dem winzigen Bildschirm des Babyfons kann ich erkennen, wie er sich aufrichtet, sich benommen umschaut, die Augen reibt. Ich öffne die Tür, er blinzelt mir verschlafen entgegen, ich nehme ihn auf den Arm und trage ihn zurück in den Gruppenraum. Verstohlen beobachte ich ihn von der Seite, versuche, ihm etwas anzusehen, warte wie auf glühenden Kohlen darauf, dass er etwas sagt, wünsche mir, dass er nichts sagt, während er, noch nicht ganz wach, seinen Kopf an meine Schulter lehnt. Dann sehe ich das Auto seiner Mutter auf den Parkplatz fahren.

Ich beginne, ihn anzuziehen. Er gähnt mir entgegen, grinst mich kurz an. Ich warte noch immer auf sein erstes Wort. Aber er bleibt stumm. Er zeigt auf seine Trinkflasche, ich gebe sie ihm.

Ob er gut geschlafen habe, frage ich ihn, ob er noch Hunger habe. Keine Antwort. Ich erzähle sinnlos vor mich hin, er hört mir zu oder auch nicht, ich weiß es nicht, er lässt sich nichts anmerken, ein Pokerface.

Dann öffnet sich die Tür, und seine Mutter kommt herein. Lucas streckt ihr die Arme entgegen und trippelt auf sie zu.

»Mama!«

Ich bin zumindest schon einmal sehr erleichtert, dass er sie mit *Mama* anspricht und nicht mit etwas anderem. Er wiederholt sich mehrmals, so wie immer, einmal ist auch *Papa* dabei, als bestünde sein Wortschatz nach wie vor, oder wieder, lediglich aus diesen beiden Worten.

Aber ich gewähre mir noch keine Hoffnung, noch immer bin ich angespannt und lege mir im Mund bereits erbärmliche Erklärungsversuche und Entschuldigungen zurecht.

Während ich mich mit seiner Mutter über den Tag unterhalte, zieht sie ihm seine Straßenschuhe und seine Jacke an. Lucas plappert fröhlich irgendeinen Nonsens vor sich hin.

Sie richtet sich auf, packt seinen Rucksack, und beide stehen abfahrbereit vor mir. Ich verabschiede mich und winke Lucas grinsend zu. Und dann, gerade als seine Mutter ihm die Tür nach draußen öffnet und Lucas mir noch einmal breit entgegengrinst, passiert es.

»Scheiße.«

Ich halte den Atem an. Seine Mutter ebenfalls. Lucas lacht auf. Er nimmt seine Mutter bei der Hand. Und dann noch einmal: »Scheiße.«

Ich räuspere mich, so wie seine Mutter. Unsere Blicke treffen sich. Wir schauen beide verlegen drein. Ihre Mundwinkel verziehen sich nach unten. Ich will gerade zu einer Entschuldigung und einer umfassenden Beichte ansetzen, da kommt sie mir zuvor.

»Ach, das tut mir wirklich leid. Gestern Abend habe ich mir zu Hause den Fuß gestoßen, und da ist es mir rausgerutscht. Lucas stand genau neben mir und hat es mir nachgeplappert. Das ging dann den ganzen Abend so.« Sie schaut mich verzweifelt an. »Er hat das wie ein Schwamm regelrecht aufgesaugt. Ich habe gestern noch versucht, es ihm wieder auszutreiben, aber da war nichts zu machen. Das ist blöd gelaufen. Ich hoffe, er hat es heute in der Krippe nicht allzu oft gesagt?!«

Sie sieht mich etwas verlegen an.

»Ach, also, ehrlich gesagt, ein paar Mal ist es schon aus ihm hervorgesprudelt.«

»Oje, das ist allein meine Schuld.«

»Ach na ja, das kann ja mal passieren.«

Sie wirft mir ein schiefes Grinsen entgegen.

»Jetzt ist die Beere geschält, wie man so schön sagt, was?« Sie lacht. »Ich werde versuchen, mehr darauf zu achten.«

»Machen Sie sich keine Sorgen«, antworte ich. »Es gibt Schlimmeres. Aber wissen Sie was? Ich werde auch etwas besser darauf achten.«

Wir lachen beide, verabschieden uns, und ich winke Lucas ein weiteres Mal zu, der zum Abschied freundlich »Scheiße« sagt.

KAPITEL 3

VERDAURUNG

Sprachfindungsschwierigkeiten bei Mutter und Kind

J onas, nimm den Dinosaurier aus der Nase!« – Der kleine sommersprossige Kürbiskopf tut wie ihm geheißen. Seine Nase und den Kopf des Brachiosaurus verbindet eine grün glitzernde Rotzfahne, eine elastische Schnur nasalen Schleims. Ich weiß nicht, was der langhalsige Dinosaurier denken würde, wäre er lebendig, aber erfreut wäre er sicherlich nicht. Ich drehe mich um und tue so, als hätte ich nichts gesehen. Meine Kollegin hat sicherlich ein Taschentuch parat.

Aus dem Gang vor unserem Gruppenraum, Spiel- und Arbeitsplatz der Kleinen Murmeltiere, ertönt lautes Geschrei. Ein Sirenengesang mit umgekehrter Wirkung – Odysseus hätte samt Mannschaft wahrscheinlich sofort einen großen Umweg in Kauf genommen, nur um nicht näher an die Quelle dieses Gehörgangschädigenden Gebrülls zu kommen. Die kleine Samantha mit der Feuermelderstimme wehrt sich verbal und physisch gegen die Versuche ihrer beleibten Mutter, ihr die Hausschuhe anzuziehen. Zwi-

schen Ohr und Schulter der Mutter klemmt ihr Handy. Samantha entkommt ihrer Obhut und rennt auf die Scheibe neben der Tür zu. Sie winkt uns übermütig zu, hört dabei aber nicht auf zu schreien. Ihre Mutter schnappt sie und startet einen zweiten Versuch, ihr die rosafarbenen Hausschuhe mit Schweinsköpfen anzuziehen. Samantha lässt sich auf den Boden fallen und strampelt wie ein auf dem Rücken gelandeter Käfer mit den Beinen in der Luft. Sie erinnert mich irgendwie an Gregor Samsa.

Ich würde diesem bewährten Affentanz gerne weiter amüsiert zusehen, aber Niels fordert meine Aufmerksamkeit. Er will weiterpuzzeln, und gemeinsam zerlegen wir ein Bauernhofbild mit Schweinen und Kühen, die uns mit großen Augen anglotzen wie debile Pokémons, erneut in seine Einzelteile. Ich glaube zum vierten Mal, es könnte aber auch bereits die fünfte Runde sein. In Rekordzeit hat er es wieder zusammengelegt. 25 Teile in knapp zwei Minuten. Für einen Zweijährigen ziemlich gut. Vielleicht hätte er die Kinderwette bei *Wetten, dass ..?* übernehmen können.

Schließlich öffnet sich die Tür, und Samantha stürmt mit ihrer Mutter in den Gruppenraum der Krippe. Ich bin mir nicht sicher, wer von beiden wen zieht. Dann, noch immer schreiend, rennt die Kleine auf die Spielküche zu und verstummt auf einen Schlag, als hätte man ihr einen Korken in den Mund gestopft.

Ihre Mutter kommt auf mich zu, tritt nahe an mich heran, viel zu nahe, ein Gefühl von Ekel und Abneigung überkommt mich, es tut mir leid, aber es ist wirklich so, ich kann mir nicht helfen. Ihre Klamotten und ihre Körperfülle stehen in keinem adäquaten Verhältnis zueinander, ihre knallroten Haare liegen in fettigen Strähnen wie totgeschlagene Regenwürmer auf ihren Schultern.

Ich zwinge mir ein Lächeln auf das Gesicht, aber meine Wangenmuskeln wehren sich dagegen.

»Der Samantha hat seit gestern Probleme mit der Verdaurung.«

»Entschuldigung, was hat sie?«

»Sie hat Probleme mit seiner Verdaurung.«

26

Ich blicke sie an wie eine im Kühlschrank verschimmelte Tomate. Dann nicke ich.

In der wievielten Klasse lernt man die Pronomen? Ich kann mich noch daran erinnern, dass unser Lehrer sie immer blau unterstrichen hat. Deutsch ist eine schwere Sprache, ich weiß, aber dass man sie vor allem als jemand, der in Deutschland geboren ist und über keinen Migrationshintergrund verfügt, trotzdem lernen kann, ist das ein oder andere Mal schon bewiesen worden.

Was soll aus dem armen Kind nur werden?, schießt es mir durch den Kopf und dieser Gedanke tut mir ein wenig leid, aber ich kann ihn trotzdem nicht aufhalten.

Die Mutter verabschiedet sich von ihrer Tochter. Die Sirene beginnt von Neuem, sie erreicht bisher unbekannte Frequenzen, sie schreit, als gehe die Welt unter und nur sie wisse darum. Sobald die Tür geschlossen ist, verstummt sie wieder schlagartig und geht zurück zur Spielküche.

»Was soll aus dem armen Kind nur werden?«, spricht Lara meinen Gedanken laut aus.

Sie streichelt der kleinen, dicken Samantha über den Kopf und erhält dafür ein breites Lächeln und einen Topf mit Bausteinen und Wachsmalstiften. Ich zucke nur mit den Schultern.

»Mit Possessivpronomen und Artikeln hat die es auch nicht so, was?«

»Nein. Mit dem Vokabular auch nicht, geschweige denn mit Körperhygiene«, antworte ich.

»Wenn die Kleine Glück hat, dann arbeitet sie später mal als Klofrau bei McDonald's.«

»Dann hat sie wahrscheinlich mehr gearbeitet als ihre Mutter in deren ganzem Leben.«

Lara schlägt mir gegen die Schulter.

»Die hätte vorhin fast ihre riesen Dinger an dir gerieben.«

»Ich weiß. Widerlich«, sage ich und denke Schlimmeres.

»Stell dir mal vor, wie die kleine Samantha entstanden ist.«

Ich kann mein Gesicht gar nicht so sehr verziehen, wie ich es möchte.

»Du musst auch immer gleich übertreiben.«

Sie lacht.

»Nein, echt. Stell dir Samanthas Eltern mal zusammen im Bett vor!«

Sie lacht noch mehr. Die Kinder lachen mit.

»Ey, was stimmt mit dir eigentlich nicht?«

Ich schüttle mich.

»Boah, wenn uns mal jemand abhört …«, sagt Lara.

»Dann sind wir mehr als nur unseren Job los.«

»Wir kommen in die Hölle.«

»Die Hölle, das sind die anderen.«

»Ist das 'n Zitat?«

Ich nicke.

Sie auch.

Für einen Moment geben wir uns gedanklich dem produktiven Wahnsinn des Universums und seiner absurden Existenz hin. Dann müssen wir einen Streit um eine Gummischildkröte schlichten.

KAPITEL 4

RAUBTIERFÜTTERUNG

Nach dem Mittagessen
sieht niemand so aus wie davor

L ucas kaut auf seinem grünen Lätzchen herum, Niels wirft seinen
Becher mit Wasser um, Jaqueline fragt zum fünften Mal, ob es
heute Nudeln gebe, und ein weiteres Kind – ist dieser Terminus
wirklich noch angemessen? – haut seinen Nebenmann mehrmals
mit dem Löffel auf den Unterarm. Dieser beginnt zu weinen, dann
zu schreien. Er verstummt schlagartig, sucht meinen Blick und
fängt wieder an zu schreien.

Ein ganz normales Mittagessen. Wobei ich das Wort *normal* noch
nie leiden konnte. Es ist ein sehr, sehr dehnbarer Begriff, dehnbarer
als Kaugummi und lässt sich länger ziehen als der Rotzfaden eines
Zweijährigen. Was ist schon normal? Letztendlich, so hoffe ich zumindest, nichts.

Nachdem meine Kollegin und ich allen Kindern ein Lätzchen
umgebunden haben, haben die ersten beiden ihres schon wieder
ausgezogen. Ich fühle mich wie Sisyphos und lege es ihnen wieder
um den Hals.

Es gibt Reis.

Verdammt, denke ich, warum muss es schon wieder Reis sein? Reis lässt sich besonders schlecht vom Boden aufkehren, dafür besonders gut in jedwede Körperöffnung stecken und ist noch besser dazu geeignet, um darin herumzupanschen.

Ich hebe den Deckel des zweiten Topfes an.

Oh Scheiße! Tomatensoße.

Drei Kinder schieben gleichzeitig ihren Teller nach vorne, um auf jeden Fall als Erste zu bekommen.

»Teller zurück. Ihr wisst doch, wer ungeduldig ist oder wer schreit, bekommt als Letzter.«

Zwei ziehen ihren Teller um einen Zentimeter zurück, das dritte schiebt seinen noch weiter nach vorne.

»Und erst mal müssen wir noch beten«, sagt meine Kollegin und faltet vorbildlich die Hände. Die Kleinen machen es ihr nach, wobei diverse, nicht für möglich zu haltende Verknotungen von Fingern entstehen.

»Alle guten Gaben, alles was wir haben, kommt o Gott von dir, wir danken dir dafür. Amen.«

Mehr schlecht als recht sprechen die Krippenkinder das Gebet mit – zu wem eigentlich? Das frage ich mich jedes Mal. Zu einem Gott, der sich entweder zu viel oder zu wenig einmischt, sollte er wirklich dort oben oder unten oder sonst wo abhängen. Aber immerhin wissen die Kinder sofort, um was es geht, und machen irgendwie mit. Sie haben noch einige Jahre Zeit, das alles zu hinterfragen. Zu diesem Zeitpunkt reicht es aus, wenn sie zumindest in ein unartikuliertes Gemurmel mit einstimmen, in welchem *danke* wie *Schranke* klingt und *Gott* wie *Pott*.

Wir fassen uns alle bei den Händen. Es dauert eine Weile, bis das alle verstanden haben.

»Wir wünschen einen guten Appetit, nichts verschlabbert, nichts verschütt.«

Ja klar!

Justin rülpst lauthals. Nicht schlecht dafür, dass er noch nichts gegessen hat.

Als jedes Kind etwas auf seinem Teller hat, geht der Zirkus erst richtig los. Es wird in die Teller des Nebenmannes gefasst, Teller fallen auf den Boden, es wird gestopft und geworfen, auf den Reis geniest, gepupst und nach mehr gebettelt.

Dieser Gott, sollte es ihn oder sie wirklich geben, worüber ich mir wirklich keineswegs sicher bin, muss Humor haben. Anders lässt sich so manches nicht erklären.

Ich atme tief durch. Man muss wohl über die Ausdauer und Lebenserfahrung des alten Fischers aus Hemingways *Der alte Mann und das Meer* verfügen, um derartige Szenarien ohne Hirnblutung zu überstehen.

Niels zieht aus seinem Reis ein Stück Zucchini hervor. Sein Blick ist eindeutig.

»Is' das?«

»Das ist Zucchini. Das schmeckt gut, schau.«

Zum Beweis führe ich langsam ein Stück Gemüse in meinen Mund und grinse ihn an.

Niels scheint ernsthaft nachzudenken, dann platziert er sein Stück sorgfältig auf dem Tellerrand, blickt mich wehleidig an und schüttelt den Kopf.

»Das hast du letzte Woche doch auch gegessen.«

Wieder Kopfschütteln.

Warum sollte ich ihn zwingen? Ich kann ihn nicht zwingen. Ich will ihn nicht zwingen. Ich zwinge ihn nicht. Ich bin nicht wie der alte Fischer, und der Kleine ist kein großer Schwertfisch.

Samantha hat uns genau beobachtet. Sie hört auf zu kauen, zieht ein bereits nahezu aufgelöstes Stück Zucchini aus dem Mund und legt es ebenfalls beiseite.

»Bäh!«, ist ihr einziger und aussagekräftiger Kommentar.

Ich bin kurz davor, eine Diskussion anzufangen, in der ich sehr logisch und vernünftig zu argumentieren wüsste. Ich hätte eine ganze Palette an Themen parat, die sich jetzt gut anknüpfen ließen: Vitamine und Nährstoffe; Nahrungsknappheit in anderen Ländern; Überflussgesellschaft des westlichen Konsumklientels, die alle Teil eines globalen Kapitalismus und modernen Kolonialismus sind; die Logik beziehungsweise die Abwesenheit von Logik, heute keine Zucchini zu essen, obwohl man sie letzte Woche noch ohne Widerworte zu sich genommen hat, ich könnte Habermas anführen, Adorno, eventuell sogar Nietzsche und Kant. Ich sehe Samantha an, die sich gerade ein Reiskorn auf die Nasenspitze legt und dieses balanciert wie ein Seehund. Ich sage nichts.

Lucas wirft zum dritten Mal seinen Teller herunter. Ohne Absicht. Ich weiß nicht, ob ich es besser fände, wenn er es *mit* Absicht gemacht hätte.

Justin ist gegen jeden guten Ratschlag, dass Reis und Tomatensoße mit Besteck weitaus besser zu essen seien, gefeit und klatscht mit seinen Händen auf dem Teller herum.

Ich schließe die Augen und atme mehrmals tief durch, als Jonas seine Hand an meiner Hose abwischt.

*

Eine anstrengende Viertelstunde später ist das Rudel gefüttert. Wir waschen ein gutes Dutzend kleiner Hände und versuchen mehrere Gesichter von Reis und Soße zu befreien. Wir finden Essensreste in den Nasenlöchern, in den Haaren, in den Ohren, hinter den Ohren und auf dem Hals. Die Tomatensoße hat die meisten der Kleinen in Indianer mit Kriegsbemalung verwandelt. Als ich Justin aus seinem Stuhl hieve und seine Hose ausziehe, rieseln mir weitere Reiskörner entgegen. Auch, als ich seine Socken ausziehe. Außerdem hat er Soße in der Kniekehle.

Meine Kollegin und ich ziehen die Kinder um und machen sie fertig für den Mittagsschlaf. Dieser kleine Lichtblick inmitten eines von vollgeschissenen Windeln, angesabberten Spielzeugen und

schreienden kleinen Lebewesen gesäumten Tunnels. Niels streckt mir seine Füße ins Gesicht, Lara bekommt in den Ausschnitt gespuckt. Wir verteilen Kuscheltiere und Schnuller.

In unserem Schlafraum werden die Kleinen strategisch überlegt verteilt. Es ist von immenser Bedeutung, wer in einen Schlafstall kommt, wer auf einer Matratze liegen kann und vor allem, wer neben wem liegt.

Ich renne Justin hinterher, der versucht, aus dem Schlafraum zu flüchten. Ein Kissen fliegt durch das Zimmer. Niels rüttelt am Gitter des Schlafstalls wie ein nach Bananen bettelnder Affe.

Als alle mehr oder weniger liegen, stehe ich auf und mache das Licht aus. Derweil tauschen Samantha und Jaqueline ihre Schnuller. Dann lege ich mich zwischen zwei Kinder auf eine der Matratzen und versuche die Schlafmelodie aus dem CD-Player zu ignorieren, die mittlerweile geringfügige Aggressionen in mir auslöst.

Rechts von mir ertönt ein Schnarchen und Schmatzen, links von mir summt Lucas vor sich hin. Er rollt sich einmal, ich habe seine Windel im Gesicht. Vorsichtig schiebe ich ihn zurück, er rollt wieder auf mich zu und zieht mir seine Nase über meine Wange.

»Singen«, murmelt die kleine Sofie einen Platz weiter.

»Pst, Sofie, schlafen.«

»Singen.«

»Pst.«

»Singen!«

Ich fange an leise und mit gebrochener Stimme, als wäre ich noch im Stimmbruch, *House of the Rising Sun* zu singen. Ein Kinderlied will mir nicht mehr über die Lippen kommen.

Als ich zum zweiten Mal von dem dem Glücksspiel erlegenen Vater singe, ist Sofie eingeschlafen. Auf der anderen Seite des dunklen Raumes kann ich meine Kollegin hören, die versucht, sich das Lachen zu verkneifen. Ich würde gerne nach ihr treten, habe aber Angst, eines der Kinder zu treffen und aufzuwecken.

KAPITEL 5

FAST EINE PAUSE I

Schlafenszeit ist leider trotzdem keine Pausenzeit.
Vor allem nicht, wenn Kinder aufwachen
und in Legokisten kotzen.

Erschöpft falle ich auf einen Stuhl und versuche, einen Moment nichts zu denken. Das funktioniert überraschend gut. Aus dem Babyfon neben mir strömen eigentümliche Schnarchgeräusche, Laute, die klingen wie die stümperhaften Paarungsversuche mir unbekannter Säugetiere. Ich dachte immer, mein Vater schnarcht, aber im Vergleich zu dem, was die Kleinen da von sich geben, ist das Schnarchen meines Vaters Feenmelodie.

Die mittägliche Schlafpause. Das bedeutet einen kurzen Hoffnungsschimmer. Das bedeutet zumindest einen kurzen, viel zu kurzen Moment Pause von Körperflüssigkeiten, Lärm und ins Nichts verlaufenden Erklärungsversuchen. Heute ist einer dieser Tage, an denen ich ernsthaft darüber nachdenke, Schlaftabletten in die kleinen, mit Tieren und Sonnen bedruckten Plastikbecher zu mischen.

Ich wollte auch mal Kinder haben. Jetzt bin ich mir da nicht mehr so sicher. Es ist toll, mit Kindern zu arbeiten. Und man wird toll dabei. Toll im Sinne von wahnsinnig.

Die Kleinen zu beobachten kann wirklich in jeder Weise großartig sein. Sie auf einem Stück Lebensweg zu begleiten, ihre Lern- und Entwicklungsprozesse zu verfolgen und zu beeinflussen, ihre Zuneigung und ihr Vertrauen zu spüren, das macht Spaß, es kann einen erfüllen, kann einen zutiefst berühren. Kinderlachen ist wie Honig in den Ohren und Erdbeereis auf der Zunge. Es erhält ein wenig die Hoffnung aufrecht, dass dieses seltsame, absurde, schöne und dich manchmal in den Arsch fickende Leben doch noch irgendwo einen Sinn hat. Kinder sind vielleicht die letzte Hoffnung für diesen im Chaos versinkenden Planeten.

Und doch gibt es Tage, an denen man an jeglichem Verstand zweifelt. An dem der Kinder, an dem der Eltern, an dem der Kollegen. Und am eigenen.

*

Zwei Tassen Kaffee bringen mich einigermaßen wieder auf Vordermann. Ein Blick auf den Essenstisch lässt mich wieder auf den Stuhl zurücksinken. Es sieht aus, als wäre ein Tier während einer okkulten Zeremonie geschlachtet worden.

Nachher, denke ich.

Ich muss ziemlich dringend auf die Toilette. Meine Kollegin macht gerade Pause. Eine richtige Pause, außerhalb des Gruppenraums, damit es sich wenigstens ein bisschen wie eine echte Pause anfühlt. Den Raum darf ich jetzt nicht verlassen, es könnte ja sein, dass genau in diesem kurzen Moment eines der Kinder aufwacht und im Dunkeln herumrennt und auf den Kopf fällt. Aber meine Blase bereitet mir bereits Schmerzen. Ich gehe in das angrenzende Badezimmer und setze mich auf das vielleicht 40 Zentimeter hohe Kinderklo.

Ich hoffe, dass meine Kollegin nicht in diesem Moment zurückkommt. Wobei ich mir fast sicher bin, dass auch sie schon auf dem Kinderklo saß.

Zurück im Gruppenraum, beseitige ich die Überreste des Mittagessens. Während ich die Tomatensoße aufwische, komme ich mir vor wie ein Tatortreiniger. Ich räume die Spielzeuge zurück an ihren Platz. Ich sammle Puzzleteile und Stifte ein, Autos, Bälle und Puppen. Ich fühle mich wie ein verzweifelter Goldschürfer auf der Suche nach Nuggets, als ich unzählige Legosteine in einer Kiste verstaue und neben die Tür des Schlafraums stelle.

Als ich fertig bin, wische ich mir über die Stirn.

Die Türklinke des Schlafraums öffnet sich langsam, und Jaqueline kommt langsam und etwas benommen blickend herausgelaufen.

Scheiße, denke ich. Gerade mal eine knappe Stunde gepennt. Warum? Ist ja nicht persönlich gemeint, aber warum könnt ihr uns nicht ein wenig Ruhe gönnen und etwas länger schlafen?

Ich strecke ihr die Arme entgegen, und sie watschelt auf mich zu. Das Geräusch ihrer nackten Füße auf dem Boden klingt wirklich niedlich. Dann bleibt sie stehen, dreht den Kopf zur Seite und kotzt in die Legokiste.

KAPITEL 6

ICH BIN FERTIG

Auch die großen Kleinen brauchen manchmal noch Hilfe
auf der Toilette. Oder behaupten sie das etwa nur?

D u kannst jetzt Pause machen.« – Hat man je schönere Worte gehört? Gibt es wohlklingendere Botschaften? Diese Worte haben
mindestens dasselbe Gewicht wie »Es werde Licht« oder »Gott ist tot«.

Schlafwache zu halten ist keine wirkliche Pause. Sie mag art-
verwandt sein, aber es ist keine Pause. Durchschnaufen, ja. Sich
kurz Ruhe gönnen und hinsetzen, auch das. Einen Kaffee trinken,
Himmel ja. Aber man ist und bleibt auf der Hut.

Der Essenstisch muss abgeräumt und sauber gemacht, Spielzeug
aus dem Weg geräumt werden. Bastelsachen und Projekte wollen
vorbereitet werden, um den Kindern eine adäquate Förderung zu
gewährleisten und dem Bildungsauftrag gerecht zu werden. Und bei
alledem gilt es, keine Geräusch zu machen. Denn nebenan schlafen, tja, keine Drachen, aber Kleinkinder, und diese zu wecken ist
manchmal genauso schlimm, wenn nicht schlimmer. Und schlafende Kinder sind gute Kinder. Und manchmal wachen diese früher
auf und kotzen in die Legokiste.

Ich übergebe die bereits gesäuberte und schon wieder auf meinem Arm schlafende Jaqueline meiner Kollegin. Ihre Kotzaktion war nur ein kurzes Intermezzo. Sie ist aufgewacht, ihr ist schlecht geworden, sie ist aus dem Schlafraum gekommen und hat mich an ihrem Unwohlsein teilhaben lassen. Sehr freundlich von ihr. Danach war wieder alles gut. Was soll's. Schwamm drüber. Im wahrsten Sinne des Wortes.

Lara übernimmt die Kleine vorsichtig, Jaqueline legt ihren Kopf auf Laras Schulter, schläft weiter. Wir lassen unsere Fäuste gegeneinander flüstern, um ja kein unnötiges Geräusch zu verursachen, eine Geste bedingungsloser Solidarität und gegenseitigen Verständnisses, und ich schließe mit übertriebener Vorsicht die Tür des Gruppenraums hinter mir.

*

Während ich den bunten Gang entlanggehe, Richtung Teamraum, am anderen Ende der Einrichtung, komme ich an diversen Bildern und Bastelprodukten vorbei. Diese kleine Ausstellung der künstlerischen Produktivität ist wie eine Darstellung der künstlerischen Evolution innerhalb der Kindertagesstätte. Am Anfang hängen die Kunstwerke aus der Krippe, schwankend zwischen minimalistischen Strichzeichnungen bis hin zu expressionistischen Farbexplosionen und ausufernden Formexperimenten, hemmungslos, ausschweifend, apokalyptisch beinahe, vielleicht aber auch einfach lebensbejahend. Die Bilder scheinen so, als wären die Blätter als Maluntergrund entweder zu klein oder zu groß gewesen. Ein Dazwischen gibt es nicht.

Dann die Bilder aus der kleinen Altersmischung, von Kindern zwischen zwei und vier Jahren. Diese weisen bereits durchaus erkennbare Figuren auf. Menschen mit deformierten Gliedmaßen, Fahrzeuge, die in der Realität mehr als nur fahruntauglich wären, Tiere, die man sowohl für Dinosaurier als auch für Haustiere halten könnte.

Und dann schließlich die mehr oder weniger fortgeschrittenen Bastelarbeiten der Regelgruppen. Dreidimensionale Blumen, Papierdrachen aus farbigem Krepppapier und mit langen Schnüren. Allerdings herrschen auch hier immense Unterschiede in Ausführung und Detailreichtum. Man erkennt sehr schnell, welche Drachen wirklich von den Kindern mit Mühe und Begeisterung selbst ausgeschnitten und selbst zusammengeklebt wurden: ungerade Ränder, schiefe Gesichter, mehr Kleber als Farbe. Und jene, bei denen die Erzieher mehr als nur ein bisschen mitgeholfen haben.

Das könne man doch so nicht aufhängen, guck dir das mal an, höre ich da des Öfteren. Dass wir es mit kleinen Kindern zu tun haben, die mitunter noch etwas Potenzial nach oben aufweisen hinsichtlich ihrer feinmotorischen Fähigkeiten, wird gerne mit einem spöttischen Blick quittiert.

Das müsse doch gut aussehen, die wären ja total schief. Was sollen denn die Eltern denken, sagt manche Kollegin mit einem Kopfschütteln. Die Eltern können beispielsweise denken, wie schön, man sieht, dass das Kinder gemacht haben. Man kann sich auf derartige unfruchtbare Diskussionen einlassen. Oder man kann es bleiben lassen.

*

Ich steuere den Teamraum an, um dort eine halbe Stunde Ruhe zu finden. Eine naive Wunschvorstellung, aber die Hoffnung, dieses inflationär beanspruchte Miststück, stirbt ja bekanntlich zuletzt. Ich komme an den Toiletten vorbei.

»Hallo!? Ich bin fertig!«

Ich bleibe abrupt stehen, überlege einen Moment, überlege einen weiteren Moment, seufze und gehe dann hinein.

Die kleine Sarah steht mitten im Badezimmer, Hose und Unterhose über den Knöcheln, ihr rosa T-Shirt mit beiden Händen über den Bauchnabel haltend.

»Was machst du denn da?«

Sarah grinst mich an.

»Ich bin fertig.«

»Fertig mit was?«

Sie grinst weiter.

»Mit Stinker.«

Ich hasse dieses Wort. *Stinker*. Das klingt wie ein missglückter unechter Diminutiv, wie ein äußerst fantasieloser Neologismus. Dabei gibt es doch Alternativen. In Ordnung, *Scheiße*, das muss im Kindergarten nicht sein. Wie wäre es mit *Kacka*? Klingt auch debil, aber immer noch besser als *Stinker*.

»Okay. Hast du abgespült?«

»Nein.«

»Hast du dich sauber gemacht?«

»Nein.«

»Kannst du das nicht alleine?«

Wieder ein Grinsen, breiter als zuvor, bilde ich mir zumindest ein. Sie schüttelt den Kopf.

Wie alt ist Sarah, überlege ich? Sechs? Kommt in einem halben Jahr auf die Grundschule? Wann habe *ich* gelernt, selbst auf die Toilette zu gehen, mit allem was dazugehört?

Ich weiß es nicht mehr, aber in der Grundschule konnte ich meine diesbezüglichen Angelegenheiten alleine regeln, da bin ich mir sehr sicher.

»Hm, und was machen wir da jetzt?«

»Kannst du mich bitte abputzen?«

Immerhin hat sie *bitte* gesagt.

Ich lächle sie an.

»Ich glaube, das kann ich.«

Ich glaube, das kann ich, denke ich.

Sarah watschelt zurück in die kleine Klokabine, setzt sich und beugt sich nach vorne.

»Was dauert da so lange? Kannst du nicht schneller machen?«

Wie bitte? Soll ich mir jetzt von einer Sechsjährigen, deren Kopf zwischen ihren Beinen hängt und deren Hintern braun verschmiert ist, sagen lassen, dass ich selbigen zu langsam sauber mache?

»So schnell geht das halt nicht, wenn der Popo so schmutzig ist.«

»Meine Mama kann das schneller.«

»Schön für deine Mama«, sage ich. »Beim nächsten Mal können wir ja auf sie warten.«

Immerhin muss ich hier keine Angst haben, dass sie mit ihren Händen noch einmal hineinfassen will und Experimente macht. Glaube ich zumindest. Man muss auf alles gefasst sein. Genauso wie die Hoffnung stirbt auch die Vorsicht zuletzt.

Als wir fertig sind, rennt Sarah nach draußen.

»Stopp! Hände waschen!«

Sie kommt zurück, und wir waschen beide nebeneinanderstehend unsere Hände. Ich betätige zweimal den Seifenspender, Sarah sechsmal.

KAPITEL 7

FAST EINE PAUSE II

Kann es in einer Kita überhaupt eine Pause geben?
Die Erfahrung spricht dagegen

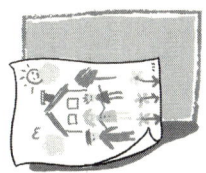

Im Teamraum lasse ich mich auf den Berg kleiner Matratzen fallen, die in einer Ecke gestapelt sind. Auf meinem Handy stelle ich mir den Wecker für 20 Minuten später. Die Gefahr ist groß, dass ich sonst nicht mehr aufstehe. Trotz zwei Tassen Kaffee fallen meine Augen zu, als zögen kleine Zwerge die Jalousien herunter. Die Müdigkeit fordert mit Vehemenz, beinahe schon mit bestimmter Gewalt, ihren überfälligen Tribut.

Die Tür wird aufgerissen, ein Glas lauthals auf den Tisch gestellt.

»Huch, wusste gar nicht, dass du hier liegst. Bin gleich wieder weg.«

»Kn Plm«, sabbere ich in die Matratze.

»Was?«

Ich hebe den Kopf.

»Kein Problem.«

Zehn Sekunden später fällt die Tür lauthals ins Schloss. Ein Geräusch wie ein Atombombentest in der Wüste Nevadas. Türklinken werden überbewertet.

Kurz bevor ich erneut am Einnicken bin, wieder die Tür.

»Ach, da liegt ja einer. Pennst du?«

»Nein. Leider nicht.«

»Ich suche nur kurz was.«

»Klar.«

Kramen, Ausräumen und Einräumen diverser Schubladen.

»Und tschüss, bis später.«

»Genau.«

Meine Augen fallen wieder zu, wollen die Hoffnung nicht aufgeben.

Zwei Minuten später bewegt sich wieder die Türklinke. Langsam, fast zögerlich. Jemand scheint abzurutschen, und mit einem erneut unnatürlich lauten Geräusch schnallt der Mechanismus zurück. Ein erneuter Versuch. Dann steht Fabian im Teamraum, unzählige Sommersprossen im Gesicht und ein Blatt in der Hand.

»Wo ist denn die Frau Mühleisen?«

»Ich weiß nicht, Fabian. Nicht hier.«

»Bist du sicher, Herr Zerbas?«

Ich sehe ihn an, lasse meinen Blick durch den kleinen Raum schweifen, sehe ihn wieder an.

»Ja.«

Er scheint nicht überzeugt.

»Siehst du sie hier etwa, Fabian?«

Der kleine Junge lässt ebenfalls seinen Blick durch das Zimmer schweifen. Allerdings ist er etwas gründlicher als ich. Er sieht hinter der Tür nach, unter dem Tisch, hinter mir und hinter dem Mülleimer.

»Nein, ich seh sie auch nicht«, sagt er dann. »Ich dachte, die wäre vielleicht hier drin.«

»Ist sie nicht.«

»Im Büro ist die Frau Mühleisen auch nicht.«

»Dann weiß ich es auch nicht, Fabian, die kommt bestimmt bald wieder.«

Ich lasse meinen Kopf wieder auf die Matratze fallen und warte auf das Geräusch einer sich leise schließenden Tür. Ich höre nichts.

»Schläfst du, Herr Zerbas?«

Ich hebe den Kopf, schaue ihn wieder an.

»Ja.«

»Weißt du, ich wollte der Frau Mühleisen nämlich das Bild hier schenken. Das hab ich für sie gemalt.«

»Da freut sie sich bestimmt.«

»Willst du mal sehen?«

Hmmmm … Ich will kein hingekritzeltes Bild sehen, das sich wahrscheinlich jeglicher farblichen und förmlichen Sinngebung erwehrt, ich will schlafen! Kinder dürfen ruhig auch mal ein *Nein* hören, das gehört zum Leben dazu, das müssen sie lernen. Und sie müssen es auch verkraften, wenn man ihnen sagt, dass man momentan ihr Bild nicht ansehen möchte.

»Unbedingt«, sage ich.

Fabian zeigt mir sein Bild. Ich erkenne zwei menschenähnliche Figuren, ein Haus, eine Blume und … einen Außerirdischen?

»Was ist denn das?«, frage ich ihn und deute auf die mutmaßliche extraterrestrische Lebensform.

»Das ist doch die Frau Haumann.«

»Ach so.« Ich muss grinsen. »Ja, jetzt sehe ich's auch.«

»Weißt du, wann die Frau Mühleisen wiederkommt?«

»Nein, Fabian, weiß ich leider nicht, aber du wirst sie bestimmt noch mal sehen. Ich sage ihr, dass du sie suchst.«

»Okay.«

Er dreht sich um, bleibt aber im Türrahmen stehen.

»Aber nicht verraten, dass ich ein Bild für sie habe.«

»Versprochen.«

»Tschüss, Herr Zerbas. Schlaf gut.«

»Danke, Fabian.« Ich schaue auf meine Uhr. Fünf Minuten bis Weckerklingeln. Schlafen ist ein Wunschtraum. Aber immerhin noch ein wenig die Augen ausruhen. Vielleicht. Ganz vielleicht.

KAPITEL 8

HURRA, WIR LEBEN NOCH!
ODER
GOTT AUCH KACKA?

Der erste erfolgreiche, selbstständige Toilettengang
ist ein Grund zum Jubeln und kann durchaus zu
philosophischen Fragen anregen

»Platz da! Aus dem Weg!« – Mit Niels an der Hand renne ich durch den Gruppenraum. Ich ziehe ihn fast schon hinter mir her und komme mir vor wie bei einem heimtückischen Hindernislauf, wie ein Parkoursportler, der über Autos, Treppengeländer und Häuserschluchten springt. Wir weichen meiner Kollegin aus, die gerade noch mit einem Teller Obst zur Seite hechten kann. Justin rennt auf mich zu, ich mache einen kleinen Hüpfer, und er rennt zwischen meinen Beinen hindurch. Eine elektrische Eisenbahn versperrt uns den Weg, wir schlagen einen Haken, lassen die Bahn passieren, springen über die Gleise. Kurz vor dem Badezimmer rollt eine grüne Trinkflasche auf uns zu, und mein Ausweichmanöver endet an der gegenüberliegenden Wand.

»Lauf weiter, schnell! Lass mich zurück!«, rufe ich Niels zu, der mit verkniffenem Gesicht und den kleinen Händen im Schritt weiter ins Badezimmer trippelt. »Unterhose nicht vergessen!«, schreie ich ihm noch nach, während ich mir die Stirn reibe, die Bekanntschaft mit der Wand gemacht hat. Dann laufe ich Niels hinterher und sehe ihn vor der Toilette stehen. Er blickt mich von unten an, die Hände in einer verzweifelten Geste nach oben erhoben. Seine Hose hängt noch über seiner Hüfte und ist im Schritt dunkel verfärbt. Ich sehe, wie auch das rechte Hosenbein immer dunkler wird. Sein Gesichtsausdruck ist eine Mischung aus Bedauern und Trotz. Zwei Seelen wohnen ach in seiner Brust.

»Ach Niels! Konntest du es nicht noch zehn Sekunden halten?«

Wie selbstverständlich schüttelt er den Kopf.

»Warum hast du denn nicht früher Bescheid gesagt, dass du Pipi machen musst?«

Keine Antwort. Nur dieser Blick. Noch immer Bedauern und Trotz. Als ob das immer so einfach wäre, will er mir wohl sagen. Vielleicht aber auch: Zieh mir endlich die nassen Sachen aus, du Lakai, dafür wirst du bezahlt!

Mit einem Schnaufen gehe ich auf die Knie und helfe ihm beim Umziehen. Es ist weniger die Tätigkeit an sich, die mich ärgert, obwohl es auch nicht gerade ein erhebender Anblick ist, den kleinen Hausschuh über dem Waschbecken auszuleeren, aus dem eine nicht geringe Menge Urin herausläuft. Ich bin auch nicht wütend auf den kleinen Kerl, der nun mal noch nicht die völlige Kontrolle über seine Blase hat, das ist nun mal so, an dem Punkt war jeder mal. Es ist eher die stumpfe Wiederholung der Tätigkeit, die manchmal drei oder vier Mal am Tag gemacht werden muss. Und jedes Mal verfällt man der illusorischen Hoffnung, dass es diesmal klappt. Dass seine Blase diesmal früh genug das Signal an sein Gehirn gesendet hat, dass er aufs Klo gehen sollte, diese wenigen Sekunden, die meistens noch fehlen, und dass er es diesmal schafft, Hose und Unterhose herunterzuziehen, sich auf das Kinderklo zu setzen und uns alle

sehr, sehr glücklich zu machen. Ich nehme seine nassen Klamotten, zu denen auch T-Shirt und Socken gehören, also eigentlich alles, was Niels anhatte, und stopfe sie in einen Plastikbeutel, den ich draußen an seinen Haken hänge. Über Niels' Haken starrt mir sein Zeichen entgegen: ein kleiner Indianerhäuptling samt ausuferndem Federschmuck und Pfeil und Bogen. Er grinst mir glupschäugig entgegen.

Also ich habe noch von keinem Indianer gehört, der sich täglich in die Hose macht und der immer einen großen Vorrat an frischen Unterhosen im Fach liegen hat. Aber vielleicht hat uns Karl May auch einiges verschwiegen, und Winnetou musste sich auch mehrmals am Tag von Old Shatterhand die Indianerhose wechseln lassen. Vielleicht gehört so etwas auch zur Blutsbrüderschaft. Gefährten in allen Lebenslagen.

Ich durchwühle Niels' Fach nach frischen Klamotten. T-Shirt, Socken und Unterhose sind vorhanden. Aber keine Hose.

»Weißt du, ob Niels noch irgendwo eine frische Hose hat?«, frage ich Lara.

»Wenn in seinem Fach keine ist, dann nicht.«

»Da ist keine.«

»Dann nicht. Dann leiht er sich eben eine von jemand anderem.«

Ich will gerade in Lucas' Fach nachsehen, als ich es mir anders überlege und ein wenig schadenfroh in mich hineinlachend noch ein Fach weiter gehe und dort nach einem passenden Kleidungsstück suche. Ich werde fündig. Zurück im Badezimmer präsentiere ich Niels stolz sein geliehenes Beinkleid.

»Guck mal Niels, du musst dir eine Hose von der Samantha ausleihen. Gefällt sie dir?«

Ich halte ihm enge, rosafarbene Leggins entgegen. Für einen Moment begutachtet er den rosa Stoff, ehe er mit überraschender Begeisterung zustimmt.

*

Der Tag trottet weiter vor sich hin. Die Kinder sind draußen, wir haben neue Schubkarren bekommen, die sogleich ausprobiert werden und ernsthaften Belastungsproben standhalten müssen. In einer halben Stunde gibt es jedoch Mittagessen, und wie jeden Tag fangen die Kinder an, unruhig zu werden.

Während meine Kollegin weiterhin nach dem Rechten sieht, gehe ich nach drinnen und decke den Tisch. Keine Minute später stehen alle Kinder an den Glasscheiben und drücken sich die Nasen platt. Sie wissen, dass es noch einige Minuten dauern wird, ehe sie ebenfalls in den Gruppenraum dürfen, aber so wie jeden Tag wandern sie an den Scheiben entlang wie die Raubkatzen im Zoo. In ihnen allen muss ein Teil von Rilkes Panther schlummern. Lara versucht, sie mit allen Mitteln abzulenken und weiter zum Spielen zu bewegen. Aussichtslos. Die ersten beginnen zu schreien, weitere stimmen mit ein. Sie wollen rein, und sie wollen es jetzt, und sie stehen lieber zehn Minuten schreiend an den Fenstern, anstatt noch zehn Minuten weiter in der spätwinterlichen Sonne zu spielen.

Als dann endlich die Türen für sie geöffnet werden, alle Schuhe ausgezogen und alle Hausschuhe angezogen sind, alle Jacken an ihren Haken hängen, jeder die Hände gewaschen hat und jeder am Tisch sitzt, geht der Kampf um die Lätzchen, Löffel und Gläser los. Dann falten wir unsere Hände zum Gebet. Gerade als ich anfangen will, die Worte vorzusagen, geht ein Zucken durch Niels, er saugt die Luft ein und lässt laut ein »Oho!« ertönen. Dann: »Pipi!«

Wie Pawlows konditionierter Schäferhund springe ich auf und ziehe den kleinen Kerl wie eine Stoffpuppe hinter mir her. Diesmal kreuzen weniger Hindernisse unseren Weg, der Weg ist frei. In Rekordzeit stehen wir im Badezimmer. Zwei kleine und zwei große Hände fummeln an den rosa Leggins herum, bis sie endlich unten sind. In einer seltsamen Mischbewegung aus Sprung und Schubsen landet Niels auf der kleinen Kloschüssel. Ein selig machendes Geräusch verkündet mir den erfolgreichen und rechtzeitigen Ausgang des Geschehens. Ein Jubellaut entschlüpft meiner Kehle, und ich reiße die Hände in Siegergeste nach oben.

»Super, Niels! Du hast es geschafft! Sehr gut! Das hast du wirklich sehr gut gemacht!« Er grinst mir stolz entgegen.

»Ganz toll gemacht, Niels! Super! Ich bin stolz auf dich!«

Vielleicht ist es zu viel positive Rückmeldung, die er bekommt, aber ich kann mich nicht zurückhalten. Ich bin euphorisch, trunken vor Glück beinahe und bin kurz davor, lauthals *Freude schöner Götterfunken* anzustimmen. Die ganze Welt soll es hören, jeder soll es wissen. Wir haben es geschafft! Es gibt einen Gott. Niels hat es rechtzeitig auf die Toilette geschafft! Wir haben allen Widrigkeiten gemeinsam getrotzt und haben den Glauben dabei nicht verloren. Ich befürchte, dass der Vergleich nicht ganz angemessen ist, aber trotzdem fühle ich mich wie eine Figur aus einem von Heinrich Bölls Nachkriegsromanen oder aus einer sonstigen Trümmerliteraturgeschichte. Wir haben es geschafft! Wir machen weiter! Wir haben überlebt!

Ein Pups, dann ein Platschgeräusch.

»Oha«, sagt Niels und lugt zwischen seinen Beinen hindurch. Dann sieht er mich wieder mit großen Augen an. »Kacka.«

»Das auch noch?« Ich kann es kaum fassen. »Das machst du sehr gut, Niels! Immer schön ins Klo!«

Ich lasse ihm einen Moment seine Privatsphäre und stehe glücklich im Türrahmen. Die Tatsache, dass mich ein erfolgreicher Toilettengang, obwohl es noch nicht einmal mein eigener ist, derart frohlocken lässt und zu derartigen Dopaminausstößen führt, ist zwar ein wenig befremdlich, kann das Glücksgefühl jedoch nicht schmälern. Ich komme mir noch immer vor wie ein Überlebender.

»Hallo?!« Niels schlittert mit den Leggins zwischen den Knöcheln aus der Toilette heraus.

»Stopp, Niels, wir müssen erst noch den Popo sauber machen.«

Er setzt sich bereitwillig zurück auf die Klobrille und lässt es geschehen.

»Kacka?«

»Ja, du hast Kacka ins Klo gemacht. Sehr, sehr gut.«

»Jetzt essen?«

»Jetzt können wir essen.«

»Beten?«

»Ich glaube, die anderen haben schon gebetet. Aber schön, dass du daran denkst.«

»Gott?«

»Ja, wir beten zu Gott vor dem Essen.«

»Gott auch Kacka?«

»Äääähm …« Das kommt unerwartet. »Ich weiß nicht genau. Vielleicht schon.«

Mit einer Frage derartigen philosophischen Ausmaßes habe ich nicht gerechnet.

»Gott auch Klo?«

»Ja, also, ähm, also wenn Gott Kacka macht, dann ganz bestimmt auch auf dem Klo.«

Das ist eine verdammt gute Frage. Warum haben uns die großen Theologen und Philosophen diese Frage noch nicht beantwortet? Etwas so Alltägliches und Naheliegendes. Da muss also erst ein Krippenkind kommen, ehe man über derartige Dinge nachdenkt. Der Mensch wurde doch angeblich nach Gottes Ebenbild erschaffen. So gesehen, dürfte an der Sache vielleicht was dran sein.

Niels und ich waschen uns die Hände, gut gelaunt und hungrig. Wir kommen zurück in den Gruppenraum und wollen uns an den Essenstisch setzen.

»Ähm«, beginnt Lara, und tief in mir leuchtet ein Warnsignal auf. »Wenn du gerade stehst: Sofie hat sich eben in die Hose gemacht.«

Ich blicke Lara an. Dann Niels. Der zuckt nur mit den Schultern. Dann Sofie. Ihr Gesicht eine Mischung aus, was sonst: Bedauern und Trotz. Ich strecke ihr die Hand entgegen.

Wo bist du, Gott? Warum hast du mich verlassen? Warum musst du mich so prüfen? Oder bist du gerade einfach nur kurz Kacka machen?

KAPITEL 9

EIN SHERIFF RÄUMT AUF

Auch Eltern müssen manchmal erzogen werden,
vor allem, wenn sie Klopapier aus der Kita klauen.

Ich komme aus dem Keller zurück, diesem undurchdringlichen Dschungel aus Bastelpapier, aussortiertem Spielzeug und verstaubten Faschingskostümen, einem Urwald, in dem einen statt Schlangen und Spinnen kaputte Playmobilmännchen und ausrangierte Plastikbagger anfallen. Ich bin der festen Überzeugung, dass unermessliche Kostbarkeiten und Schätze in den Tiefen des Gerümpels zu finden sein müssen, machte sich jemand einmal die Mühe, diese Katakomben voll unbeschreiblicher Kuriositäten einmal wirklich aufzuräumen: Ein neues Evangelium vielleicht, die endgültige Aufklärung des Kennedy-Attentats, alte Demotapes von Modern Talking, auf denen sie noch schlechter klingen, als sie es ohnehin schon tun.

Wieder komme ich an der Toilette vorbei. Heute höre ich keine »Ich bin fertig«-Rufe. Stattdessen kommt mir eine kleine, runde Gestalt entgegen, die sich gerade mehrere Rollen Klopapier unter die weite Jacke steckt.

Es ist Frau Baum, die Mutter von Sarah.

Wir bleiben uns gegenüber stehen. Niemand sagt etwas. Wir taxieren uns wie zwei durchtriebene Gestalten im Wilden Westen, und für einen Moment komme ich mir vor wie der Tabak kauende Sheriff, der einen hinterhältigen Ganoven zu stellen versucht. Die Stille ist zugleich angespannt als auch lächerlich.

»Hallo, Frau Baum.«

»Ähm, hallo, Herr Zerbas.«

Ein gezwungenes Lächeln.

Wieder diese Stille. Ein seltsamer Moment, von dem man nicht weiß, was damit anzufangen ist. Eigentlich möchte man ihn nehmen, ihn aus dem Fenster werfen und so tun, als sei nichts geschehen.

»Ich muss das jetzt wohl fragen, Frau Baum, aber klauen Sie da gerade Klopapier aus dem Kindergarten?«

Sie blickt nach rechts und auch nach links. Keine Hilfe zu erwarten. Weder für sie noch für mich.

»Also, nun ja, das lag da so rum.«

Ich nicke langsam.

»Ja, wahrscheinlich, weil wir das ja auch auf den Toiletten brauchen. Das *Toiletten*papier. Wenn die Kinder aufs Klo gehen. Hier, im *Kindergarten*.«

Ich kann mir nicht verkneifen, das letzte Wort besonders zu betonen. An der Universität habe ich früher auch ab und an die eine oder andere Rolle mitgehen lassen. Aber ich gewähre mir den Glauben, dass das hier etwas anderes ist.

»Das Kindergartenklo«, wiederhole ich. »Damit sich die Kinder den Popo sauber machen können.«

»Ja, das stimmt wohl«, sagt sie.

»Ihre Tochter geht hier auch aufs Klo zum Schei… ich meine, zum Stin…, also um ihr Geschäft zu machen.«

Frau Baum nickt.

Ich nicke mit ihr. Das bringt uns nicht weiter.

»Haben Sie zu Hause kein Klopapier?«

»Ich glaube, das ist gerade alle.«

»Okay. Und da dachten Sie, man kann ja einfach ein paar Rollen im Kindergarten klauen.«

»Na ja, also *klauen*. Das klingt irgendwie nicht so schön.«

»Da haben Sie recht. Ist ja auch nicht schön. Stehlen ist keine schöne Tätigkeit. Das lernen die Kinder hier bei uns auch, so ganz nebenbei.«

»Ja, das finde ich auch gut«, sagt Frau Baum. »Es ist ja nur, wir haben zu Hause wie gesagt gerade kein Klopapier mehr.«

»Das kommt vor. Wissen Sie, was ich dann mache? Dann gehe ich los und kaufe neues. dm Drogeriemarkt zum Beispiel. Keine fünf Minuten von hier. Da ist man Mensch, da darf man's sein. Oder ist daran etwas falsch? Warum kaufen Sie nicht einfach neues Klopapier?«

»Das, ja, das wollte ich ja auch. Ich habe nur leider keine Zeit dafür heute. Da wollte ich mir ein paar Rollen ausleihen.«

»Ausleihen?«

»Ja.«

»Ausleihen?«

»Ja.«

»Sie wollten sich Klopapier ausleihen? So wie sich die Kinder gegenseitig Barbies und Actionfiguren ausleihen?«

»Nun also, so ungefähr, ja.«

»Und wenn Sie fertig damit sind, hätten Sie es wieder zurück-gebracht?«

»Ja. Nein. Neues natürlich.«

Ich nicke.

»Ich muss Sie jetzt trotzdem bitten, die Rollen wieder zurück-zulegen. Und eventuell, ich bin mir zwar nicht sicher warum, aber eventuell vergesse ich die letzten fünf Minuten einfach. Als hätte Will Smith mich geblitzdingst, Sie verstehen?«

Frau Baum schüttelt den Kopf.

»Legen Sie bitte das Klopapier zurück.«

Sie tut wie geheißen, und ich bin sehr froh darum. Dann steht sie wieder vor mir, ihr Gesichtsausdruck etwas verdrossen. Ein wenig könnte sie mir leidtun, aber dafür reicht es doch nicht ganz.

»Frau Baum, unsere Aufgabe besteht darin, kleine Kinder zu erziehen. Wir haben keine Zeit, auch noch deren Eltern zu erziehen.«

Ich lasse sie stehen und gehe weiter.

KAPITEL 10

URZEIT-LAUTE

Ein Rülpswettbewerb, der seinesgleichen sucht.

Ich darf oder soll für eine Kollegin beim Mittagessen in der Eulen-gruppe einspringen. Ich bin mir nicht sicher, welches Modal-verb das angebrachte ist. Einerseits ist es eine willkommene Ab-wechslung. Mit Fünf- und Sechsjährigen kann man eine richtige Unterhaltung führen, sie sprechen, manchmal, in ganzen Sätzen, sie machen nicht während des Essens in die Windel und halten sich an die Regeln. Auf der anderen Seite halten auch sie sich nicht an die Regeln, sie können auch laut, was sage ich, ohrenbetäubend sein, stur, kindisch, nun gut, es sind Kinder, und sie testen auch besonders gerne Grenzen und den Geduldsfaden der Erzieherinnen und Erzieher, diesen manchmal sehr, sehr dünnen Geduldsfaden, straff gespannt wie eine überzogene Gitarrensaite kurz vorm Reißen.

Heute steht Pizza auf dem Speiseplan. Es gibt die üblichen Kan-didaten, die diesen und jenen Belag nicht essen möchten. Die einen mögen keinen Mais, die anderen keine Salami. Manche finden Käse eklig, und wieder andere wollen keinen Teig essen. Manche essen nur den Belag, manche essen nur den Teig. Und dann gibt es diejenigen, die die verschmähten Reste der anderen von deren Tellern schnappen. Dass jemand jedoch mit dem Gesamtprodukt Pizza völlig zufrieden ist, kommt sehr selten vor.

Aber dann sollen sie es eben bleiben lassen, denke ich mir, etwas anderes gibt es nicht. Ein paar bleiben konsequent und essen labbrigen trockenen Pizzateig ohne alles. Ein paar andere geben aus Hunger nach und essen den Belag schließlich doch.

Alle verhalten sich verhältnismäßig ruhig. Einige werfen sich lange Blicke zu, müssen leise kichern, natürlich fällt mindestens ein Wasserglas um. Aber im Großen und Ganzen geht es gesittet und anständig zu.

Es kommt mir vor wie die inflationäre Ruhe vor dem Sturm.

Ich ertappe Sven, den kleinen Quadratschädel mit den dicken Brillengläsern, den ich sehr gern habe, wie er mir einen verstohlenen Blick zuwirft. Als er meinen Blick auffängt, wendet er sich schnell wieder seinem Teller zu. Nicht ohne weiter zu grinsen wie der Joker persönlich. Er blickt verstohlen zu meiner Kollegin Miriam Schiller. Die schaut in eine andere Richtung.

Dann ertönt ein lauter Rülpser. Ein Wändewackler, ein Bodenerzitterer, ein Eingeweidedurcheinanderbringer, vielleicht fliegen meine Haare auch etwas nach hinten, ein Laut aus der tiefsten Urzeit, ein Geräusch, nahezu unglaublich für solch einen kleinen Menschen.

Die anderen Kinder brechen in schallendes Gelächter aus.

Miriam und ich schauen uns wirklich überrascht an, dann Sven, tadelnd, rügend.

»Sven!«, rufen wir beide wie aus einem Mund.

Ich bin wirklich stutzig, was dieser kleine Zwerg zustande gebracht hat. Einen ohrenbetäubenden, ekelhaften, den Regeln und Konventionen widerstrebenden, dem Knigge in den Arsch tretenden Laut.

In sehr ernstem Ton sage ich: »Sven, ich glaube, es geht los! Hast du keine Manieren? Beim nächsten Mal sitzt du alleine im Gang!«

Aber eigentlich würde ich gerne zu ihm hingehen, ihm auf die Schulter klopfen und sagen: Boah, Respekt Alter!

Sven blickt wieder auf seinen Teller, sein Gesicht eine Mischung aus Trübsinn und geheimem Stolz.

Wir essen weiter. Alle sind wieder still. Außer einem leisen Kichern hier und da, der Bitte nach einem weiteren Stück Pizza und einem weiteren Glas, das umfällt.

Miriam entschuldigt sich, sie müsse zur Toilette. Als sie die Tür hinter sich schließt, spüre ich wieder Svens Blick auf mir. Ich ignoriere ihn.

Dann kommt, was kommen muss: ein weitere Rülpser. Nicht ganz so dinosaurierhaft wie der vorige, aber immer noch zur selben Familie gehörend und mit hoher Dezibelzahl.

Wieder lachen die Kinder los. Man kann es ihnen nicht verübeln.

Dieser kleine Sack, denke ich. Der will mich doch einfach provozieren. Testet mal wieder schön, wie weit er gehen kann. Glaubt, er könne das mit mir machen. Irgendwie muss ich mir den notwendigen Respekt verschaffen, sonst tanzen mir bald alle auf der Nase herum. Ich will zwar kein langweiliger Spießer sein, aber trotzdem bin ich eine Autoritätsperson und habe Achtung und Respekt verdient.

Ich schaue den kleinen Sven böse an. In mir brodelt es. Ein Feuer lodert in mir, unbändig und wild, ein gewaltiges Bedürfnis nach Willensstärke und Anerkennung, nach Freiheit und Tatendrang, so müssen sich die Stürmer und Dränger gefühlt, diese Glut muss im Herzen von Schiller gewütet haben, als er *Die Räuber* schrieb, ein Aufbegehren gegen die Ungerechtigkeit, weniger Ratio, mehr Emotio!

Ich lasse einen brutalen Rülpser los.

Die Kinder schauen mich für einen Moment verblüfft an. Dann kreischen sie los vor Lachen. Niklas verschluckt sich an einem Stück Pizza, Sascha rutscht von seinem Stuhl, und Sarah schlägt die Hände vor dem Mund zusammen.

Dann ist Sven wieder an der Reihe. Er legt einen Rülpser nach, der sich anhört, als habe er ein kleines Haustier verschluckt.

Ich kontere. Nichts kann mich mehr halten.

Wieder Sven.

Dann wieder ich, ein Stück zerkaute Pizza kommt mir wieder hoch, doch von solchen Nebensächlichkeiten lasse ich mich nicht aufhalten.

Niklas will mit einsteigen, aber es ertönt nur ein kleiner Pieps, der im allgemeinen Trubel kaum Beachtung findet.

Sven und ich rülpsen gemeinsam um die Wette, ein kakofonisches Duett, eine A-capella-Darbietung, die ihresgleichen sucht, ich fühle mich schon beinahe wie ein postpostmoderner Konzeptkünstler.

Wir schnappen beide gerade nach Luft, als sich die Tür öffnet und meine Kollegin, Frau Schiller, zurückkommt. Sie bleibt kurz stehen, als sie in die lachenden Gesichter sieht.

»Hab ich was verpasst?«

»Nee!«, rufen wir alle gemeinsam wie einstudiert.

Miriam setzt sich wieder an ihren Platz, und alle fahren mit dem Essen fort. Sven und ich werfen uns einen Blick stillschweigender Komplizenschaft zu und unterdrücken beide ein Grinsen. Dann reiche ich ihm noch ein Stück Pizza.

KAPITEL 11

FASCHINGSPARTY
ODER
WO IST DAS ZEBRA?

Wenn Prinzessinnen, Cowboys und Ninjas zusammen
Reise nach Jerusalem spielen, stellt sich die Frage:
Wo ist eigentlich das Zebra?

Hassen ist ein sehr starkes Wort. Das Wort *hassen* hat im alltäglichen Gebrauch mittlerweile eine etwas abgeschwächte und inflationäre Verwendung erhalten. Nicht selten wird damit sogar sehr verschwenderisch um sich geworfen. *Ich hasse Montage. Ich hasse Artischocken. Ich hasse meinen Deutschlehrer. Ich hasse Dieter Bohlen.* Bisweilen belegen sich sogar Freunde auf humorvolle Weise mit diesem Verb. *Ey, du bist so doof, isch hass disch, Alder.* Aber wenn man etwas genauer darüber nachdenkt, dann muss schon sehr viel passieren, bis man etwas oder jemanden ernsthaft und nachvollziehbar mit Hass belegen darf. Das lässt sich nicht allzu leicht zurücknehmen. Und dass das Gegenteil erstrebenswerter sein sollte, ist hoffentlich selbstverständlich. Dass das nicht immer einfach, nicht immer möglich ist, ist ebenfalls selbstverständlich. Trotzdem: Be a lover, not a hater. Der Versuch ist es wert. Und trotz der vielen Worte muss auch ich zugeben, dass ich nicht immun gegen dieses Gefühl bin. Manchmal scheint man doch keine andere Wahl zu haben. Vielleicht ist es auch nicht unbedingt Hass, sondern nur sehr starke Antipathie, eine sehr ausgeprägte Abneigung oder auf jeden Fall das absolute Gegenteil von Liebe oder Sympathie. Ich bin immerhin ganz froh, dass ich besagtes Verb auf keine Person beziehe. Aber trotzdem muss ich eines sagen, und ich bin nicht gewillt, es zurückzunehmen: Ich hasse Fasching.

*

Seit fünf Minuten stehe ich in der Kälte auf dem Parkplatz unserer Kindertagesstätte und verstecke mich hinter den geparkten Autos meiner Kolleginnen. Immer wenn ein Kind von seiner Mutter oder seinem Vater gebracht wird, tauche ich schnell unter und halte sogar die Luft an. Aus meinem Versteck heraus konnte ich bereits Jan in einem Ritterkostüm beobachten, Anika in pummeliger Hummelverkleidung, des Weiteren zwei Cowboys, drei Prinzessinnen und einen missgestalteten Tiger, der eher aussah wie ein zu groß geratener und farblich desorientierter Hamster.

Ich weiß, dass ich mich nicht davor drücken kann. Ich komme nicht drum herum. Der Kindergartenfaschingstag erwartet mich wie ein schadenfroh und diabolisch grinsender Höllenschlund. Jammern bringt nichts. Weinen bringt nichts. Ich sage mir, dass es weitaus Schlimmeres auf der Welt gibt, auch wenn mir so spontan nichts einfallen mag. Ich werde es überleben. Die Frage ist nur wie.

Ich atme einmal tief durch. Dann noch einmal. Dann wage ich mich ins grausige Getümmel.

*

Ich öffne die Eingangstür, und sofort wird mir von einer großen Piratenfrau eine Luftschlange ins Gesicht geschleudert. Petra Mühleisen, die Kita-Leiterin, trägt ein Piratentuch mit Totenkopf und hat sich einen schwarzen Dreitagebart auf die Wangen gemalt. Sie grinst mich an, und als sie meinen Blick sieht, grinst sie noch mehr.

Einige Kinder rennen aufgedreht hin und her, die meisten verkleidet, manche Kostüme erkenntlich, andere nicht. Auf langen Tischreihen stehen Schalen voller Süßigkeiten und Platten mit verschiedenen Kuchen, genau das Richtige also für kleine Kinder im Wachstum, für kleine Kinder, die zu Hause nur noch vor dem Fernseher sitzen und einen Federballschläger wahrscheinlich gar nicht mehr als solchen erkennen würden. Aber einmal im Jahr darf das wohl offensichtlich sein. In der fünften Jahreszeit gelten keine Regeln, wir bewegen uns in einem Zwischenraum mit flexibler Moral und dehnbaren Konventionsvorstellungen. Ich bin immer gerne dabei, wenn es darum geht, gegen Konventionen zu verstoßen. Aber warum muss man dabei auch noch diese sogenannte … Musik hören?

Irgendjemand hat die Musikanlage angeworfen, und was da nun herauskommt, verdient meiner Meinung nach nur einen Namen: Ohren vergewaltigende Sinnlosigkeit.

Ich schlängle mich durch umhertollende Kinder, die zwischen den verschiedenen Gruppenräumen, welche heute alle durchgehend für alle geöffnet sind, hin und her rasen. Frau Haumann kommt aus dem Gruppenraum der Biber.

Man kann nicht jeden Menschen mögen. Da muss man ehrlich und realistisch sein. Ich mag sie nicht. Ich hasse sie nicht. Aber ich mag sie nicht. Und ihr Kostüm ist einer Änderung dieses Zustands nicht unbedingt förderlich. Sie hat sich in eine knallenge Krankenschwesterkluft geworfen und sich so viel Schminke ins Gesicht geklatscht, dass sie auch gut einen Clown darstellen könnte, der keinen Spiegel zu Hause hat.

Um dem weiteren Anblick dieser Anmaßung zu entgehen, laufe ich schnell weiter.

»Herr Zerbas, als was bist du denn verkleidet?«

Sarah steht vor mir und mustert mich kritisch. Sie selbst ist eine der mindestens drei Prinzessinnen, die im Haus anwesend sind. Mit herrischer Geste schwingt sie ein kleines, pinkfarbenes Zepter vor mir auf und ab.

»Ich?«, entschlüpft es mir.

Ich fühle mich ertappt.

»Was bist du denn, Herr Zerbas?«

Ich schaue ebenfalls an mir herab. Das höchste Maß aller Dinge, um nicht als Spaßverderber abgestempelt zu werden, bestand darin, mir heute Morgen ein sehr, sehr hässliches Hawaiihemd anzuziehen, welches ich für eine Bad-Taste-Party auf dem Flohmarkt gekauft hatte, dieses in die Hose zu stecken und dazu Hosenträger über meine Schultern zu werfen. Dazu trage ich zwei verschiedenfarbige Chucks-Turnschuhe.

»Also, ähm, also ich bin als ein sehr modebewusster Erzieher verkleidet.«

Sarah sieht mich irritiert an, wahrscheinlich zu Recht. Dann schüttelt sie den Kopf. Sie fragt mich, ob ich wisse, welches Kostüm ihr im Kindergarten am besten gefalle.

Nein, sage ich, ich wisse es nicht, ich sei ja auch gerade eben erst gekommen.

»Mir gefällt das Zebra am besten.«

Und ohne mich diesbezüglich weiter aufzuklären, lässt sie mich stehen, indem sie mit ihrem Zepter wedelnd davonschlendert.

*

Ich komme bereits zum vierten Mal von der Toilette zurück, meinem heimlichen Rückzugsort, um dem wahnsinnigen Trubel zu entgehen. Sobald ich wieder im abgedunkelten Gruppenraum der Eulen stehe, in dem sich bunte Lichter gegenseitig über Boden und Wände jagen wie amphetamingepushte Glühwürmchen, prügelt die wirklich schreckliche Musik wieder auf mich ein, gnadenlos, schonungslos, lieblos und noch einige Adjektive mehr mit -los. Die Texte der Faschingslieder müssen entweder von debilen Pavianen oder von semantischen Analphabeten geschrieben worden sein. Eine andere Erklärung will sich mir nicht erschließen. Ich würde jetzt lieber Metallica hören. Oder die Rolling Stones, Bob Dylan. Stattdessen: fliegende Giraffen, bunte Pferde und lästige Fliegen. Aber die Kinder haben Spaß. Das muss ich mir immer wieder vorsagen. Ein mentales Mantra. Die Kinder haben Spaß. Geht es nicht darum? Die Kinder haben eine gute Zeit, sie lachen, sie springen, sie tanzen, ich gehe zumindest davon aus, dass ihre konfusen Bewegungen einen Tanz darstellen sollen, sie amüsieren sich. Kinderlachen ist schön, und ich werde versuchen, mich mit den Kleinen zu freuen.

Eine kleine, dicke Pellwurst kommt auf mich zugerannt. Sven ist ganz in Schwarz gekleidet, und zwar in Klamotten, die ihm etwas zu klein sind, und er trägt ein rotes Stirnband. Er baut sich vor mir auf, grinst mich an und fragt, ob ich wisse, als was er verkleidet sei.

Okay, denke ich, ich vermute, kleine, dicke Pellwurst ist nicht ganz richtig, also muss ich mir etwas anderes überlegen.

Ich frage ihn, ob er vielleicht ein schwarzer Panther sei. Der Vorschlag wird mit verständnislosem Blick verneint.

»Bist du ein … schwarzer Mönch?«

Wieder ein verwirrter Gesichtsausdruck.

»Nein, ich bin doch ein Ninja!«

Er fuchtelt mit seinen Händen vor mir herum, die wahrscheinlich Karateschläge darstellen sollen.

»Ach so, natürlich. Jetzt sehe ich's auch.«

Er nickt heftig, nur um sofort zielsicher das Buffet anzusteuern. Er stopft sich ein paar Gummibärchen in den Mund, dann zwei Salzstangen, gefolgt von einem Stück Schokokuchen und einer weiteren Handvoll Gummibärchen.

*

Meine Kollegin Lara kommt mit einem Krippenkind an jeder Hand zu uns gelaufen. Eigentlich wollten wir die Kleinen Murmeltiere aus dem größten Faschingszirkus heraushalten, da wir nicht sicher waren, ob die Knirpse mit dem Trubel und der Lautstärke so gut umgehen können. Doch wie sich herausstellt, sind die Kleinsten mitunter am feierwütigsten. Niels und Jonas sind schon seit einer halben Stunde am Tanzen und Rennen und Springen und unterbrechen ihr eigenwilliges Ausdauerprogramm lediglich durch regelmäßige Ausflüge ans Buffet. Beide sind unverkleidet, wofür ich ihren Eltern insgeheim sehr dankbar bin und was mich den beiden Jungs gegenüber gleichzeitig ungewollt etwas nachsichtiger macht. Die Eltern von Samantha und Jaqueline hingegen haben zu Hause alles an kostümhafter Schrecklichkeit ausgegraben, was sie finden konnten. Samantha steckt in einem rosa Ganzkörperelefantenkostüm, was auf irgendeine Weise, ich bin mir zwar nicht sicher auf welche, aber auf irgendeine Weise niedlich aussehen könnte, wenn sie dadurch nicht noch pummeliger aussehen würde, als sie ohnehin schon ist, und wenn das Kostüm nicht über ein Dutzend Brandflecken verfügen würde.

Justin, der Kleinste bei den Murmeltieren und der mit seinen zwölfeinhalb Monaten Lebenserfahrung weder laufen noch sprechen kann, wurde von seiner Mutter in ein Clownskostüm gesteckt und auch dementsprechend geschminkt. Der Wicht ahnt wohl selbst nichts von der Lächerlichkeit seiner Aufmachung, aber ihn derart auszustaffieren erscheint mir nahezu menschenunwürdig. Ich befürchte, ich bin mit dieser Annahme alleine.

Lara stellt sich neben mich und grölt mir lauthals den Text des aktuell angespielten Faschingsfolterliedes in die Ohren. Wenn ich es nicht besser wüsste, würde ich sie für geistig retardiert halten.

»Du hast dir aber auch richtig Mühe gegeben mit deinem Kostüm, was?«

Sie kneift mich in die Seite. Lara ist als Polizistin verkleidet, womit sie bei vielen Kindern ziemlich punkten konnte.

»Könntest du häufiger tragen, das Hemd, steht dir.«

Ich würdige ihre Sticheleien nicht mit einer Antwort, sondern haste stattdessen zum Buffet, um zu verhindern, dass Justin das gesamte Gedeck abräumt. Er hat versucht, sich an der Tischdecke nach oben zu ziehen.

Eine kleine, zwergenhafte Gestalt steht auf einmal neben mir. Die vierjährige Jenny mit großen Kulleraugen und langen, braunen Locken sieht, drei Salzstangen auf einmal knabbernd, zu mir herauf. Ihr kritischer Blick weilt sehr lange auf mir, sie begutachtet mich von oben bis unten. Dann schüttelt sie den Kopf und lässt mich stehen.

Klasse, denke ich, muss ich mich von einem vierjährigen Marienkäfer beurteilen lassen?

Sven taucht wieder neben mir auf, ich glaube, er hält sich mehr am Buffet auf als irgendwo sonst. Gerade ist er dabei, mit akribischem Fingerspitzengefühl ein paar Haribotiere auf einer Salzstange aufzuspießen, nur um sich das Paket anschließend komplett in den Mund zu stopfen.

»Herr Zerbas«, ein paar Brocken fallen ihm aus dem Mund, da er nicht gewillt zu sein scheint, seine Kautätigkeit auch nur für einen Moment einzustellen. »Hast du auch schon das Zebra gesehen?«

Das Zebra? Das habe ich heute doch schon einmal gehört. Gesehen habe ich noch keines, weder in Klein noch in Groß.

Ich schüttle den Kopf.

Die Lautstärke der Musik wird etwas heruntergedreht, aber meine kurzweilige Erleichterung wird von der dadurch folgenden Ankündigung erneut erschüttert.

»So, ihr Lieben, jetzt wollen wir Reise nach Jerusalem spielen.«

Frau Haumann, die dralle Krankenschwester, grinst in die jubelnde Meute der bunten Gesellschaft.

Wollen, denke ich. Wollen? Warum denn wollen? Auf keinen Fall schaue ich meiner unliebsamen Kollegin im zu engen Krankenschwesterkostüm beim Reise-nach-Jerusalem-Spielen zu.

Ich will mich gerade abwenden, da stürzt eine Räuberbande, bestehend aus Cowboys, Prinzessinnen und seltsamen Tieren, auf mich zu und zerrt mich mit auf die Spielfläche.

»Hilfe!«, rufe ich Lara zu. »Hilfe, ich werde entführt. Das geschieht gegen meinen Willen!«

Alles, was ich dafür ernte, ist Laras schadenfrohes Gelächter. Dann greift sie an ihre Hüfte und hält mir ihre Plastikhandschellen entgegen.

»Wenn Sie nicht kooperieren, muss ich Sie in Fesseln legen!«

»Wir leben in einem freien Land! Ich kann nicht dazu gezwungen werden, Reise nach Jerusalem zu spielen! Das ist Beschneidung meiner Persönlichkeitsrechte!«

Die Kinder scheinen anderer Meinung zu sein. Sie lassen mir keine Wahl. Menschenrechte scheren sie einen Dreck. Von einem Rechtsstaat haben sie noch nie gehört. Zusammen mit zehn kleinen Halbstarken, nein nicht einmal Halbstarken, kleinen Viertelstarken, höchstens, muss ich mich um die im Kreis aufgestellten Stühle postieren und auf die Musik warten, die das Kommando zum Start gibt. Leider lässt diese nicht lange auf sich warten. Ein grauenvolles Musikstück von immenser melodischer Hässlichkeit dröhnt mir gewalttätig in die Ohren, und sofort werde ich von hinten in eine Richtung geschoben. Wir laufen um den Stuhlkreis herum, und die Kinder kreischen vor Aufregung und Nervenkitzel. Ich schreie mit, allerdings aus Qual und Unmut.

Ich versuche, nicht an den Anblick zu denken, den ich gerade bieten muss. Ein Trottel in einem solch hässlichen Hemd, dass es unter Strafe stehen müsste, dieses zu tragen, inmitten von kleinen, aufgedrehten Faschingsverrückten, bis zur Schädeldecke vollgepumpt mit Gummibärchen und Schokokuchen, und wir alle rennen und stolpern im Kreis um ein paar Stühle herum, um die es gleich zu kämpfen gilt.

Ich verliere einfach mit Absicht, denke ich. Das ist die schnellste und schmerzloseste Lösung, um mich aus diesem Hexensabbat zu befreien. Die Musik stoppt. Ich lasse mich konditioniert wie der pawlowsche Köter fallen und lande auf einem freien Stuhl. Anika landet mit einiger Verzögerung auf meinem Schoß, bombardiert mich mit einem beleidigten Blick und trottet dann davon. Ich erhalte keine Chance, mich über die überstandene Runde zu freuen oder zu jammern, dass ich noch eine Runde am Spiel teilnehmen muss. Die Musik setzt wieder ein, die Reise geht weiter, es wird wieder geschubst und gedrängelt, auch ein wenig geschrien, sogar einmal gerülpst, ich weiß nicht wer.

Was soll's, denke ich. Eine weitere Runde werde ich auch noch überleben. Mit der Zeit stumpft man ab. Ich werde mich nicht von der unmenschlichen Musik und dem unwürdigen Faschingsgehabe unterkriegen lassen. Was dich nicht umbringt, macht dich härter.

Die Musik stoppt erneut. Wieder lasse ich mich fallen, wieder lande ich auf einem freien Stuhl, etwas knapper diesmal, Jan rennt auf meinen Stuhl zu, stolpert dann aber über meine Füße und katapultiert sich somit von ganz alleine aus dem Kreis der noch teilnehmenden Jerusalemtouristen.

Wir laufen weiter.

Nun gut, denke ich. Mit Absicht verlieren, das war noch nie mein Ding, auch nicht im Kindergarten. Aber ich muss mich ja nicht total reinhängen. Wenn nächste Runde eines der Kinder schneller ist als ich, dann soll es so sein, dann werde ich zufrieden und erhobenen Hauptes das Feld räumen.

Die Musik setzt aus, Matthias und ich landen gleichzeitig auf einem Stuhl. Sein Pech, dass ich größer und stärker bin, ich versetze ihm mit meiner Hüfte einen Stoß, und er fällt vom Stuhl. Sein berechtigter Protest geht in einem lauten Wummern unter, die übrigen Teilnehmer setzen sich wieder in Bewegung und drängen Matthias beiseite. Während der nächsten Runden muss ich meinen freien Stuhl mit immer mehr Einsatz behaupten. Mittlerweile laufen wir nicht mehr Kreis, sondern rennen und hasten von einem Stuhl zum nächsten, gehen teilweise schon seitlich, um den Hintern schon möglichst nah an die Sitzflächen zu bringen. Die Gegner und

Gegnerinnen werden genau im Auge behalten, es wird um jeden Zentimeter Boden gekämpft und gefochten. Niemandem wird etwas geschenkt, jeder ist sich selbst der Nächste. Jenny versucht, mich von meinem Stuhl zu ziehen, doch ihr beherzter Einsatz ist vergeblich. In der nächsten Runde setzt Benjamin mich fast außer Gefecht, als er mit seinem Kopf genau in meinen Schritt rennt, doch ich kann mich gerade noch auf einen der Stühle retten.

Und dann stehe ich plötzlich im Finale. Mein Gegner: Sascha. In hautengem Batman-Kostüm. Fünf Jahre alt, eine Zahnlücke so groß, dass man ein Schnitzel durchziehen könnte, und den Augen nach wild entschlossen, das Spiel für sich zu entscheiden.

Die Musik läuft, wir schleichen um den letzten Stuhl herum, lassen uns dabei nicht aus den Augen, versteinerte Mienen, bereit, alles zu geben, bereit, jedes Mittel zum Sieg einzusetzen. Die Umstehenden jubeln und kreischen und feuern uns an. Die Spannung in der Luft ist so dick, als könnte man mit einem Messer ein Kuchenstück herausschneiden. Schweiß läuft mir über die Stirn, meine Muskeln sind angespannt. Die Musik läuft weiter, scheint endlos weiterzuplärren, scheint niemals enden zu wollen. Die Nerven sind zum Zerreißen gespannt.

Dann herrscht plötzlich laute Stille. Sascha und ich stürzen beide auf den Stuhl zu, prallen in der Luft schmerzhaft aufeinander, ich bekomme eine Hand ins Gesicht, wir landen beide auf der Sitzfläche, jeder auf einer Hälfte. Wir bleiben regungslos sitzen, beäugen uns wie zwei Raubkatzen, kurz davor, die jeweils andere Hälfte des Stuhls mit vollem Eifer zu erobern. Dann der Ruf von Frau Haumann, das Spiel ende unentschieden. Sven und ich schnaufen gleichzeitig erleichtert aus, geben uns in fairer Geste die Hand und lassen uns von den anderen zu unserem hart umkämpften Sieg beglückwünschen. Die kleine Jenny schenkt mir zum Sieg einen angebissenen Schokokuss.

*

Irgendwie gelingt es mir, den Tag zu überstehen. Mehrmals glaube ich zwar, kurz vor einer Hirnblutung zu stehen, aber ich überlebe, und das ist das Wichtigste. Ich habe viel Schreckliches gesehen an diesem Tag, aber ich habe es fast überstanden. Ich bin an der Herausforderung gewachsen. Meinem größten Feind wünsche ich keinen Kindergartenfaschingstag. Aber ich habe es so gut wie geschafft.

Ich musste noch einige Sticheleien aufgrund meines Kostüms, beziehungsweise nicht vorhandenen Kostüms über mich ergehen lassen, aber da stehe ich drüber. Ich wurde dazu aufgefordert, an einer Polonaise teilzunehmen, aber ich habe mich geweigert. Ich habe mich schlicht und einfach geweigert. Ich habe keine Erklärung dafür geliefert, habe mich dafür auch nicht entschuldigt, habe nicht versucht, mich herauszureden, ich habe einfach und deutlich *Nein* gesagt. Ein paar Kinder waren beleidigt, ein paar Kolleginnen auch, es war und ist mir egal. So viel Menschenwürde wollte ich für mich bewahren. Ich habe nicht an der Faschingspolonaise teilgenommen, und ich bin stolz darauf.

Der Arbeitstag neigt sich dem Ende zu. Die Kinder werden von ihren Eltern abgeholt, von denen einige ebenfalls im Kostüm erscheinen, was mich jedoch nicht mehr schocken kann. Ein Vater erscheint als bunter Indianer, eine Mutter als, also eigentlich sieht sie für mich aus wie eine Prostituierte, aber wahrscheinlich liege ich damit falsch, ich bin mir also nicht sicher, was sie darzustellen versucht, es ist mir letztlich egal. Frau Baum, die Mutter von Sarah, trägt ein Nonnenkostüm, was mir etwas scheinheilig vorkommt, wenn ich bedenke, dass sie vor wenigen Wochen noch versucht hat, Klopapier aus dem Kindergartenklo zu entwenden, aber sei's drum. Alles, was zählt, ist der heutige Feierabend, und der Feierabend am Kindergartenfaschingstag ist noch einmal um einiges mehr wert, als es ein Feierabend ohnehin schon ist.

Svens Eltern lächeln mir freundlich zu, als sie mit ihrem Sohn in der Mitte zum Ausgang gehen.

»Herr Zerbas«, Sven dreht sich noch einmal zu mir um. »Hast du das Zebra gesehen? Ich wollte dem Zebra noch Tschüss sagen.«

Ich muss ihm mitteilen, dass ich das Zebra nicht gesehen habe, aber dass wir das ja morgen nachholen können. Oder auch nicht! Morgen ist Wochenende, nächste Woche ist der ganze Zirkus vorbei, und bis dahin hat er es sowieso längst vergessen.

Zusammen mit Lara räume ich die letzten Tische und Stühle beiseite.

»Sag mal, weißt du, wer heute als Zebra verkleidet war? Ich habe niemanden gesehen.«

Lara schüttelt den Kopf.

Wir tragen die letzten Bierbänke in die Garage draußen auf dem Parkplatz.

»Endlich Feierabend, was? Habt ihr euch bestimmt verdient.«

Herr Brause, unser Hausmeister, läuft mit einer großen Gießkanne an uns vorbei. Er trägt einen schwarz-weiß gestreiften Häftlingsanzug.

KAPITEL 12

DIE BIRNE GEHÖRT NICHT IN DEN POPO

Doktorspiele sind normal,
aber eine Birne im Popo?

Es ist ruhig. Zu ruhig. Etwas ist faul, vielleicht nicht in Dänemark, der letzte Sommerurlaub dort war sehr schön, aber etwas ist faul in der Kindertagesstätte, genauer gesagt: in der Eulengruppe.

Ich bin allein mit 15 Kindern jeglichen Alters, ein fröhlich-verrückter Cocktail heterogenen Alters und Entwicklungsstandes. Gerade habe ich knapp eine Runde Memory gegen Sarah gewonnen, und ich meine knapp. Ich habe nicht nur so getan, ich habe mich nicht blöd gestellt, ich wollte die Kleine nicht unbedingt mit Absicht gewinnen lassen. Sie hätte mich wirklich fast plattgemacht. Entweder bin ich relativ doof in diesem Spiel, oder meine Gegnerin sehr stark für ihr Alter. Ich tendiere zur zweiten Erklärung.

Auf den Sofas sitzen drei Kinder und blättern in großen Bilderbüchern. Vier Kinder bauen eine Eisenbahn in der Bauecke auf, konzentriert, nahezu diszipliniert. Schwerkraft und Statik bereiten

ihnen zwar offensichtlich noch Schwierigkeiten, doch diese gleichen sie mit Motivation und Zusammenarbeit aus. Ein paar andere
malen seelenruhig auf großen Blättern, als hätten sie den persön-
lichen Buddha in sich gefunden, und eine weitere Gruppe spielt
Mau Mau, ich weiß nicht nach welchen Regeln, aber das spielt keine
Rolle.

Eine dicke Gestalt in rosa Prinzessinnenkostüm läuft an mir
vorbei. Es ist Sven, der Rülpskönig. Ihm folgt Sarah mit einem
Cowboyhut auf dem Kopf und einem kleinen Plastikschwert in
der Hand. Ich grinse ihnen hinterher. Schön, dass sie die Rollen-
klischees hinterfragen.

Aber ich traue dem Ganzen nicht. Es ist alles zu friedlich. Ich
will den Kindern nicht unterstellen, dass sie immer etwas anstellen
müssen. Dass immer etwas passieren muss und sie immer Chaos
und Unruhe stiften müssen. Aber sollte heute wirklich dieser sel-
tene Tag sein, der vielleicht ein-, höchstens zweimal im Jahr vorkommt, an dem einfach alles ruhig und sanftmütig und gerecht
zugeht? Ich bin ein optimistischer Mensch, aber meine Erfahrung
lässt mich nicht an dieses Glück glauben. Ich drehe eine Runde
durch die Eulengruppe.

Die Kuschelecke unterhalb der erhöhten Küchenecke ist mit
einer Decke zugehängt.

Wusste ich's doch. Da drinnen muss irgendein wilder Schaber-
nack zugange sein. Das Beste hoffend und das Schlimmste erwar-
tend, ziehe ich den Vorhang beiseite und – leer.

Nun gut, es soll auch noch positive Überraschungen geben, das
macht mir Mut, diese Kenntnis hält mich sogar ein wenig am Leben.

Ich richte mich auf und blicke auf die Küchenecke, die sich knapp
unter meiner Kopfhöhe befindet. Julian liegt auf dem Bauch auf der
kleinen Plastikspüle, seine Hose heruntergezogen, und Benjamin
steckt ihm gerade eine leuchtend gelbe Plastikbirne in den Hintern.
Ich weiß nicht, was ich sagen soll. Den beiden Dreijährigen scheint
es genauso zu gehen. Sie halten in ihrem Spiel inne, unsicher, ihre

Mienen unentschlossen, da sie noch nicht absehen können, wie ich reagieren werde. Ich weiß es auch noch nicht. Steckt da jetzt wirklich eine Plastikbirne im Arsch eines Dreijährigen?

Ich muss noch einmal hinsehen.

Ja, es steckt tatsächlich eine Plastikbirne im Arsch eines Dreijährigen. Wie eine grelle Glühbirne leuchtet das Spielzeug zwischen seinen Hinterbacken hervor, als bedürfe dieser Bereich besonderer Beleuchtung.

Ich bin sehr beruhigt, dass das Spielzeug nicht wirklich tief Eingang in die Körperöffnung gefunden hat, sondern noch zu 80 Prozent hervorschaut.

Ich lache los. Julian und Benjamin lachen mit. Vielleicht sollte ich nicht lachen, ich weiß es nicht. Ich weiß es wirklich nicht. Ich bin wirklich überfragt. Pädagogische Richtlinien, entwicklungsadäquates Verhalten, Erziehungskonzepte, all diese Begriffe und ihre Inhalte haben in diesem Moment keine Bedeutung für mich.

Da steckt eine Plastikbirne im Arsch eines Dreijährigen!

»Benjamin!«, rufe ich nach geraumer Zeit, nachdem ich mich gefasst habe. »Du holst jetzt ganz schnell die Birne aus dem Popo vom Julian!«

Er macht es sofort.

»Sagt mal, was habt ihr euch denn dabei gedacht? Das ist Spielzeug, mit dem wollen andere Kinder auch noch spielen! Das kann man sich doch nicht in den Popo stecken!« Es gelingt mir, ein erneutes Lachen zu unterdrücken. »Das gehört da nicht hin! Die Birne gehört nicht in den Popo! Dabei kann man sich auch ziemlich verletzen! Ihr dürft euch keine Sachen in den Popo stecken! Und in andere Körperöffnungen auch nicht. Das dürfen nur Mamas und Papas oder Ärzte. Wenn ihr krank seid.«

Die beiden schauen mich mit großen Augen an.

»Verstanden?«

Sie nicken beide.

»Und jetzt Hose hoch, aber ganz schnell!«

Er macht es sofort.

Doktorspiele sind nicht schlimm. Das machen die meisten Kinder und ist, bis zu einem gewissen Punkt, völlig normal. Es gilt einfach, normal und vernünftig und auch ein wenig sensibel damit umzugehen, eventuell offen mit den Kindern darüber zu sprechen und vielleicht auch schon zu erklären, was in Ordnung ist und was nicht. Bezüglich der Vorlieben für Gegenstände im Popo von Erwachsenen möchte ich mir kein Urteil anmaßen. Aber eine Birne im Arsche eines Dreijährigen?!

Wir taxieren uns für einen Moment. Benjamin und Julian setzen ihre besten Spitzbubengesichter auf. Dann hält Benjamin mir die Birne entgegen.

KAPITEL 13

OSTERN
ODER
HEIDNISCHE BRÄUCHE

Man sollte sich auch merken,
wo man die Eier versteckt hat

Ich weiß nicht mehr, wann mir mein eigener Glauben an den Osterhasen oder den Weihnachtsmann abhandengekommen ist. Es gibt keinen Tag und auch keine Szene, an die ich mich erinnern kann, an dem oder in der meine Eltern oder sonst wer mir gestanden haben, dass es diese netten, angeblich philanthropischen Gestalten überhaupt nicht gibt, auf jeden Fall nicht in der kindgerechten Form, wie sie von Kinderschokolade und Hollywoodkomödien propagiert werden. Wahrscheinlich ist es so wie bei meiner Aufklärung verlaufen. Da gab es glücklicherweise auch kein Gespräch über die Blümchen und Bienchen, sondern das kam schrittweise einfach irgendwie. Durch Freunde, in der Schule, durch Werbung, Filme, wie auch immer. Und irgendwann wusste

man halt Bescheid, mehr oder weniger, akzeptierte das und war zufrieden, mehr oder weniger.

Wo genau im Kindergarten die Grenze liegt, kann ich auch nicht genau sagen. Die etwas älteren Kinder in den Regelgruppen, die glauben auf jeden Fall nicht mehr an den Osterhasen und dessen Konsorten. Sie freuen sich über Schokolade und Geschenke und stimmen begeistert zu, wenn vom Osterhasen die Rede ist, der irgendwo Eier, Süßkram, Matchboxautos und Videospiele, manchmal sogar DVD-Player, Fernseher und Designerschuhe versteckt hat, wissen aber trotzdem, dass nicht wirklich ein hyperintelligentes Nagetier dafür verantwortlich ist, sondern die Eltern das Zeug gekauft und versteckt haben. Wo auch immer man im Garten einen DVD-Player verstecken mag.

Die Krippenkinder wiederum wissen teilweise noch gar nicht, wer oder was dieser sogenannte Osterhase überhaupt sein soll, oder zumindest nicht, dass dieser angeblich Sachen verstecke. Die Großen der Kleinen vielleicht schon, die können damit etwas anfangen, halbwegs, die Kleinen der Kleinen jedoch nicht, die kommen ja gerade mal so mit sich und der Welt klar, da wird zwischen Spielkamerad, Plüschelefant und Osterhase noch nicht so wirklich differenziert.

Die Osterzeit in der Kindertagesstätte ist, so wie die meisten anderen Feiertage oder sonst wie gearteten Feste, vor allem von festspezifischen Liedern, Geschichten und Bastelarbeiten geprägt. Wir sind der Zeit zwar nicht so weit voraus wie der Einzelhandel, der bereits im Januar die Regale mit Osterschokolade füllt, aber auch bei uns in der Kita beginnen schon einige Wochen vor dem eigentlichen Osterfest, sich die Räumlichkeiten mit gebastelten Ostereiern und gemalt-gekritzelten Osterküken zu füllen. Man kann keinen Schritt mehr machen, ohne dass man mit dem Kopf gegen ein von der Decke baumelndes Was-auch-immer in bunten Farben stößt oder dass man einem Kind und oder dessen Eltern eine gut gemeinte Standpauke hält, dass ein Lindt-Schokohase kein adäquates Frühstück darstelle. Nein, von Milka auch nicht.

Darüber hinaus sind die Erzieherinnen und Erzieher dazu angehalten, gemeinsam mit den Kindern etwas für deren Eltern anzufertigen. Das hat quasi Tradition. Die Kinder müssen etwas für die Eltern basteln. Und wir müssen dabei Hilfestellung leisten. Und da der Mensch nun einmal ist, wie er ist, kam es in der Vergangenheit zu Streitigkeiten, da die eine Gruppe sich ein schöneres Motiv ausgesucht hatte als die andere Gruppe, die eine Gruppe also mit einem ausgefeilten Osternest mit einer ganzen Schlappohrfamilie aufwarten konnte, während die andere Gruppe lediglich einen Fingerabdruck auf Papier mit Gesicht und Ohren zustande gebracht hat. Um derartige neidische und auch spöttische Unstimmigkeiten zu unterbinden, stimmte man irgendwann darin überein, sich Kita-übergreifend auf eine einheitliche Bastelei zu einigen, die am letzten Tag vor den Feiertagen dann den Eltern übergeben wird.

Über die Qualität der Erzeugnisse darf eigentlich nicht gestritten werden. Wir befinden uns immerhin in einer Kindertagesstätte. Die Kinder sollen hier natürlich ihre Erfahrungen machen, und auch in einer Kindertagesstätte obliegt den Erziehern und Erzieherinnen ein Bildungsauftrag. Es wäre schon gut und wünschenswert, wenn die Rotzbengel und Knaufbäckchen in diesen Jahren lernen, wie man einen Malstift hält, wie man einen Klebestift verwendet und wie man halbwegs sauber verschiedene Formen mit einer Schere ausschneidet. Feinmotorik eben. Dass es diesbezüglich sehr heterogene Lerngeschwindigkeiten und Lerntypen gibt, versteht sich wohl von selbst. Das ist ja auch kein Problem, und der Kindergarten bietet Raum und Umgebung, um derartige Dinge mit den Kleinen zu lernen. Der Leistungsdruck wird sie schnell genug umfassen, wenn sie in die Schule kommen. In der Kindertagesstätte dürfen die Kinder noch Kinder sein. Und wenn ein Sechsjähriger einen Osterhasen malt, der aussieht wie ein hermaphroditischer Außerirdischer, dann ist das eben so. Und wenn einem solche Produkte zur Begutachtung vorgelegt werden, dann muss man ja auch nicht unbedingt immer in die Knie gehen, dem Künstler durch die Haare streichen und sagen *Sehr schön hast du das gemacht, Josef-Friedrich, das ist das schönste Bild, das du jemals gemalt hast,* sondern man kann sich auch mit einem Lächeln und einem Nicken begnügen. Man muss dem Kind nicht ins Gesicht lügen und ihm eine außerordentliche künstlerische Karriere voraussagen, man muss es aber auch genauso wenig demotivieren, indem man sagt *Was, das soll eine Hase sein? Das ist ja potthässlich, alles, was ich auf dem Papier erkenne, ist ein widerliches Weichtier.* Dem mag vielleicht so sein, aber man muss es nicht so ausdrücken. Man kann sich da herausreden, ohne das Kind übertrieben positiv oder übertrieben negativ zu bestärken.

Natürlich kreieren die Kleinen auch hässliche Bilder, die man getrost in die Tonne treten könnte, da muss man ehrlich sein. Kleinkind hin oder her, man will sich nicht alles an den Kühlschrank hängen. Der Weg von der ersten Kritzelei bis zum ersten erkennbaren Strichmännchen ist lang.

Das Basteln in der Regelgruppe ist die eine Sache. In der Krippe ist es eine ganz andere. Will man sich ernsthaft an die Bastelvorgabe halten, welche die Eltern letztlich bekommen sollen, entsteht in der Krippe nicht selten eine gut gemeinte Koproduktion zwischen Kind und Erzieher, über deren tatsächliches Zustandekommen am besten geschwiegen wird.

*

Das diesjährige Ostergeschenk an die Eltern: ein dreidimensionaler Papposterhase mit Körbchen auf dem Rücken, welches mit Schokolade und anderem Kleinkram gefüllt werden kann.

Etwas ratlos blicke ich auf die vor mir liegende Bastelvorlage und die beiliegende Bastelanleitung. Eine Billy-Regal-Bauanleitung von Ikea ist nichts dagegen.

Ich blicke zu meiner Kollegin.

»Ohne die Intelligenz der kleinen Monster zu unterschätzen, aber wenn *ich* die Bastelanleitung schon kaum verstehe und wenn eine solche auch noch notwenig ist, wie soll der da das dann hinkriegen?«

Ich nicke Richtung Jonas, der sich gerade ein Legomännchen ins Ohr steckt.

Lara lacht.

»Du bist aber auch nicht gerade der größte Bastelfreund«, sagt sie. »Ich erinnere mich noch an deine Küken vom letzten Jahr. Die sahen aus wie geplatzte Tennisbälle.«

Ich möchte darauf gerne etwas erwidern. Aber ich kann nicht. Sie hat recht.

Es hilft ja nichts, denke ich. Versuchen wir es.

Ich beschließe, mit Niels zu beginnen, immerhin der Älteste in der Murmeltiergruppe und motorisch bereits in der Lage, Schere und Papier zumindest irgendwie zusammenzuführen.

Wir beginnen, uns durch die Bastelanleitung zu kämpfen, was so viel bedeutet, wie dass ich versuche, sie zu verstehen, alle Materialien bereitlege und Niels sage, was er zu tun habe.

Niels' erster Versuch, an den vorgegebenen Linien entlangzuschneiden, damit daraus die Form eines Hasen entsteht, endet damit, dass er den Hasen enthauptet. Beim zweiten Versuch muss der Hase sein Schwänzchen einbüßen. Ich beschließe, das zu tolerieren, schließlich wollen wir ja nicht intolerant gegenüber körperlichen Abweichungen sein. Als der Hase dann jedoch auch noch zwei Beine verliert, gebe ich ihm eine neue Vorlage, und Niels startet seinen dritten Versuch. Ich helfe ihm ein wenig an den kniffligen Stellen, die auch mich unter gewisse feinmotorische Herausforderungen stellen, und gemeinsam gelingt es uns, einen Hasen auszuschneiden, der auch annähernd die Form eines Hasen besitzt. Er sieht auf jeden Fall so aus, als habe ihn ein Kleinkind ausgeschnitten, und das soll uns genügen. Dass ich daran beteiligt war und man die Stellen, an denen Niels und an denen ich geschnitten habe, nicht voneinander unterscheiden kann, muss ja niemand erfahren.

Der Hase soll nun ein Gesicht bekommen. Niels malt sehr gerne, auch wenn man selten weiß, was er malt. Ich halte ihm das ausgeschnittene Produkt entgegen und frage ihn, was dem Hasen denn noch fehle.

»Hm … Ein Popo?«

»Einen Popo hat der Hase schon. Hier hinten ist ja auch sein Schwänzchen.«

»Ohr?«

»Die hat er auch schon. Die haben wir doch zusammen ausgeschnitten. Wo sind denn die Ohren?«

Niels zeigt auf die Ohren, was mich sehr erleichtert.

»Was braucht der Osterhase denn noch?«

»Hm …« Er grinst mich an. »Pipimann?«

»Das wäre dem Hasen sicherlich zu wünschen, aber den brauchen wir nicht zu malen.«

Ich beschließe, nicht näher darüber nachzudenken, warum er das Wort *Pipimann* benutzt statt der richtigen Bezeichnung, die ein Dreijähriger durchaus schon wissen kann.

»Was haben wir denn im Gesicht, Niels?«

»Zunge!«

»Zum Beispiel. Was noch?«

»Zähne.«

»Das auch. Weiter.«

»Augen.«

»Sehr gut.«

»Nase.«

»Hallelujah!«

»Halleua«, spricht er mir nach.

Niels beginnt, dem Hasen ein Gesicht zu malen. Was dabei herauskommt, hat wenig Ähnlichkeit mit einem Gesicht. Es sieht so aus, als sei dem Hasen jedes Gesichtsmerkmal entfernt und an anderer Stelle wieder angesetzt worden.

»In Ordnung«, sage ich.

Ich sage weder *Sehr schön*, noch sage ich *Aus dir wird niemals etwas*. Ich sage einfach *In Ordnung*.

Während der nächsten Viertelstunde versuchen wir gemeinsam, das Körbchen zu basteln, welches auf dem Rücken des Hasen platziert und mit kleinen Schokoladeneiern gefüllt werden soll. Das Ergebnis unserer Bemühungen: Niels kleben bunte Papierschnipsel auf Stirn, Wangen und hinter den Ohren. Seine Finger kleben zusammen. Unser gebastelter Hase klebt auf dem Tisch fest. Die Ohren des Hasen sind abgeknickt. Mein T-Shirt ist um einiges bunter, als es beim Kauf war. Schweiß steht auf meiner Stirn. Ich habe mir auf die Lippe gebissen. Das kleine Osterkörbchen ist schließlich zu einem Hexagon geworden statt dem geplanten Viereck.

Ich stehe auf, verlasse den Gruppenraum der Kleinen Murmeltiere und gehe nach draußen, wo ich mich einem dringend nötigen Schreikrampf ergebe.

»Dieser scheiß Osterhase! Scheißbasteln! Ich hasse Basteln! Ich will nie wieder basteln! Ich werde nie wieder basteln! Die Eltern bekommen keine Schokoladeneier in ihre krummen Osterhasenkörbchen gelegt, sondern Kondome!«

Ich atme mehrmals tief ein, schüttle mich kurz, dann gehe ich mit einem Grinsen wieder zurück in den Gruppenraum.

»Wer will als Nächster seinen Osterhasen basteln?«

*

Ich kenne mich mit den deutschen Feiertagen und deren Bedeutung eigentlich ganz gut aus. Ich weiß, warum wir Ostern feiern, auch wenn ich mit der christlichen Bedeutung nichts anfangen kann. Warum es Ostereier gibt, ist auch noch halbwegs nachvollziehbar. Die Kirche hat ziemlich früh schon Eier gesegnet, und Eier symbolisieren das Leben. Kann man durchgehen lassen. Warum wir die Dinger aber auch noch verstecken und suchen, das will sich mir nicht so ganz erschließen. Ein leicht vergängliches Halbwissen in meinem Kopf sagt mir, dass das Verschenken von Eiern eine ursprünglich heidnische Tradition war. Und da die Kirche die Heiden nicht zu ihren besten Freunden zählte, hatte sie die Eierschenkerei irgendwann verboten. Zum Glück haben sich die sogenannten Heiden dem widersetzt, indem sie die Eier nicht persönlich verschenkt, sondern auf dem Feld versteckt und für Familie und Freunde zur Suche freigegeben haben. Wie auch immer, auf jeden Fall kommt die Ostereisuche in der Kindertagesstätte auch nicht zu kurz. Irgendwann scheint sich die Kirche diesen heidnischen Brauch also wieder zu eigen gemacht oder zumindest toleriert zu haben. Heidnisch oder christlich oder außerirdisch: Den Kindern macht es Spaß. Genauso wie den Erziehern.

*

Die Kleinen Murmeltiere laufen und springen und schleichen durch den Gruppenraum und suchen die versteckten Osternester. Zumindest die meisten der Kleinen Murmeltiere sind am Suchen. Justin sitzt auf dem Boden und schaut den anderen dabei zu, er scheint nicht ganz verstanden zu haben, was von ihm verlangt wird.

Ich weise ihn nochmals darauf hin, dass wir ein kleines Geschenk versteckt haben, das er suchen darf. Er blickt mich an, als spräche ich chinesisch und das auch noch falsch.

»Hier!«

Niels hält triumphierend ein kleines Körbchen in die Höhe, welches er in einem der Kochtöpfe in der Spielküche gefunden hat.

»Sehr gut, Niels, jetzt kannst du die anderen weitersuchen lassen ...«

Der Satz ist kaum zu Ende gesprochen, da ist er schon wieder losgeflitzt und entdeckt wenige Sekunden später ein weiteres Körbchen hinter den Bastelutensilien.

»Da! Gefunden!«

»Ja, aber du hast ja schon eins. Das kannst du jetzt einem der anderen Kinder geben.«

Ehe Niels sich entscheiden kann, läuft Samantha an ihm vorbei, schnappt ihm das Nest aus den Händen, setzt sich auf den Boden und wickelt bereits das erste Schokoei aus seiner Verpackung. Immerhin schafft sie es noch, ein undeutliches *Danke* aus ihrem mit Schokolade beschmierten Mund zu pressen.

Beim Verstecken der Osternester habe ich darauf geachtet, nicht allzu schwere Verstecke auszuwählen, obwohl mir das sehr viel Spaß gemacht hätte. Aber die Suche sollte ja adressatengerecht verlaufen. Die meisten Nester sind ziemlich einfach versteckt, aber ich konnte es mir nicht verkneifen, den Kleinen auch ein bis zwei harte Nüsse zum Knacken zu geben.

Nach und nach ziehen die Kinder ihre Nester hervor und beginnen, diese sofort aufzuessen. Wir lassen das ausnahmsweise durchgehen. Dann sind noch zwei Nester übrig. Eines davon ist anscheinend zu offensichtlich versteckt, zumindest sind Jonas und Justin, der sich mittlerweile aufgerafft hat und sich an der Suche beteiligt, schon mehrmals daran vorbeigerannt oder vorbeigekrabbelt.

»Also ein Nest kann ich noch sehen«, sagt Lara neben mir. »Aber das letzte hast du ziemlich gut versteckt.«

Ich nicke grinsend.

»Wo ist es denn?«

Ich nicke grinsend weiter.

»Weißt du es überhaupt selbst noch?«

Ich schüttle grinsend den Kopf. Tatsächlich fällt mir momentan selbst nicht mehr ein, wo ich das letzte Osternest untergebracht habe. Das wird schon wieder auftauchen, denke ich mir. Ich schlendere langsam los und beginne, mich unauffällig umzusehen. Ein lautes Rumpeln erregt meine Aufmerksamkeit. Justin sitzt inmitten eines Berges aus Legosteinen und hält ein Nest in der Hand.

»Hättest du das wiedergefunden?«, fragt mich meine Kollegin.

»Nicht diese Woche«, antworte ich.

Jonas ist der letzte Suchende. Er rennt von einer Ecke des Gruppenraums in die andere wie ein kleiner, schnüffelnder Jagdhund, dessen Geruchssinn außer Funktion ist. Dabei rennt er mehrmals am letzten Nest vorbei, welches lediglich auf dem Boden neben einer Regalwand steht. Überraschenderweise scheint er es mit Humor zu nehmen, dass er der Letzte ist, während alle anderen schon ihre halben Nester verspeist haben.

»Boah, ist der blind«, bemerkt Lara.

Ich stimme nickend zu und beschließe, die Suche etwas zu beschleunigen.

»Such mal auf der anderen Seite, Jonas, hier in der Ecke.«

Jonas war gerade dabei, seinen Kopf in den Mülleimer zu stecken. Er läuft erneut an dem Gesuchten vorbei und will anfangen, die Spielküche auszuräumen.

»Nein, da ist es auch nicht, Jonas.«

Er sieht unter dem Teppich nach.

»Schau mal weiter links, Jonas.«

Er dreht sich einmal im Kreis und läuft nach rechts.

»Links, Jonas, links!«

Jonas blickt mich an wie eine Kuh, wenn es gleichzeitig blitzt, donnert, hagelt und schneit.

»Links! Links!«

»Der ist zwei Jahre alt und stellt sich mit Messer und Gabel schlechter an als ein Schimpanse. Ich glaube, der weiß auch nicht, was links und rechts bedeutet«, gibt meine Kollegin zu bedenken.

Ich bin kurz davor, das Nest zu holen und ihm entgegenzuwerfen. Niels kommt mir zuvor. Er stellt sich neben seinen Freund, nimmt ihn an der Schulter und zeigt auf das Ersehnte.

»Jonas, hier!«

Hand in Hand laufen sie auf das Nest zu, setzen sich anschließend gemeinsam an den Tisch und beginnen, die ersten Eier auszupacken. Jonas ist so fair und übergibt Niels einen gerechten Finderlohn.

KAPITEL 14

LIEBESBEWEISE

Manchmal zeigen die Kleinen ihre Zuneigung
auf etwas andere Art.

Ich laufe durch den bunt geschmückten Gang der Kita und lasse mich auf einem Meer aus Geräuschen treiben. Eine stürmische See aus Kindergeschrei, Kinderweinen und Kinderlachen schwappt über mich. Kisten, die auf den Boden fallen, und Kisten, die wieder in die Regale gestopft werden. Ermahnende Erzieherinnen, tröstende Erzieherinnen, lachende Erzieherinnen, erklärende Erzieherinnen, ausrastende Erzieherinnen, kurz vor dem Nervenzusammenbruch stehende und kurz vor der Kündigung stehende und überhaupt ihr könnt mich alle mal Erzieherinnen.

Eine fast liebevolle Kakofonie, die doch letzten Endes einfach ein Beweis für die Lebendigkeit und Vitalität dieses Hauses ist.

Vor dem Gruppenraum der Eulengruppe sitzt der kleine Sascha auf einem Stuhl. Er hat einen Kurzhaarschnitt, dafür aber ein langes, gelocktes Schwänzchen am Hinterkopf. Es sieht ein bisschen aus wie ein langes Würmchen am Angelhaken. Oder ein Schweineschwänzchen. Vielleicht auch wie eine dünne, zusammengeschrumpelte und haarige Blindschleiche. Egal welchen Vergleich man zu Rate ziehen möchte, es wird nicht besser. Ich glaube, es handelt sich hier um die schlimmste Frisur auf diesem Planeten. Ich stehe einer frisurtechnischen Unzumutbarkeit gegenüber. Miley Cyrus, Ronaldinho oder Achtzigerjahre-Dieter-Bohlen können einpacken gegenüber der haarigen Grausigkeit des kleinen Sascha. Wer diese Verunstaltung auf dem Kopf des Kindes zugelassen hat, gehört sowohl wegen Erregung öffentlichen Ärgernisses als auch wegen Verstoßes gegen die Würde des Menschen angeklagt. Auf seinem Kopf lastet ein modischer Super-GAU und auf dem Schulhof würde er ganz zu Recht dafür verprügelt werden.

Ich versuche, nicht weiter hinzusehen, aber der Kleine hat diesen berühmten Autounfall auf dem Kopf, ich befürchte, diese Frisur kann sogar Autounfälle verursachen, und man muss einfach hinsehen, man kann nicht anders, man ist schockiert und angewidert, aber auch sensationsgeil. Die zusammengezogenen Augenbrauen von Sascha und seine nach unten gezogenen Mundwinkel bilden ein stereotypes Exempel für Missmut.

»Was machst du denn für ein Gesicht, Sascha?«

Er blickt mich an und scheint kurz darüber nachzudenken, ob ich es wert sei, mit mir zu kommunizieren. Ich weiß genau, dass er mit mir reden wird, denn ich war es ja nicht, der ihn auf den Stuhl in den Gang gesetzt hat. Außerdem ist sonst auch niemand da, mit dem er reden könnte. Er scheint zur selben Schlussfolgerung zu kommen.

»Ich muss hier draußen sitzen.«

»Aha. Und warum? Hast du was angestellt?«

Wieder Schweigen und ein sehr langer Blick. Er weiß, dass er wohl irgendetwas angestellt hat, und er weiß auch, dass ich es weiß. Die Frage ist lediglich, ob er es auch von alleine zugeben wird.

»Ich hab der Tina ins Gesicht gepupst.«

Das Lachen, das mir entschlüpfen möchte, kann gerade noch mit äußerster Willensanstrengung zurückgehalten werden.

»Nun ja. Das fand die Tina wahrscheinlich auch nicht so toll. So etwas macht man ja auch nicht. Ins Gesicht pupsen.«

Ich hasse den Satz *So etwas macht man nicht*. Zu spießig. Zu langweilig. Zu altbacken. Aber manchmal sage ich es doch. Weil, nun ja, ins Gesicht pupsen, so etwas macht man nun mal wirklich nicht. Es sei denn, die andere Person bittet ausdrücklich darum, warum oder wann auch immer, vielleicht in nackter, trauter Zweisamkeit, aber das ist ein anderes Thema.

»Doch! Die Tina hat doch zu mir gesagt: ›Mach doch, du traust dich ja eh nicht!‹« Sascha klingt ehrlich empört. »Und dann hab ich ihr gezeigt, dass ich mich doch traue. Und dann hat sie erst ganz arg gelacht, und dann hat sie bei der Frau Schiller gepetzt, und die Frau Schiller hat mich dann rausgeschickt und auf den Stuhl gesetzt.«

Noch mehr Empörung, dem kleinen Kerl ist eine welterschütternde Ungerechtigkeit widerfahren. Ich muss überlegen, was ich dazu sagen soll. Seinen Worten ist wahrscheinlich Glauben zu schenken, auch wenn die Durchführung der besagten Handlung sicherlich nicht unbedingt notwendig war. Ob man ihn deshalb im Gang auf den Stuhl setzen muss, kann man hinterfragen. Aber das ist nicht meine Sache. Die Kollegin hat entschieden, ich habe in diesem Fall kein Recht, mich einzumischen.

»Aber du hast die Tina doch eigentlich sehr gerne, oder? Ihr spielt doch immer zusammen. Und du hast sie schon mal auf die Backe geküsst und sie dich auch, das habe ich gesehen.«

Ich zwinkere ihm zu. Sein Gesicht nimmt die Farbe einer Tomate an, oder einer Erdbeere. Eines von beidem.

»Ich hab ihr ja auch nur ins Gesicht gepupst, weil sie gesagt hat, ich traue mich nicht. Und weil ich ihr zeigen wollte, dass ich viel besser pupsen kann als der Niklas, der sagt nämlich immer, er ist der beste Pupser, dabei bin ich das. Das wollte ich der Tina zeigen, damit sie das weiß.«

Ich lächle Sascha an, und nach einer Weile lächelt er zurück. Warum auch Geld für Blumensträuße vergeuden? Warum Pralinen kaufen oder CDs mit ihren Lieblingssongs brennen? Man muss sie ja auch nicht zu einem Wochenendtrip in eine europäische Groß-stadt einladen oder für sie kochen, um ihr zu zeigen, dass man sie mag. Es gibt offensichtlich auch andere Möglichkeiten, seine Zuneigung auszudrücken, und Sascha hat sie gefunden. Allerdings sagt mir eine leise Stimme, auf die ich in diesem Falle sehr geneigt bin zu hören, dass meine Freundin nicht allzu begeistert wäre, wenn ich Saschas Beispiel folgen würde.

»Beim nächsten Mal zeigst du der Tina auf andere Weise, dass du sie gern hast, einverstanden?«

Er zuckt mit den Schultern, sein Lächeln ist aber nicht ganz ver-schwunden.

»Herr Zerbas, darf ich aufstehen?«

»Erst wenn Frau Schiller das sagt.«

»Ooooooh.«

Ich geh weiter, und kurz darauf glaube ich, hinter mir einen lau-ten Pups zu hören.

DIE BUNTEN GETÜME

Die deutsche Sprache ist nicht einfach

Der beste Sport ist der Kindertransport. Mit meinem linken Arm hebe ich Justin nach oben, mit dem rechten Jaqueline. Ich bin selbst für einen Moment überrascht, dass ich die beiden hochbekomme. Sie wiegen immerhin schon jeweils mehr als ein Sechserpack Wasser.

»Schluss jetzt!«

Die beiden schauen mich mit großen Augen an. In ihrem Streit um einen Grashalm, ja, einen Grashalm, welchen beide für sich beansprucht haben, habe ich sie von hinten überrascht. Jetzt spüre ich, wie meine Arme schwach werden, und ich setze beide wieder auf dem Boden ab. Noch immer sehen sie mich verwundert an. Dann fängt Jaqueline an zu schreien.

»Noch mal! Noch mal!«

Ich schüttle den Kopf und mache den beiden das Zeichen eines Vogels, soll heißen, ich tippe mit dem Zeigefinger gegen meine Stirn. Die beiden machen es lachend nach. Justin tippt sich dabei ins Auge.

Ich muss besser aufpassen, was ich den Kindern vormache, denke ich.

Ein Transporter der Post fährt auf den Parkplatz der Kita. Sofort stehen acht Kinder wie Gefängnisinsassen am Zaun und beobachten einen kleinen Mann, der ein kleines Paket an ihnen vorbeiträgt. Er winkt den Kleinen zu. Immerhin einer winkt zurück.

»Tatütata?«, fragt Niels und dreht sich zu mir um.

»Nein, das ist keine Polizei, Niels. Das ist die Post.«

»Post?«

»Ja, genau.«

»Kein Tatütata?«

Ich schüttle erneut den Kopf.

»Tatütata?«, fragt Jonas neben ihm.

Diesmal schüttelt Niels den Kopf.

»Tatütata«, sagt Samantha.

Jonas fängt an zu lachen. Dann Samantha.

»Tatütata, tatütata.«

Sie scheinen sich mit nur einem Wort zu unterhalten. Man könnte meinen, mit lediglich einem Wort zu kommunizieren wäre eintönig. Aber den Kindern gelingt es, das Wort sehr variationsreich zu intonieren und zu betonen.

Und dann plötzlich, wie aus dem Nichts, entsteht ein Sturm, ein unbändiges Getöse, ein Gegacker wie aus tausend Mündern, als wäre das siebenköpfige Tier der Apokalypse dem Gruppenraum der Kleinen Murmeltiere entstiegen und würde in fremden Sprachen sprechen. Doch sein unziemliches Geschwafel besteht lediglich aus einem frevelhaften Wort: Tatütata.

Acht Kinder rennen durcheinander im Kreis und sprechen alles und jeden mit Tatütata an, begrüßen sich mit Tatütata, beschimpfen sich mit Tatütata, fordern, wünschen, verlangen, befehlen und versprechen sich gegenseitig nur eines: Tatütata.

Ich habe einen Moment die sehr begründete Angst, den Verstand zu verlieren. Ich bedaure, dass Kinder keinen Ausknopf besitzen, gerne würde ich jedem einzelnen der Schreihälse einmal auf den Kopf hauen und für Ruhe sorgen. Mein verzweifeltes Rufen geht im allgemeinen Geschnatter unter, ich komme gegen den Kinderstimmenwirrwarr nicht an. Es kommt mir vor, als hätte ich ein tollwütiges Rudel von Teletubbies vor mir, mit dem Auftrag, meine Geduld und meinen Verstand zu verprügeln, regelrecht in Fetzen zu reißen. Der Schriftsteller Feridun Zaimoglu hatte recht: Auch kleine Kasper können großes Theater machen. Die Krippenkinder beweisen dies gerade voller Inbrunst. Auch wenn sich mir das Stück nicht ganz erschließen will, sich sogar gegen jeglichen Sinn aufs Äußerste zu wehren scheint.

»Jetzt reicht es! Genug!«

Ich werde sehr gekonnt ignoriert. Das chaotische, an den Säulen der Erde rüttelnde Geplapper geht ungehemmt weiter. Was ist nur aus den Kindern geworden, die sich den ganzen Tag langweilen? Den trüben Stubenhockern, die nicht in der Lage sind, sich selbst zu beschäftigen? Solche Interaktionslegastheniker kämen mir jetzt sehr gelegen. Ich will eigentlich nicht laut losschreien, aber wie es scheint, bleibt mir keine andere Wahl.

»Schluss mit dem Tatütata!«, schreie ich sehr laut.

Der kleine Chihuahua einer alten Dame auf dem Spazierweg zuckt erschrocken zusammen. Das Gejohle hingegen geht ungemindert weiter.

»Aufhören! Stopp! Lernt sprechen! Lernt richtige Wörter!«

Meine Stimme bekommt etwas Weinerliches. Ich beschließe, die Notbremse zu ziehen, ebenfalls nur ungern, aber ich sehe mich dazu gezwungen. Diese Methode sollte nicht auf der Tagesordnung stehen, obwohl oder gerade weil erfahrungsgemäß viele Eltern sie oft und gerne anwenden.

Ich hole etwas aus einem der oberen Schränke des Gruppenraums, komme wieder nach draußen, stelle mich neben die brüllende Bande von Brüllaffen und frage in normaler bis leiser Lautstärke:

»Kekse?«

Das Inferno ist auf einen Schlag beendet. Die Kinder sehen mich an, erstarren für eine Sekunde und beginnen, mich zu umzingeln wie ein ausgehungertes Löwenrudel. Kleine Hände werden in die Luft gestreckt, Dutzende Finger zerren an meiner Hose, schlüpfen zwischen meinen Beinen hindurch. Es wird gebettelt und gejammert und das Versprochene mit Vehemenz eingefordert.

»Ganz langsam, jeder bekommt einen.«

Eine kleine Hand landet, ich hoffe unbeabsichtigt, in meinem Schritt. Der Schmerz lässt mich zusammenfahren, ich lasse die Packung mit den Keksen fallen. Die Kinder lassen von mir ab, und der Kampf beginnt. Plastik- und Papierfetzen fliegen durch die Luft. Ich überlege, die Packung aus dem Gewusel wieder herauszufischen, mache mir jedoch Sorgen, was dabei mit meinen eigenen Händen passieren könnte. Ich beschließe, die Sache auf sich beruhen zu lassen.

Sollen sie es unter sich austragen. Natürliche Selektion. Nur die Stärksten bekommen einen Keks.

Eine Minute später sitzen alle Kinder friedlich auf dem Boden und bieten ein Bild völliger Harmonie und Ausgeglichenheit.

Das war es wert, denke ich und beginne, die etwa tausend Teile der zerfetzten Keksverpackung einzusammeln.

*

Ich sitze auf einer Bank in der warmen Frühlingssonne und genieße einen Moment Ruhe. Man muss lernen, diese kurzen Episoden des Friedens voll auszukosten, denn man weiß nie, wie lange sie anhalten. Aber in diesem Moment spielen alle Kinder friedlich miteinander, mit Schaufeln, mit Autos, mit Schubkarren und Bällen, mit Grashalmen und mit kleinen Besen. Niels und Sofie sitzen zu zweit auf einem Bobbycar und tauschen Popel miteinander aus. Kein Tatütata. Nur Ruhe.

»Wua!«

Ich blicke auf. Mir gegenüber, genau auf der anderen Seite des Krippenaußengeländes, etwa zehn Meter entfernt, hat Lucas den Zaun erklommen und schaut auf die andere Seite in den anliegenden Wald.

»Lucas, komm runter vom Zaun.«

Lucas rutscht herunter, dreht sich zu mir und zeigt in den Wald.

»Wua!«

Ich seufze.

»Was ist denn da?«

»Wua!«

»Das sagtest du bereits. Aber ich weiß nicht, was das bedeutet.«

»Wua! Wua!«, sagt Lucas und zeigt erneut auf den Wald.

Es scheint ihm wichtig zu sein, also ich stehe ich auf und schlendere auf ihn zu.

»Wua!«

»Ja, ist ja gut. Ich guck ja schon.«

Bloß nicht das *Wua* zu einem neuen *Tatütata* machen. Ich glaube, das würde ich heute nicht mehr verkraften.

Ein Blick hinter den Zaun zeigt mir nichts als den kleinen angrenzenden Wald.

»Was meinst du denn, Lucas? Was soll denn da sein?«

»Wua!«

»Ja, aber was heißt das denn?«

»Wua! Wua!«

Ich werde noch bekloppt, denke ich.

»Meinst du die Bäume? Den Wald? Hast du einen Vogel gesehen?«

Lucas schüttelt den Kopf. Er zeigt über den Zaun in den Wald.

»Lern sprechen, Kind, ich weiß nicht, was du mir sagen möchtest, es tut mir leid.«

»Wua!«

»Was *Wua*?«

»Wua!«

»Wua!«, antworte ich.

»Wua!«, antwortet Lucas.

Ich komme mir vor, als hätten sich Monty Python, Wilhelm Busch und Loriot zusammengetan und eine neue Sendung erfunden, um hart arbeitende Erzieher in den Wahnsinn zu treiben, eine schreckliche Mischung aus *Versteckte Kamera*, *Upps die Pannenshow* und *Holt mich hier raus, ich bin ein Erzieher!*

»Wua!«, ruft Lucas.

»Himmel, was soll das? Was willst du von mir? Ich habe keine Ahnung, was du mir sagen möchtest!«

Ich gehe in die Knie und nehme Lucas' Gesicht zwischen meine Hände, streichle ihm über Kopf und Wangen.

»Wua!«

»Ja, das habe ich gehört. Ich verstehe das Wort akustisch, aber ich verstehe die Bedeutung nicht, die Semantik will sich mir nicht erschließen, verstehst du, Lucas? Dein Vokabular ist zu unausgereift, um eine befriedigende Deutung meinerseits zu erzielen. Dein Wort ist mir ein Rätsel. Ein Symbol, nein, eine Chiffre, etwas, was man nicht verstehen kann, nur derjenige, von dem es kommt. Das Kommunikationsmodell funktioniert bei uns beiden gerade nicht. Auf keiner Ebene.«

»Wua!«

»Willst du mich ärgern?«

»Wua!«

»Selber *Wua*!«

»Wua!«

Es scheint ihm wirklich ernst zu sein. Er will mich nicht ärgern, er will mir etwas mitteilen. Aber was, um Himmels willen, was will der Kleine mir sagen? Man möge seine Zunge lösen, einen Dolmetscher bringen, wer kann übersetzen? Bringt mir ein Wörterbuch, den Pfarrer, einen Propheten, einen Wahrsager, einen Exorzisten, egal wen, aber sagt mir, was verdammt noch mal *Wua* bedeutet!

Lucas zeigt wieder über den Zaun. Ich halte ihn hoch, schaue mit ihm gemeinsam in den Wald und suche etwas, von dem ich nicht weiß, was es sein soll.

»Was ist da, Lucas? Bäume? Gras? Ein Eichhörnchen? Ein Monster? Ein freundliches Getüm? Ein perverser Spanner? Was hast du gesehen?«

Ich höre ein Rascheln. Ein kleiner, struppiger Terrier taucht hinter einem Gebüsch auf. Er schnüffelt den Waldboden entlang, hebt sein Bein an einem Baum, schnüffelt weiter, hebt erneut sein Bein.

»Wua! Wua!«, ruft Lucas wie wild und zeigt auf den kleinen Hund.

Ich sehe Lucas ungläubig an.

»Ein Hund? Ernsthaft? Ein Hund? Soll es wirklich so einfach gewesen sein?«

Lucas lacht und zeigt weiter auf den schnüffelnden Vierbeiner.

Ich seufze wieder. Sehr lange diesmal.

»Ein Hund also«, sage ich und lasse Lucas wieder herunter. »Soll ich dir etwas sagen, Lucas? Das ist ein Hund. Ein Hund. Ein Terrier genau genommen. Nennt sich auch *Wau Wau*, wenn's denn sein muss. Kapiert? Ein Hund macht *Wau*, nicht *Wua*! Du hast da zwei Vokale verwechselt. Kann ja mal passieren.«

»Wua!«

»Nein, *Wau*! Sag mal *Wau*!«

»Wa!«, macht Lucas.

»Na ja, fast.«

Ich lasse mich mit dem Rücken am Zaun auf den Boden sinken. Ich bin schweißüberströmt. Es kommt mir vor, als sei ich zehn Kilometer gelaufen. Ich glaube, das wäre mir lieber gewesen. Dann hätte ich wenigstens etwas für meine Kondition getan. Das eben, das war einfach nur Gehirnfasching!

Ich schließe die Augen und versuche, nicht weiter darüber nachzudenken. Hinter mir höre ich ein Auto schnell auf der Straße vorbeifahren. Ich öffne erschrocken meine Augen. Dann ertönt eine laute Sirene: Tatütata.

KAPITEL 16

KÖRPERKLAUS MAL 20

Ein Sommerfest mit ausufernden Tanzdarbietungen.

Der heilige freie Samstag wird entweiht, sein Dasein beschmutzt und entehrt. Kein Ausschlafen, kein Frühstück im Bett und kein faules Herumlungern. Es ist Sommerfest in der Kita.

Im Außenbereich des Kindergartengeländes sitzen und stehen an langen Reihen von Bierbänken Eltern, Großeltern und Geschwister bei Kaffee und Kuchen und bei Bratwurst und Nudelsalat. Die Kinder schreien und rennen herum, die meisten ausgelassen, ein paar quengelnd. Händeschütteln, freundliches Grinsen und Nicken, Schulterklopfen. Austauschen von Belanglosigkeiten, das Wetter, der letzte Urlaub, der nächste Urlaub, Fußball. Die meisten Eltern sind sehr nett, man kennt sich teilweise schon einige Jahre, mit manchen ist man per Du. Manche Familien haben ganze Generationen ihrer Nachkommen bei uns im Kindergarten laufen lernen lassen. Trotzdem versuche ich mich unauffällig hinter der großen Rutsche zu verstecken. Zu viel Small Talk und zu große Müdigkeit. Das Vorhaben misslingt, Frau Sattelmeyer kommt zielstrebig auf mich zu. Ich darf ihr zur neuen Frisur gratulieren. Ich rutsche näher zur Rutsche. Die Großeltern von Niels fangen mich ab und umzingeln mich, betonen mir gegenüber zum zehnten Mal, wie toll sie es fänden, dass ein männlicher Erzieher hier sei, das sei ja ganz selten der Fall und würde den Kindern sicher guttun, eine harte Hand, einer, der sich mal richtig durchsetzen könne, vielleicht zur Not auch mal mit einem pädagogischem Klaps, aber psst. Ein verstohlener Blick, dann springe ich hinter die Rutsche. Das Versteck ist schon besetzt. Meine Kollegin Lara grinst mich an. Als ich mich neben sie quetschen will, höre ich meinen Namen. Lara schiebt mich schadenfroh kichernd zurück in den bunten Trubel.

Herr Zaputek fragt mich, ob er seiner Tochter die Windeln wechseln könne.

»Ähm, theoretisch ja, aber ich muss noch einige Dinge organisieren für nachher. Aber Sie dürfen gerne selbst den Wickelraum benutzen.«

»Hm. Ich wollte mir nur gerade ein Stück Kuchen holen.«

»Ach so. Tja, aber ich glaube, das läuft Ihnen nicht weg«, sage ich und laufe weg.

Von rechts höre ich Kinderweinen. Justin ist von der Schaukel gefallen. Ich suche das Gewimmel nach seinen Eltern ab. Die stehen drei Meter entfernt und unterhalten sich. Sie machen keine Anstalten, zu ihrem Kind zu gehen. Also gehe ich, tröste, puste den Schmerz hinweg, und wir winken ihm beide hinterher.

Wie aus dem Nichts steht Herr Schneller, der Vater von Julian, neben mir und hält mir eine Bratwurst mit Brötchen entgegen.

Damit ihr auch mal was abbekommt, sagt er und klopft mir auf die Schulter.

Ich bedanke mich freudig und frage, ob er denn nichts esse.

»Heute keine Bratwurst für mich, meine Frau sagt, ich müsse ein wenig auf meine Linie achten.«

Er trommelt auf seinem Bauch, bringt eine Birne zum Vorschein und beißt hinein. Dann geht er zurück zum Grill. Ich mag Herrn Schneller.

Mein Weg durch das Getümmel kommt mir vor wie ein Hindernislauf. Der Weg zu meinem Versteck ist versperrt, ebenso wie der Eingang ins Gebäude. Der wird strategisch gut gewählt von Jonas' Großeltern flankiert. Sie halten jedes Mitglied des Kita-Personals am Arm fest und verwickeln es in ein Gespräch, aus dem man, einmal darin gefangen, nicht so schnell wieder herauskommt. Wie Skylla und Charybdis bewachen sie die Tür mit Vehemenz und Körperpräsenz. Ich schlage die andere Richtung ein. Der Pfarrer taucht neben mir auf und erzählt mir von der neuen Geschirrspülmaschine des Gemeindehauses nebenan. Niels kommt auf einem Bobbycar angerast und fährt uns beiden über die Füße.

Der Mittag dümpelt vor sich hin. Ich führe mein drittes Gespräch über Fußball, obwohl ich kein großer Fußballfan bin, und ich lobe zum fünften oder sechsten Mal mit jemandem gemeinsam das schöne Wetter. Etwa eine halbe Stunde lang übernehme ich die Betreuung des Dosenwerfen-Stands, so lange, bis ein hart geworfener Tennisball zwischen meinen Beinen landet. Ich hätte Sven gar nicht so viel Kraft zugetraut.

Dann beginnen die Aufführungen der verschiedenen Kita-Gruppen. Die Krippe ist davon glücklicherweise ausgeschlossen. Denn auch wenn wir tolle Kinder haben und diese natürlich auch viel lernen können, macht eine Darbietung mit Ein- und Zweijährigen wirklich, wirklich keinen großen Sinn. Man braucht keinen Tanz und auch kein Lied einzuüben, wenn ein Teil der Akteure noch nicht laufen und oder nicht sprechen kann. Dafür begleite ich nach ein paar einleitenden Worten unserer Kita-Leiterin Petra Mühleisen einige Lieder auf der Gitarre, zu denen mal mehr und mal weniger stimmungsvoll mitgesungen wird. Die lauteste Stimme gehört Frau Mühleisen, deren Enthusiasmus allerdings nicht allzu ansteckend wirkt.

Als Nächstes ist die Bibergruppe an der Reihe. Musik ertönt. Soll es zumindest wohl sein. Was da aus dem Achtzigerjahrekassettenrekorder plärrt, klingt nach einer neu erfundenen Klangrichtung, einer Mischung aus psychedelischem Space-Pop und Weichspüler-jingle. Die Erzieherinnen laufen mit ihren Kindern ein und stellen sich im Kreis auf. Sie haben selbst gebastelte Kostüme an: Müll-tüten, die mit Zeitungspapier und langen Streifen bunten Krepp-papiers beklebt sind. Ich versuche, die Kostüme zu interpretieren, aber es mag mir nicht gelingen. Es scheint mir, Kafkas Parabeln seien deutlicher geschrieben, selbst *Ulysses* ist eindeutiger und ein-facher zu interpretieren als diese mysteriöse Aufmachung. Dann beginnt der Tanz.

Ich habe keine Choreografie erwartet, die eines Michael Jackson würdig wäre. Aber was ich sehe, erscheint mir weit unter der Würde der Kinder. Und es war sicherlich nicht deren Idee. Sie machen nur das, was man ihnen gezeigt hat.

Vor den Augen der Zuschauer bewegen sich die Tanzenden mit langsamen Drehungen und unkoordiniertem Armgezappel wie ein einziger großer Körperklaus. Oder nein, es sind 20 Körperklause, die sich, zugegeben, nahezu synchron, fast schon schwarmgleich, bewegen, als wüssten sie, was sie da tun. Die Gruppenleiterin bewegt sich mit der Anmut eines Tintenfischs und lässt ihre Arme wirbeln, als wolle sie ihre Gliedmaßen loswerden.

Ist sie bekifft?, frage ich mich. Dann sollte sie es lassen. Und wenn sie nicht bekifft ist, dann sollte sie vielleicht damit anfangen.

Die Bewegungen werden immer konfuser, grenzen an eine De-bilität unvorhergesehenen Ausmaßes. Köpfe werden geschüttelt, Bäuche rausgestreckt, Füße gekreist. Ich habe nichts gegen Experi-mente, ich bin offen für neue Bewegungskonzepte und Bewegungs-elemente. Aber das hier ist kein Den-eigenen-Namen-Tanzen mehr, das ist eine ganz andere Dimension.

Den Gesichtern der Umstehenden kann ich ansehen, dass ich mit meiner Meinung nicht alleine bin.

Als der Tanz, oder was auch immer es gewesen sein mag, endet, ist der Applaus höflich, aber doch nicht mehr. Die Kinder allerdings blicken stolz zu ihren Eltern und verbeugen sich begeistert mehr-

mals. Ich klatsche laut mit, ringe mir sogar einen Pfiff ab und kann nicht umhin, den Kindern, und vielleicht sogar den Erzieherinnen, für ihren Mut Respekt zu zollen.

Dann versuche ich, in der Menge unterzutauchen, als ich Jonas' Großeltern in meine Richtung laufen sehe.

KAPITEL 17

KULINARISCHE GEHEIMNISSE

Kann man Sand essen oder nicht?,
das ist hier die Frage

Die Sonne scheint, als sei sie wütend auf uns. Ich drücke Niels etwas Sonnencreme auf die Arme und ermuntere ihn, sich selber einzucremen. Den Großteil der kinderfreundlichen Sonnenmilch verteilt er auf seinen Handrücken und in seinem Bauchnabel. Warum auch nicht, das sind ja schließlich auch die bevorzugten Stellen für Sonnenbrand. Ich helfe noch etwas nach, setze ihm seinen knallbunten Sonnenhut auf und entlasse ihn in die Wildnis des 40-Quadratmeter-Außengeländes der Krippe. Justin lässt sich von Samantha auf dem knallroten Bobbycar schieben, während Sofie und Jaqueline einen Turm aus übergroßen Legosteinen bauen. Allerdings brauchen sie wohl keine Angst davor zu haben, dass Gott wütend auf sie wird, wenn sie den Turm bis in den Himmel bauen. Zum einen bin ich mir sehr sicher, dass sie es höhentechnisch nicht einmal bis über den Zaun schaffen. Und zum anderen verfügen sie noch über keine nennenswerte Sprache, die Gott ihnen verwirren könnte. Oder aber Gott hat ihnen die Sprache bereits verwirrt, denn

aus ihren lallenden, schnatternden, rülpsenden und quäkenden Worten kann ich meistens nicht allzu viel Verständliches herausfiltern.

Lucas sitzt derweil in einem großen Plastikbecken, welches mit Sand gefüllt ist. Mit einem Eimer und einigen Förmchen baut er mehrere kleine Sandkuchen und zerschlägt diese anschließend mit seiner Schaufel. Er macht einen neuen Kuchen. Und zerschlägt ihn wieder. Noch ein Kuchen. Dann nimmt er die Schaufel, schippt eine kleine Portion Sand darauf und schiebt sie in den Mund.

Ich spüre förmlich, wie es zwischen den Zähnen knirscht. Hunderte kleine Sandkörnchen verteilen sich in seiner Mundhöhle. Und dazu der Geschmack von, na ja, Sand eben. Aber das gehört dazu. Er wird gleich wissen, dass Sand nicht schmeckt. Das nennt man Lernen. Ein lebenswichtiger Prozess.

Lucas verzieht keine Miene. Er kaut einen Moment, macht wieder Sand auf die Schaufel und nimmt eine weitere Kostprobe.

Na gut, manche sind etwas langsamer als andere. Manche müssen es eben zweimal testen, bevor sie es begreifen.

Oder dreimal, denke ich, als er sich die dritte Portion in den Mund steckt.

Es scheint ihm zu schmecken. Sein Gesichtsausdruck ist nicht unbedingt genüsslich zu nennen, aber er ist auch weit entfernt von angewidert.

Die vierte Schaufel landet im Mund.

Ist dieses Kind lernresistent? Oder fehlen ihm ein paar wichtige Geschmacksrezeptoren? Vielleicht hat er zu wenig Zähne, um das Knirschen zwischen selbigen richtig wahrzunehmen. Ich sollte ihn wohl davon abhalten, den Sandkasten leer zu essen, aber ich bin von meiner Beobachtung zu fasziniert.

Eine fünfte Portion.

Was stimmt mit dem nicht? Irgendetwas kann da nicht richtig sein. Sand ist kein Lebensmittel. Dass Kleinkinder sich alles Mögliche in den Mund stecken, ist nicht ungewöhnlich. Der Mund und der Geschmackssinn dienen gerade in den frühen Lebensmonaten und -jahren besonders der Wahrnehmung. Kinder erkunden ihre Umwelt eben nicht nur mit Augen oder Händen. Sie nehmen Dinge auch mal in den Mund. Aber diese Phase hört irgendwann auf.

Eine weitere Portion Sand verschwindet in Lucas' Mund.

Lügen die Fachbücher? Haben sich Entwicklungswissenschaftler und Pädagogen geirrt? Oder ist in seiner frühkindlichen Erfahrungswelt irgendetwas schiefgelaufen?

Auf der siebten Ladung schmatzt er besonders lange herum. Sein Blick ist mittlerweile nahezu versonnen zu nennen. Vielleicht sogar glücklich.

Ein Gedanke beginnt in mir zu keimen, zögerlich erst, doch mit zunehmender Vehemenz.

Was ist, wenn Sand entgegen der weitläufigen Meinung doch schmeckt? Wenn unsere Eltern uns immer angelogen haben? Wenn wir in späterem Alter einfach vergessen haben, dass Sand gar nicht so übel schmeckt, vielleicht sogar nahrhaft ist? Hat Lucas eine kulinarische Entdeckung gemacht? Handelt es sich bei Sand um eine verborgene, gut getarnte und weitläufig unterschätzte Delikatesse? Das wäre doch ein Segen! Alle Hungerprobleme auf der Welt wären gelöst!

Ich überlege, ob ich auch eine Schaufel probieren soll.

Doch dann, bei der achten Portion, verzieht Lucas schließlich doch die Mundwinkel und streckt die Zunge heraus. Sie ist mit einer Mischung aus graubraunem Matsch belegt, welche er versucht, mit seinen ebenfalls sandigen Fingern zu befreien. Dann steht er auf, watschelt zu seiner Trinkflasche und ext diese auf einmal ab.

Ich bin zugleich ein wenig beruhigt als auch enttäuscht.

KAPITEL 18

WASSERSPIELE

Was passiert mit meinem Körper im Wasser?
Welche Gegenstände können schwimmen?
Was passiert, wenn ich einem anderen Kind
die vollgesaugte Windel an den Kopf werfe?

Wasser ist Leben. Ohne Wasser gäbe es uns nicht. Wasser ist die Grundlage unserer Existenz. Den Krippenkindern ist diese elementare Tatsache allerdings völlig egal. Und das ist auch (noch) in Ordnung. Aber trotzdem und immerhin bietet Wasser für Kinder wunderbare Erfahrungsmöglichkeiten, die für ihre Lernprozesse und ihre Körperwahrnehmung sehr kostbar sind. Wie verhalten und bewegen sich verschiedene Gegenstände in diesem seltsamen, flüssigen Element? Wie fühlt es sich an? Wie schmeckt es? Was passiert, wenn ich hineinpinkle?

*

Es ist heiß. Neun Uhr morgens, und mir tritt bereits der Schweiß auf die Stirn, ohne dass ich etwas dagegen tun kann. Einige Kinder werden von ihren Eltern bereits mit einer halben Tube Sonnenmilch eingecremt gebracht und sehen aus wie kleine Gespenster mit weißen Gesichtern. Meine Kollegin und ich haben im Außenbereich ein Planschbecken aufgestellt. Die Kleinen tummeln sich bereits um den Rand wie eine Herde Antilopen, die eine kilometerlange Wanderung auf der Suche nach dem nächsten Wasserloch hinter sich hat.

»Stopp! Keiner geht ins Wasser! Erst Klamotten ausziehen und Schwimmwindeln an!«

Justin fällt kopfüber ins Wasser.

Ich hechte zum Planschbecken und fische den kleinen Kerl mit beiden Händen heraus, halte ihn dann vor mich wie einen tropfenden Lappen. Er schaut mich mit großen Augen an, anscheinend noch unschlüssig, ob er die Aktion lustig oder beängstigend finden soll. Während ich ihm die nassen Sachen ausziehe, schüttet Jonas eine Ladung Sand in das Becken.

»Nein, Jonas, keinen Sand in das Becken!«

Lara schnappt sich den kleinen Sandganoven und zieht ihn ebenfalls um.

Niels will über den Rand klettern.

»Niels, stopp!«

Er hält in der Bewegung inne, leicht wippend auf dem luftgefüllten Rand.

»Wer jetzt ins Wasser geht, muss wieder rein und darf nicht mitspielen!«

Die anderen denken nach, man kann förmlich sehen, wie sie über den Ernst dieser Aussage nachsinnen, darüber abwägen und ihre kleinen Köpfe anstrengen.

Können teilweise nicht mehr als »Mama« und »Kacka« sagen, verstehen aber eigentlich jedes Wort, wenn sie nur wollen und es ihnen genehm ist.

Dann kommen sie wie auf ein Kommando einem Rudel selbstmörderischer Lemminge gleich auf mich zugerannt. Zwei Kinder lassen sich gleichzeitig auf meinen Schoß fallen, eines zerrt an meinem Arm, ein weiteres hängt sich von hinten an meinen Hals. Samantha macht fast eine Rückwärtsrolle bei dem Versuch, ihre Schuhe loszuwerden.

»Ausziehen!«

»Helfen!«

»Schnell! Wasser!«

Alle wollen gleichzeitig von ihren Klamotten befreit werden, um möglichst sofort im Wasser sitzen zu können. Ich versuche, Ordnung in den Prozess des Umziehens zu bringen, und scheitere kläglich.

*

Einige Minuten später haben alle Kinder eine Schwimmwindel an und sitzen, mit kleinen Eimern und Booten ausgerüstet, im Planschbecken. Ich beneide sie ein wenig – nach der Umziehaktion schwitze ich noch mehr als bereits davor.

Lara und ich setzen uns in den Schatten und versuchen, mit Kaffee die Müdigkeit zu vertreiben, während wir die Bande beim Spielen beobachten. Wir erfreuen uns an diesem ehrlichen Spiel, diesem arglosen Umgang miteinander und sind begeistert zu sehen, wie die Kinder die physikalischen Gesetze des Wassers erproben und hinterfragen. Jaqueline versucht, das Wasser mit der Faust einzufangen. Sofie probiert einen Schluck aus der Gießkanne. Jonas schüttet Samantha einen Eimer Wasser über den Kopf. Sie macht große Augen, schüttelt sich wie ein nasser Pudel und fängt an zu lachen. Jonas ebenfalls. Dann schüttet Samantha ihm ebenfalls Wasser über den Kopf. Mit dieser logischen Konsequenz hätte er vielleicht rechnen können. Er schaut sie jedoch böse an und stampft in das entfernteste Eck des Planschbeckens.

»Und jetzt so ’ne richtige Arschbombe mitten rein«, sage ich zu Lara.

»Das würde ich nur zu gerne sehen«, sagt sie. »Aber sag mir vorher Bescheid, ich will das filmen und an *Upps, die Pannenshow* schicken.«

Ein paar weitere friedliche Momente ziehen an uns vorbei, und ich ertappe mich dabei, wie ich sogar selig vor mich hin grinse.

Dann sehe ich eine Windel durch die Luft fliegen, leicht rotierend, Tropfen umherschleudernd und auf dem Kopf von Jaqueline landend. Alle Kinder prusten los vor Lachen.

»Jonas!«

Ich schnappe den nunmehr nackten Jonas, stelle ihn neben dem Becken ab und werfe ihm ein Handtuch über den Kopf.

»So, Planschen ist für dich vorbei. Du kannst dich abtrocknen.«

Seltsamerweise kommt weder ein Protestlaut noch eine Protestmiene, fast so, als denke er, die Aktion habe sich auf alle Fälle gelohnt.

»Und an alle anderen: Wer seine Schwimmwindel auszieht, der …«

Meine Worte werden von einer klatschnassen Schwimmwindel verschluckt, die genau in meinem Gesicht landet.

Die Kinder lachen wieder los. Genauso wie Lara, das alte Miststück.

»Das ist nicht hilfreich«, rufe ich ihr zu.

»Ich weiß«, sagt sie, lacht weiter und geht nach drinnen.

Ich kann gerade noch verhindern, dass zwei weitere Schwimmwindeln ausgezogen werden. Drei weitere Kinder bekommen vorläufiges Wasserverbot, und ich unterdrücke den Drang, ihnen die nassen Windeln ihrerseits über den Kopf zu stülpen.

Ein beunruhigend vertrautes Geräusch schlängelt sich durch meine Ohren. Das Geräusch von einem Wasserstrahl, der auf anderes Wasser trifft.

Ich drehe mich um und sehe Niels am Beckenrand stehen und mit konzentrierter Handarbeit ins Becken pinkeln.

»Niels!«

Kleiner Scheißer, denke ich. Hat gerade erst gelernt, alleine aufs Klo zu gehen und jetzt auch schon das Planschbecken zu kontaminieren.

Ich schnappe ihn und wickle ihn ebenfalls in ein Handtuch wie in eine Zwangsjacke. Die angebrachte Standpauke löst sich in Luft auf, als ich in sein Gesicht sehe. Er sieht aus wie der Sohn des Kinderschokoladekindes und eines Hobbitmädchens. Man kann ihm einfach nicht böse sein.

»Niels, ich weiß, ins Wasser pinkeln macht Spaß. Mir macht das auch Spaß. Aber das geht trotzdem nicht. Die anderen Kinder wollen ja noch weiter da drin spielen.«

Er wird mit seinem Handtuch entlassen. Als ich nachsehen will, wer überhaupt noch im Planschbecken sitzt, sehe ich dort nur noch meine Kollegin mit Sonnenbrille und Badeanzug, die mich schadenfroh anlächelt.

KAPITEL 19

DER AUSFLUG I – EIS ESSEN

Ein Ausflug bedeutet unter anderem: Kämpfe mit dem Kinderwagen, mit Wespen und mit Schaukelpferden

Ich trete auf die Terrasse. Die Sonne blendet mich, ich kneife meine Augen zusammen. Ich setze meine Kappe auf und stelle mir vor, es sei ein ausgefranster Cowboyhut, wie ihn Clint Eastwood in seinen alten Filmen getragen hat. Nur dass ich es nun nicht mit ausgebufften Wild-West-Ganoven zu tun habe. Die vor mir stehende Herausforderung ist weitaus größer. Es geht um Leben und Tod. Um Ruhm und Ehre. Und es gilt, auf alles gefasst zu sein und den Gefahren ins Auge zu sehen, unerschrocken und furchtlos.

Wir machen einen Ausflug.

Vor mir stehen zwei große jeweils viersitzige Kinderwägen, wahre Ungetüme in Ausmaß und Ausstattung. Sie wackeln und schaukeln hin und her und können von den Bremsen gerade noch so an Ort und Stelle gehalten werden. Denn sie sind umzingelt von Gremlins. Nein, ich wünschte, es wären lediglich Gremlins, mit denen wüsste ich fertig zu werden, die Sonne hätte sie ohnehin schon zu Brei gemacht. Es sind die Krippenkinder. Aufgekratzte, ausgeschlafene Krippenkinder, und sie wissen, dass wir einen Ausflug machen. Das macht sie wild und unbändig und unberechenbar.

Lara tritt neben mich. Wir schauen uns an, nicken einander zu und machen uns an die Arbeit.

Ich schnappe eines der Kinder aus der wuselnden Masse und setze es in die hintere Reihe, schnalle es an, schnappe mir das nächste, setze es daneben, schnalle auch dieses fest und muss feststellen, dass das erste den Gurt schon wieder geöffnet hat.

Sisyphos, schießt es mir durch den Kopf, nicht zum ersten Mal.

Zwei weitere Kinder werden in die vordere Reihe des Wagens verfrachtet und festgeschnallt. Ich trete einen Schritt zurück und begutachte die strategische Verteilung der Sitzordnung, welche von diversen Faktoren abhängig ist. Dem Gewicht der Kinder, dem Aktivitätsstatus, der Laune, dem Konfliktpotenzial der Kinder untereinander und nicht zuletzt der Wahrscheinlichkeit, dass eines der Kinder seine Schuhe während der Fahrt verliert. Ob mit oder ohne Absicht spielt keine Rolle. Die perfekte Formel für eine alles abdeckende Sitzordnung gibt es nicht, es gilt, Kompromisse einzugehen und auf Eventualitäten gefasst zu sein und situativ zu reagieren. Sollte jemals jemand eine Lösung für die perfekte Sitzordnung von Krippenkindern im Kinderwagen während eines Ausflugs entdecken, werde ich ihn für den Nobelpreis vorschlagen.

Vorerst bin ich mit der Verteilung zufrieden. Lara steht wieder neben mir.

»Checkliste?«, fragt sie.

»Checkliste«, antworte ich.

»Alle Kinder eingecremt?«

»Ja.«

»Alle waren auf dem Klo oder sind frisch gewickelt?«

»Ja.«

»Notfallwindeln und Feuchttücher eingepackt?«

»Ja.«

»Erste-Hilfe-Päckchen?«

»Ja.«

»Alle haben Straßenschuhe an?«

Ich gehe zu Lucas, der in der vorderen Reihe des rechten Wagens sitzt, hebe eine seiner Sandalen auf und ziehe sie ihm wieder an.

»Ja.«

»Alle haben Sonnenhüte oder -mützen?«

Ich tausche die Mützen von Jaqueline und Samantha und setze sie ihren rechtmäßigen Besitzerinnen auf.

»Ja.«

Die Checkliste wird noch erweitert um Trinkflaschen, Notfallsonnencreme, Notfallfrühstücksbox, Notfallschnuller, Geld, Schlüssel und Handy. Dann kann es losgehen. Nein, erst werden zwei Kinder erneut angeschnallt, Warnungen ausgesprochen, ein Sandalenpaar wieder eingesammelt und angezogen, und *dann* kann es losgehen.

Wir schieben die massigen Kinderwägen über den Parkplatz vor dem Kita-Gebäude und ein Stück auf dem Gehweg entlang. Dabei weichen wir Büschen und Passanten aus, die beide gleichermaßen unbeweglich erscheinen. Eine ältere Dame an Krücken kommt uns entgegen, versperrt uns den Weg und beugt sich langsam nach vorne, um in meinen Wagen hineinzustieren.

»Oh, ihr Kleinen«, sagt sie mit einer Stimme wie altes Zeitungspapier. Dann sieht sie mich und Lara an. »Sind das alles Ihre?«

»Ja«, sage ich. »Hat viel Spaß gemacht.«

Wir kommen an eine Ampel. Wie auf Kommando gehen alle Hände nach oben und machen verbal und physisch mehr oder weniger deutlich, dass jeder auf den Ampelknopf drücken möchte. Ich schnalle Jaqueline ab, hebe sie hoch und lasse sie den Knopf betätigen. Sie vollführt dies mit Ernst und Erhabenheit, als hinge die internationale Friedenspolitik von dieser kleinen Geste ab. Ich hingegen bin froh, den mit Bazillen übersäten Knopf nicht selbst berühren zu müssen. Als ich Jaqueline wieder in den Wagen setze, streichelt sie mir über das Gesicht.

Kurz darauf kommen wir in die nah gelegene kleine Einkaufspassage. Die Insassen unserer Gefährte werden noch unruhiger. Die Anzahl an Reizen ist einfach zu groß, um still im Wagen sitzen bleiben zu können. Das Gesehene wird stimmungsvoll kommentiert, mit Händen, Füßen und Stimme.

Jonas wirft seine Mütze genau in die Einkaufstasche einer alten Dame. Ich bin ein wenig beeindruckt von diesem Kunststück. Dann muss ich die Dame, die ziemlich schwerhörig ist, mehrmals lauthals bitten, kurz in ihre Tasche greifen zu dürfen. Sie versteht mich nicht und reagiert sehr entrüstet, bis ich ihr endlich die gesuchte Mütze präsentieren kann und ihr mit ausufernden Gesten klarmache, wie es dazu gekommen ist. Dann endlich lacht sie ein staubtrockenes Lachen, zündet sich mit zittrigen Fingern eine Zigarette an und fragt mich, ob das alles meine seien.

»Ja«, wiederhole ich, versuche aber auch zu variieren. »Waren ein paar anstrengende Nächte.«

Sie lacht, und ich glaube, dass sie mich nicht verstanden hat. Sicher bin ich mir aber nicht.

*

Wir kommen bei der Eisdiele an und machen uns innerlich schon auf das Bevorstehende gefasst. Den Kleinen der Kleinen nehmen wir die Entscheidung der Wahl der Eissorte ab und bestellen ihnen jeweils eine Kugel Erdbeereis. Die Größeren der Kleinen stellen wir vor die Wahl zwischen Erdbeere und Schokolade.

»Samantha, möchtest du lieber Erdbeere oder Schokolade?«

»Ja.«

»Was jetzt? Erdbeere oder Schokolade?«

»Ja.«

»Also auch Erdbeere?«

»Ja.«

»Oder lieber Schokolade?«

»Ja.«

Ich bin selber schuld, denke ich. Warum frage ich auch noch mal nach.

»Erdbeere?«

»Ja.«

Und jetzt die Klappe halten, ermahne ich mich selbst. Ich bestelle das vermeintlich Gewünschte und reiche ihr eine kleine, rosa Kugel in einem Becher. Sie schüttelt den Kopf.

»Scholade.«

Ich möchte etwas sagen, lasse es jedoch bleiben. Loriot hätte keinen besseren Sketch schreiben können, als es das Leben hier gerade macht. Ein paar Minuten später haben wir alle Kinder auf großen Stühlen um zwei Tische platziert. Wir rennen von einem Kind zum anderen und geben Hilfestellung in Löffel- und Becherhaltung, wischen Münder sauber, setzen Sonnenhüte wieder auf und geben acht, dass niemand vom Stuhl fällt oder flüchtet.

Justin beginnt zu schreien. Über seinem Eisbecher schwebt eine Wespe. Ein Teil in mir erstarrt, aber ich zwinge mich, langsam eine Hand zwischen den Becher und Justins Gesicht zu halten. Ich hasse Wespen, um nicht zu sagen, ich habe Angst, Todesangst vor diesen verfluchten Insekten mit den mördermäßigen Todesstacheln. Doch ich darf mir gegenüber den Kindern nichts anmerken lassen.

»Ganz ruhig. Die macht bestimmt nichts.«

Ich glaube mir selber nicht. Meine Hand zittert. Justin hat seinen anfänglichen Schreck bereits überwunden und schiebt meine Hand beiseite, um einen Blick auf das Tier werfen zu können. Er versucht, sie mit seiner freien Hand zu streicheln, und ich kann ihn gerade noch davon abhalten. Dafür setzt sich die Wespe nun auf meine Hand und knabbert oder schlürft oder frisst, oder was auch immer diese Monster sonst machen, einen kleinen Tropfen Schokoladeneis von meiner Haut.

Ich bin wie gelähmt. Justin hat mittlerweile angefangen zu lachen und beobachtet das Ungetüm auf meiner Hand. Ich muss mich davon abhalten, ihm das Ungeheuer auf den Kopf zu setzen, wenn er es doch auf einmal so spannend findet.

Stellt mir einen Löwen gegenüber, den Minotaurus, Zombies, einen Nazi von mir aus, damit werde ich fertig, aber Himmel, doch keine Wespe! Gott, wenn es dich wirklich geben sollte, dann tu etwas, schicke einen Blitz oder einen starken Wind oder einen natürlichen Fressfeind der Wespe, egal was, aber hilf mir!

»Rette mich«, murmele ich leise, da ich es nicht wage, lauter zu werden.

»Hast du was gesagt?«, fragt Lara.

Ich nicke sehr langsam.

»Rette mich. Tu was!«

»Das ist nur eine Wespe. Die haut gleich wieder ab.«

Nur eine Wespe, hat sie gesagt, das sei nur eine Wespe, und einen Moment lang, glaube ich, hasse ich sie.

Dann erhebt sich das Monster von meiner Hand, und ich mache einen Satz zurück. Ich verstecke mich hinter dem kleinen Justin und verfolge ganz genau jede Flugbahnänderung des mörderischen Insekts. Vielleicht werde ich in der Lage sein, in einem Anflug heldenhaften Übermuts eines der Kinder vor einem erneuten Angriff zu retten, aber sicher bin ich mir nicht. Doch zu meiner unendlichen Erleichterung scheint das elende Geschöpf für heute genug Eis gekostet zu haben und fliegt davon. Ich atme hörbar aus und wische mir den Schweiß von der Stirn. Ein plötzlicher Kälteangriff lässt mich aufspringen. Ich sehe an mir herab und muss feststellen, dass Jaqueline ihre Eiskugel in meinen Schritt hat fallen lassen.

*

Nachdem wir etwa eine halbe Packung Feuchttücher für die Säuberung der eisverschmierten Gesichter und Hände verbraucht haben und ich einen weiteren kurzen Panikanfall überwunden habe, da ich dachte, die Wespe sei zurückgekommen, es sich jedoch lediglich um einen Marienkäfer gehandelt hat, verfrachten wir die Kinder wieder in den Wägen. Sieben Kinder sitzen angeschnallt auf ihren Plätzen. Als ich mir die letzte Kandidatin schnappen will, nutzt diese ihre Chance und nimmt Reißaus. Geschickt umkurvt sie die Tische der Eisdiele, und ich kann schnell ihr Ziel ausmachen: das Schaukelpferd.

»Sofie, hierbleiben!«

Aber sie bleibt nicht stehen, hat nur ihr Ziel vor Augen und sitzt wenige Sekunden später auf dem einsamen Spielgerät, mitten in der kleinen Einkaufspassage, zwischen Dönerladen und Schleckerfiliale.

Selbstverständlich ist es eine bodenlose Ungerechtigkeit, dass Sofie auf dem Schaukelpferd sitzen darf, während alle anderen im Kinderwagen sitzen müssen. Der Protest lässt nicht lange auf sich warten. Die Kinderwägen beginnen wie verrückt zu beben, und ich habe das Gefühl, als gehe von den Wägen mehr Bewegung aus als von dem Schaukelpferd.

»Auch schaukeln!«

»Auch!«

»Da! Da!«

»Uhm! Höhm!«

Die Artikulationen der Kinder unterscheiden sich sehr, doch es ist klar, was sie alle wollen. Die verbalen Forderungen werden mit Händen und Füßen unterstützt. Lara und ich versuchen uns noch kurz in vernünftigen Erklärungen, dass jetzt nicht jeder schaukeln dürfe und dass Sofie eigentlich auch nicht dürfe, sie jetzt auch aufhören müsse. Aber wir verfallen schnell in ein deutliches »Nein!« oder »Jetzt nicht!«. Die Folge sind lange Gesichter, die zwischen Wut, Trauer und Empörung rangieren. Ich bin mir sicher, wüssten die Kleinen schon die gängigen Schimpfwörter, würden sie diese jetzt benutzen.

Während Lara die beiden Wägen unter Kontrolle hält, mache ich mich auf, Sofie einzusammeln, die zumindest diese wenigen Sekunden Freiheit und Rebellentums sehr zu genießen scheint.

»So, Sofie, Schluss jetzt. Runter, wir fahren zurück.«

Sie schüttelt den Kopf und verschränkt die Arme. Das Loslassen der Griffe und der Restschwung des Schaukelpferds haben zur Folge, dass Sofie nach hinten kippt. Mit einem Hechtsprung kann ich gerade noch verhindern, dass sie auf dem Steinboden landet. Dafür komme ich selbst sehr unsanft auf.

»Sind wir jetzt endlich fertig?«, frage ich Sofie, die auf mir sitzt, während ich auf dem Boden liege.

Sie grinst, umarmt mich und nimmt mich anschließend an der Hand, als müsse sie mich endlich zurück zum Kinderwagen bringen.

»Guck mal«, sagt sie dann und fasst mit ihrer rechten Hand in ihre Hosentasche. Automatisch, obwohl ich es besser wissen müsste, halt ich meine eigene Hand auf und nehme die flüssigen Reste ihres Schokoladeneisbällchens in Empfang.

KAPITEL 20

ICH BIN DIR NICHT MEHR GUT!

Krisensitzung. Eine Streiterei zwischen Freunden –
im ersten Moment Weltuntergang, im nächsten
herzzerreißende Versöhnung.

Wenn du noch mal das Pferd in das Polizeiauto machst, dann spiel ich nicht mehr mit!«

»Aber das ist ein Polizeipferd, das muss da mitfahren!«

»Nein! Das hat ja gar keinen Platz da drin, das Pferd muss laufen! Pferde können nicht im Auto mitfahren!«

»Können sie wohl!«

»Nein, können sie nicht!«

»Wohl!«

»Nein!«

Ich sehe Anika und Sina beim Spielen und Diskutieren zu und bekomme irgendwie doch nur die Hälfte mit. Und das mit purer Absicht. Ich bin stark bemüht, mich nicht völlig auf das Wortgefecht einzulassen. Das hat vor allem zwei Gründe: Zum einen bin ich der festen Überzeugung, dass das ernsthafte Verfolgen derartiger Streitgespräche irreparable Hirnblutungen auslösen kann. Und zweitens arbeitet mein Verstand fieberhaft an einer Lösung, wie das verdammte Barbiepferd doch noch genügend Platz in dem verdammten Playmobilpolizeiauto bekommen könnte.

Es dauert ein paar Sekunden, ehe ich begreife, dass der Streit kurz davor steht, zu eskalieren. Ich bereite mich innerlich darauf vor, notfalls einzugreifen.

»Ich bin dir nicht mehr gut!«

»Und ich bin nicht mehr deine Freundin!«

In einer fast synchronen Bewegung wenden die beiden Mädchen sich voneinander ab und blicken stur in die jeweils entgegengesetzte Richtung.

Alles in Ordnung, denke ich. Alles noch im grünen Bereich. Die vertragen sich gleich wieder. Wenn nicht jetzt, dann in zehn Minuten. Und wenn sie es wirklich absolut ernst meinen, dann spielen sie eben erst am nächsten Tag wieder miteinander. Einander verzeihen und wie auch immer geartete Streitigkeiten zu vergessen geht in diesem Alter meistens sehr schnell. Es wäre schön, wenn sich einige weltpolitische Probleme gleichermaßen einfach und unblutig regeln ließen. Vielleicht sollte man den Machthabern im Nahen Osten oder anderen Krisenregionen einfach mal ein Barbiepferd und ein Playmobilpolizeiauto vor die Nasen stellen, mit der gemeinsam zu lösenden Aufgabe, dem Pferd eine Mitfahrgelegenheit zu ermöglichen.

Bei den beiden Mädchen zumindest scheint in diesem Moment ein Eingreifen meinerseits noch nicht notwendig zu sein. Das können die beiden unter sich regeln. Eine wichtige Lektion für die sich entwickelnde Sozialkompetenz.

Als hätten sich die beiden abgesprochen, wenden sie sich wieder nahezu gleichzeitig einander zu.

»Du bist saudoof!«

»Nein, du bist megasaudoof!«

»Du bist richtig megasaudoof!«

»Und du bist sausausaudoof!«

Ich finde die beiden witzig. Vielleicht sollte ich sie darauf hinweisen, dass sie hier äußerst amüsante sprachliche Komik zeigen und fast schon metaphorischen Sprachgebrauch an den Tag legen. Man könnte aus ihren Äußerungen sicherlich auch ein dadaistisches Gedicht machen.

»Du bist saubescheuert, du doofe Kuh!«

»Halt die Klappe, du …«

»Hey!«

Notgedrungen beschließe ich doch einzuschreiten. Ich selbst bediene mich zwar privat zugegeben einer weitaus derberen Terminologie – aber nicht im Kindergarten. Oder zumindest nur, wenn sonst keiner zuhört. Teil unserer pädagogischen Verantwortung sollte es sein, zumindest zu versuchen, den übermäßigen Gebrauch von Kraftausdrücken bei den Kindern noch ein wenig zu unterbinden. Auch wenn ich mir keine Illusionen darüber mache, dass weder Elternhaus noch Freundeskreis noch sonst wer den Kontakt und die Aufnahme pejorativen Vokabulars verhindern werden.

»Erstens will ich solche Ausdrücke von euch nicht hören. Und zweitens braucht ihr doch nicht zu streiten. Ihr seid alt genug, um miteinander zu sprechen und euren Konflikt zu klären.«

»Was heißt *Konflikt*?«

»Euren Streit.«

»Ach so.«

Und dann geht es los.

»Aber die Sina hat die ganze Zeit das Pferd in das Polizeiauto gemacht.«

»Und die Anika hat die ganze Zeit das Pferd wieder rausgeholt.«

»Aber nur, weil die Sina …«

»Ja, aber weil die Anika …«

Satzkaskaden unermesslichen Ausmaßes regnen auf mich herab wie ein plötzlicher Hagelschauer. Über Inhalt oder Sinn derselbigen darf und will ich nicht genauer nachdenken. Trotzdem habe ich kurz das Gefühl, dass ein paar meiner Synapsen gegen meine Hirnrinde treten.

»Stopp!«

Ich muss dem Ganzen Einhalt gebieten, ehe es zu einer sprachlichen und semantischen Apokalypse kommt. Die beiden starren mich erwartungsvoll an. Ich starre zurück. Vermutlich werde ich rot, mein Gesicht wird heiß. Jetzt habe ich den berühmten Salat, und ich muss feststellen, er schmeckt nicht allzu gut, es fehlt eindeutig ein helfendes Dressing. Ich stehe unter Zugzwang, etwas muss passieren, eine Lösung muss her. Wo ist ein Deus ex machina, wenn man es braucht?

Ich stehe auf, hole ein paar Legobausteine und baue geschwind und geschickt einen großen Anhänger. Bitte passe, bitte, du musst einfach passen, wenn es dort oben einen Gott oder eine gigantische, schöpferische Nacktschnecke geben sollte, dann mach, dass dieser Anhänger an das Polizeiauto passt!

Ich setze den improvisierten Anhänger langsam an das Kraftfahrzeug aus Plastik.

Und tatsächlich! Der Anhänger lässt sich am Heck des Polizeiautos befestigen. Mir fällt kein Stein vom Herzen, sondern ein ganzer Meteorit.

»Jetzt muss das Pferd nicht *im* Auto mitfahren, sondern hat einen eigenen Anhänger für sich. So wie sich das gehört.«

Mit übermäßig kritischen Blicken begutachten Sina und Anika meine Konstruktion. Sie gehen in die Knie und machen gemeinsam eine Probefahrt. Der Anhänger wird auf seine Belastung getestet, der Bewegungsspielraum des Pferdes auf dem Anhänger geprüft. Vielleicht werden beide später mal TÜV-Prüferinnen. Oder entwickeln neue Testverfahren für den ADAC.

Schließlich entdecke ich ein Lächeln auf beiden Gesichtern. Mit noch leicht vor Aufregung zitternden Beinen sinke ich auf meinen Stuhl zurück.

»Ist jetzt alles wieder gut?«

»Jaha!«, sagen beide gleichzeitig und würdigen mich keines weiteren Blickes mehr.

Wenige Sekunden später fährt das Polizeiauto samt Anhänger und Pferd durch den Gruppenraum. Und von Weitem kann ich noch die Worte »Bist du wieder meine Freundin?« hören und gleich darauf die selig machende Antwort: »Ja, wenn du mir auch wieder gut bist?!«

KAPITEL 21

VERSTECKEN SPIELEN EXTREME

Kinder spielen gerne Verstecken. Erzieher auch

Als Kind habe ich sehr gerne Verstecken gespielt. Bereits im Kindergarten, aber auch noch später in der Grundschule. In der dritten Klasse veranstalteten wir einmal eine Weihnachtsfeier mit unserer Klassenlehrerin und unseren Eltern. Wir haben die Erwachsenen damals schnell mit ihren Erwachsenenthemen allein gelassen und im gesamten Schulhaus Verstecken gespielt. Im Dunkeln. Für Achtjährige, weit entfernt von Stimmbruch und Achselhaaren, ein nervenkitzelndes Erlebnis. Und sogar auf dem Gymnasium haben wir noch gerne Verstecken gespielt, manchmal auch noch im Dunkeln. Wobei es dann zunehmend auch um anderes ging als das bloße Verstecken, vor allem, wenn Mädchen und Jungen zusammen gespielt haben.

Als Kind habe ich sehr gerne Verstecken gespielt. Dieser Nervenkitzel, ruhig und leise hinter einem Baum zu kauern, sich in eine Kiste zu quetschen, in einem Gebüsch abzutauchen, das Herz schlägt, pocht so laut in meinem Kopf, dass es eigentlich jeder hören müsste, eine Mücke setzt sich auf meinen Arm, ich darf sie aber nicht wegschlagen, um nicht versehentlich auf mich aufmerksam zu machen, denn da draußen ist jemand unterwegs, der mich sucht, der hinter mir her ist, der mich nicht finden darf, koste es, was es wolle, er darf mich nicht finden, ich muss untertauchen, unsichtbar sein, mich tarnen und am besten mit meiner Umgebung verschmelzen!

Als Kind habe ich wirklich sehr gerne Verstecken gespielt. Heute bin ich, ich will nicht unbedingt sagen alt, man ist nur so alt, wie man sich fühlt, und so weiter blablabla, aber ich bin zumindest älter. Ich habe ein Studium absolviert. Ich arbeite in einem festen Vollzeitangestelltenverhältnis. Ich zahle in die Rentenkasse ein, ich trinke Alkohol, und es gibt Tage, da schlafe ich freitagabends auf dem Sofa vor dem Fernseher ein, anstatt die Nacht zu erkunden. Ich bin irgendwie ein bisschen erwachsen geworden. Und ich spiele auch heute noch gerne Verstecken.

*

Tumult am Kindergartenzaun. Ein paar Kinder klammern sich an den Zaun des Außengeländes der Kita wie die Affen im Zoo und starren auf den Gehweg. Ich höre laute Stimmen, Gelächter, die Kinder zappeln wie aufgeregte Glühwürmchen und rufen irgendetwas nach draußen. Aber ich bin zu weit entfernt und gerade damit beschäftigt, einen Socken aus einem Reißverschluss zu befreien, als dass ich die Ursache der Aufregung genau sehen oder hören kann. Dann sehe ich Sven, wie er eine Kampfpose einnimmt und mit gestrecktem Arm den Mittelfinger zu irgendjemandem nach draußen zeigt.

Ich reiße den Socken mit Gewalt und einem Ruck aus dem Reißverschluss von Sarahs Stiefel und eile dem Zwergenaufstand entgegen, in der Befürchtung, Sven habe einer alten Oma, die gerade auf ihren Rollator gestützt vorbeikam, die unangepasste Geste gezeigt.

»Sag mal, Sven, was soll denn das?«

Die Kinder drehen sich erschrocken um, sie hören meiner Stimme an, dass ich ungehalten bin und es ernst meine.

»Das ham die da draußen auch zu uns gemacht.«

Mein Blick folgt seinem Fingerzeig. Draußen auf dem Gehweg lungern drei Halbstarke. Einer der drei hat die Hosen fast in der Kniekehle hängen, ein anderer hat eine sehr seltsame Undercut-Frisur, die dem haarigen Grauen des kleinen Sascha fast in nichts nachsteht. Der Dritte hat beides. Sie sind vielleicht 13 Jahre alt, wer kann das heutzutage noch so genau sagen, und kommen höchstwahrscheinlich von der Schule schräg gegenüber auf der anderen Straßenseite.

»Die sagen schlimme Sachen zu uns«, sagt die kleine Anika und zieht an meinem T-Shirt.

»Ja, die sind voll doof und gemein«, bestätigt Sina und zieht ebenfalls an meinem T-Shirt.

»Wirklich?« Ich werfe den drei Pubertätsopfern einen ungehaltenen Blick zu. »Na dann kommt, lassen wir die einfach da stehen, und wir gehen was spielen.«

Ich drehe mich um und versuche, in einer ausholenden Bewegung alle kleinen Zaungaffer einzusammeln.

»Genau, ihr kleinen Hosenscheißer, geht mal schön mit eurem Homo-Erzieher ein paar Sandburgen bauen.«

Die anderen beiden Kumpane lachen gehässig. Ich drehe mich um, bin mir aber gar nicht sicher, ob ich etwas erwidern soll oder überhaupt will. Ist aber auch egal, denn Sven kommt mir sowieso zuvor.

»Maul halten, ihr Kack-Wichser! Der Herr Zerbas ist voll cool und viel cooler als wie ihr.«

Ich blicke Sven mit großen Augen an. Und in einer meiner hinteren Gehirnregionen denke ich: Es heißt »Der Herr Zerbas ist cooler *als* ihr.« Komparativ, simple Grammatik. Aber in meinen vorderen Gehirnregionen herrscht die Überlegung, was ich jetzt wiederum zu Sven sagen soll. Derartige Ausdrücke dulden wir im Kindergarten nicht, und wir werden auf keinen Fall damit anfangen, auch nicht gegenüber solch lernresistenten Amöben dort draußen. Aber im Grunde hat er mich ja nur verteidigt. Sven wollte mich in Schutz nehmen. Und er findet mich cool.

Ich beschließe, Gnade walten zu lassen.

»Lasst die einfach da draußen stehen, die sind wirklich doof. Und solche Wörter will ich nicht noch mal aus deinem Mund hören, hast du gehört, Sven?«

»Okay. Aber ich hab' doch recht, oder Herr Zerbas?«

Ich sehe Sven in die Augen. Ich versuche, nicht zu lachen. Das geht mir irgendwie sehr oft so im Kindergarten. Dann nicke ich kurz, und wir gehen weiter.

*

»Und was spielen wir jetzt, Herr Zerbas?«

Anika und Sina zerren wieder abwechselnd an meinem T-Shirt.

»Was möchtet ihr denn spielen?«

»Ich will Ninja spielen!«, schreit mir Sven entgegen.

»Ninja? Wie spielt man denn Ninja?«

»Also das geht so, wir kämpfen miteinander, mit Schlagen und Treten und so, und wir rennen rum und springen und jagen uns, und dann schlagen und treten wir wieder, aber ja nicht in echt, wir tun nur so, guck so!«

Sven deutet ein paar koordinativ mangelhafte Schläge in die Luft an, macht dann einen Kick und verliert dabei fast das Gleichgewicht.

»Aha«, sage ich und habe nur eine vage Vorstellung, was er eigentlich von mir will. »Also kämpfen möchte ich nicht, das finde ich generell nicht so gut.«

Eigentlich schon, früher habe ich Karate gemacht, und zu Hause spiele ich gerne *Streetfighter* auf meiner Spielkonsole, aber das sollte ich hier nicht laut sagen.

»Können wir dann Verstecken spielen?«, ruft Sina.

»Au ja, spielst du mit uns Verstecken, Herr Zerbas? Bitte!«

»Verstecken spielen?«

Etwas regt sich in mir. Ein alter Trieb, tief verborgen, fast vergessen, doch jetzt erwacht er langsam wieder zum Leben, kommt in Wallung, stachelt mich an. Ich sehe mich kurz um und scanne die Umgebung sofort nach guten Versteckmöglichkeiten ab, meinem geschulten Blick entgeht nichts, ich präge mir jede Nische ein, alle verborgenen Winkel, und sehe mich schon halb im Sand vergraben hinter der Rutsche oder im obersten Wipfel eines dicht belaubten Baumes sitzen.

Dann blicke ich auf die vor mir hin und her zappelnden Kinder, die vorfreudig zu mir aufsehen.

Sie wissen ja nicht, auf was sie sich eingelassen haben.

»Okay«, sage ich. »Ihr habt es so gewollt.« Ich unterdrücke den Drang, loszurennen und auf dem Außengelände zu verschwinden. »Spielen wir Verstecken.«

Die Kinder jubeln. Diese ahnungslosen Geschöpfe.

»Du musst als Erster zählen, Herr Zerbas, und wir verstecken uns.«

Na gut, so soll es sein. Ich gebe ihnen die Chance, sich zu beweisen, ehe sie die Künste des Versteck-Meisters kennenlernen werden.

»Du musst bis fünf zählen, und dann suchst du uns, ja?«

»Ich zähle ein bisschen weiter, damit ihr auch genug Zeit habt, ein gutes Versteck zu suchen, einverstanden?«

»Okay.«

»Dann los. Eins …«

Ich drehe mich um und lege etwas theatralisch meine Hände vor meine Augen. Hinter mir höre ich kleine schnelle Schritte, die sich in der Ferne verlieren, dann höre ich sie wieder neben mir, die Schritte entfernen sich erneut, dann höre ich sie plötzlich wieder hinter mir.

»Zwanzig!«, rufe ich laut und drehe mich um. Sven steht vor mir.

»Och Manno.«

Er grinst mich etwas schief an.

»Ähm, Sven, wolltest du nicht mitspielen?«

»Doch.«

»Warum hast du dich dann nicht versteckt?«

»Wollte ich ja, aber dann hab ich kein Versteck gefunden, und dann wollte ich mich woanders verstecken, und dann wusste ich nicht mehr wo, und dann hast du dich umgedreht.«

Ich sage ihm, dass er dann halt in der nächsten Runde der Sucher sei. Er nimmt es gelassen.

Dann beginne ich, Ausschau zu halten nach Anika und Sina. Ich finde Anika und Sina. Sie lugen beide hinter dem kleinen hölzernen Spielhäuschen hervor, sehen mich an, kichern, zeigen auf mich und ziehen die Köpfe ein.

Ich lasse ihnen den Spaß und gebe vor, sie nicht gesehen zu haben. Wohl wissend, dass sie mich beobachten, sehe ich hinter der Rutsche nach, hinter ein paar Büschen, kratze mich sehr irritiert und ratlos am Kopf. Dann renne ich auf die beiden los, rufe, schreie fast, etwas übermütig, zugegeben, »Hab euch!«, und die beiden geben einen entzückten Schrei des Schreckens von sich.

Sven ist an der Reihe mit Zählen. Ich habe eine meiner Kolleginnen damit beauftragt, darauf zu achten, dass er nicht schummelt. Eine notwendige Maßnahme. Er würde es nicht böse meinen, er würde wirklich nicht betrügen wollen. Er könne nur einfach nicht anders. Er müsse einfach während des Zählens zwischen seinen Fingern hindurch spähen, als würde er dazu gezwungen.

Anika und Sina rennen erneut hinter das Holzhäuschen. Aber ich habe längst ein besseres Versteck gefunden. Ich renne auf die Terrasse des Gruppenraums der Bibergruppe, schnappe mir das dort angelehnte Plastikbecken in Form eines Krebses, in welches wir im Sommer manchmal Wasser füllen, werfe mich auf den Boden und ziehe das Becken über mich. Ich bin etwas zu groß, auf einer Seite hängt das Becken fünf Zentimeter in der Luft. Aber ich bin mir si-

cher, dass das Versteck seinen Zweck erfüllt. Svens schrille Kinderstimme findet ihren Weg unter den Krebs bis zu meinen Ohren.

»Neunundzehnzig, ich komme!«

Okay, er hat gleich noch nebenbei eine neue Zahl erfunden.

Mein Herzschlag beschleunigt sich, ich spüre wieder dieses aufregende Kribbeln in der Magengegend, das ich vor Jahren auch immer gespürt habe. Ich fange an zu schwitzen. Vor Spannung, aber auch, weil es allmählich wirklich warm wird unter dem Krebs.

Durch den kleinen Spalt kann ich nur einen sehr begrenzten Teil des Außengeländes beobachten. Mehrfach sehe ich verschiedene kleine Füße hin und her flitzen. Mit Stolz stelle ich fest, dass ich jeden Schuh seinem Besitzer oder seiner Besitzerin zuordnen kann. Sven läuft an meinem Versteck vorbei, ohne anzuhalten. Ich muss ein wenig kichern und spüre, wie sich das Krebsbecken über mir bewegt. Es scheint niemandem aufzufallen. Ich kann hören, dass Anika und Sina erneut gefunden wurden. Svens Schuhe laufen wieder an mir vorbei, dann bleiben sie stehen. Er ruft meinen Namen. Ich halte die Luft an.

Streng dich ruhig noch ein bisschen an, denke ich. Ihr sollt lernen, was es bedeutet, den Versteck-Meister herauszufordern.

Sven scheint sich einmal im Kreis zu drehen. Er kommt auf mich zu, ich bin wie erstarrt, mein Herz schlägt noch schneller, als wolle es sich selbst überholen, noch ein Schritt näher, sein rechter Fuß stößt an den Krebs, unter dem ich schwitzend und unbequem verrenkt kauere, jeden Moment erwarte ich, entdeckt zu werden. Dann plumpsen etwa 30 Kilo auf den Krebs und drücken mich noch fester zu Boden. Die Luft wird aus meinen Lungen gepresst, der Krebs samt Sven drückt schmerzhaft gegen meine Schulter. Gerade als ich schon glaube, mich offenbaren zu müssen, springt er wieder herunter und läuft weiter. Wieder kann ich meinen Namen hören.

»Herr Zerbas, mach mal *Piep*!«

»Piep«, flüstere ich sehr leise, ich kann mich selbst kaum hören. Ich warte kurz, dann etwas lauter: »Piep.«

Niemand scheint mich zu hören.

»Herr Zerbas, mach mal *Piep*!«

»Piep!«, rufe ich etwas lauter. Und noch etwas lauter: »Piep!« Das Wort hallt seltsam nach im Inneren des Krebses.

Diesmal scheint er mich gehört zu haben.

»Noch mal, Herr Zerbas!«

»Piiiiep!«

Svens Schuhe bleiben wieder vor mir stehen.

»Hä?«, kann ich ihn hören. »Wo bist du denn, Herr Zerbas?«

»Piiiiiiiiiep!«, hallt es tief und lange unter dem Krebs hervor.

»Herr Zerbas, bist du unter dem Krebs?«

Ich schweige mehrere Sekunden, ehe ich antworte.

»Ja.«

*

Diesmal zählen Anika und Sina, wieder unter der strengen Aufsicht meiner Kollegin. Sven verschwindet hinter einem dichten Busch, immerhin etwas einfallsreicher als das Holzhäuschen. Aber weit hinter meinem grandiosen Versteck. Elegant erklimme ich eine kleine Leiter, haste über eine Wackelhängebrücke, klettere durch ein Loch in einer Holzwand und finde mich vor dem oberen Ende der Tunnelrutsche wieder. Ich bücke mich und quetsche mich in den Eingang der Rutsche. Aber dabei belasse ich es nicht. Schließlich bin ich Profi. Wenn sich die beiden Mädchen bei der Suche nicht allzu doof anstellen, könnten sie mich nach wie vor dort oben zusammengekauert entdecken. Also rutsche ich weiter nach vorne, indem ich meine Beine und meinen Rücken gegen die Wände des Tunnels drücke. Ich arbeite mich noch einen Meter weiter vor und hänge schließlich gut verborgen und der Schwerkraft mit Muskelkraft entgegenwirkend in der Mitte der Rutsche in der Luft.

Ich höre den Ruf der Mädchen und weiß, dass sie nun auf der Suche sind. Erneut fange ich an zu schwitzen. Vor Nervenkitzel, aber vor allem vor Anstrengung. Mein Rücken protestiert, meine Oberschenkelmuskulatur sendet zunehmend Schmerzwellen aus, mein linker Fuß ist eingeschlafen. Aber ich reiße mich zusammen. Ich kann den Schmerz kontrollieren, der Schmerz macht mich nur stärker, macht mich zu einem besseren und widerstandsfähigeren Verstecker.

Im Gegensatz zu meinem vorherigen Versteck kann ich diesmal überhaupt nichts vom Kita-Gelände sehen. Ich hoffe, dass kein Kind auf die Idee kommt, rutschen zu wollen. Aber die Gefahr nehme ich in Kauf.

Sinas und Anikas Stimmen klettern den Tunnel hinauf.

»Herr Zerbas, wo bist du?«

Ich lasse sie zappeln. Sie sollen sich anstrengen. Sie sollen es sich verdienen, den Versteck-Meister zu finden.

Meine Schmerzen nehmen zu, meine Beine beginnen zu zittern. Ein paar Minuten vergehen.

»Herr Zerbas, mach mal *Piep*!«

Nein, denke ich. Nein! Nicht so schnell. Ich habe für dieses Versteck gekämpft. Ich kämpfe immer noch. Ich werde mich nicht selbst verraten. Sucht! Sucht und findet mich, oder sucht weiter!

»Herr Zerbas, mach mal *Piep*!«

Die beiden Mädchen scheinen direkt an der Öffnung der Rutsche zu stehen. Sie ahnen nicht, wie nah sie mir sind. Aber sie werden mich nicht finden. Ich habe das ultimative Versteck gefunden. Ich habe gewonnen und bin der uneingeschränkte Meister des Versteckspielens!

Sucht ruhig weiter, ihr Amateure. Ich halte es noch stundenlang hier drinnen aus. Ich spüre meinen Körper kaum noch, also kann mir nichts mehr passieren. Mein Körper wird beim Versteckspielen zu einer Maschine, ich brauche keine Nahrung, keine Flüssigkeit. Schmerz und Einsamkeit können mir nichts anhaben, ich trotze allen Widrigkeiten.

Abermals höre ich die Aufforderung, mich mit einem schamlosen *Piep* zu offenbaren, aber wenn die Kinder glauben, dass sie sich so leicht von ihrer Aufgabe befreien können, haben sie sich getäuscht!

Ich höre ein Rumpeln vom oberen Ende der Rutsche. Jemand ist dort. Aber es kann keines der beiden Mädchen sein, unmöglich können sie es so schnell nach oben geschafft haben. Wieder ein Rumpeln, ein sandiges Knirschen von Schuhen über Plastik. Dann ein Plumpsen, ich blicke nach oben und sehe Sascha genau auf mich zukommen. Er ist mindestens genauso erschrocken wie ich, aber das kann uns beide auch nicht mehr retten. Sascha rutscht mir mit voller Wucht entgegen, prallt gegen meinen gefühlslosen Körper und reißt mich mit in die Tiefe wie in einen bodenlos gähnenden Abgrund. Wir landen beide unsanft im Sand, genau vor den Füßen von Sina und Anika.

Sina tippt mich an der Schulter ab.

»Hab dich.«

KAPITEL 22

NEIN, ICH ESSE MEINEN GEFÜLLTEN CHAMPIGNON NICHT!

Wer sein Mittagessen nicht essen möchte,
muss sitzen bleiben. Aber wer hat mehr Geduld
und Ausdauer – Kind oder Erzieher?

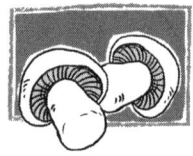

N ein, ich esse meine Suppe nicht! – Diese Worte mögen einigen noch bekannt sein, egal ob aus realem Alltag oder aus dem traditionellen Struwwelpeter, dessen pädagogische Legitimität ja in den letzten Jahren durchaus hinterfragt wurde. Aber unabhängig davon, waren wir nicht alle als Kind einmal in dieser Situation, in der wir uns strikt geweigert haben, das, was uns da vorgesetzt wurde, zu essen? Vielleicht ging es nicht unbedingt um die Suppe, sondern um ein Leberwurstbrot oder um irgendeinen garstigen Vertreter eines unansehnlichen Gemüses. Aber diesen Machtkampf mit den Eltern oder vielleicht auch den Großeltern, den haben wir sicher alle einmal durchgemacht. Wer letzten Endes gewonnen hat – denn bei derartigen Auseinandersetzungen kann durchaus von Sieg und Niederlage, von Gewinnern und Verlieren die Rede sein, schließlich handelte und handelt es sich hierbei eventuell um einen nervenaufreibenden und Tränen in die Augen treibenden Kampf, eine Schlacht nahezu, um Geduld, Ausdauer und Macht –, wer also letztlich über mehr Sitzfleisch und Ausdauerkapazitäten verfügte, das mag bei jedem anders gewesen sein. Aber es ist wohl zumindest davon auszugehen, dass hoffentlich niemand das Schicksal des Suppenkaspers aus dem Struwwelpeter erleiden musste.

*

Wahrscheinlich ist es unnötig zu erwähnen, dass in einer Kindertagesstätte das Mittagessen nicht immer zu jedermanns Zufriedenheit ist und nicht immer den gewünschten Vorstellungen entspricht. Weder der Kinder, noch der Erzieherinnen und Erzieher. Auch die Tatsache, dass die Einrichtung über den Luxus einer eigenen Küche und einer eigenen Köchin verfügt, die das Essen täglich frisch zubereitet, kann nicht immer jeden davon überzeugen, sich über den Inhalt des Kochtopfes zu freuen. Geschmäcker sind nun einmal verschieden. Und ob man über den Geschmack streiten kann, darüber kann man streiten.

*

Ich darf zur Abwechslung mal wieder beim Mittagessen in einer der Regelgruppen teilnehmen. Mit allen damit verbundenen Vor- und Nachteilen gegenüber einem Mittagessen in der Krippe. Aber Abwechslung soll ja belebend wirken.

Heute auf der Speisekarte: gefüllte Champignons. Mit Käse überbacken. Als ich das Gericht auf der Speisekarte lese, kämpfen bereits die berühmten zwei Seelen in meiner Brust. Ich selbst freue mich sehr auf das Essen. Ich mag Pilze. Ich mag Käse. Und gefüllte Pilze mit Käse (und von mir aus auch noch irgendwelchem Gemüse mittendrin), was soll da schiefgehen? Alles, was mit Käse überbacken ist, ist gut. Man sollte mehr Dinge mit Käse überbacken. Schade, dass man Bier nicht mit Käse überbacken kann.

Gleichzeitig jedoch habe ich Bedenken, was die Kinder von dieser Mahlzeit halten werden. Belegen Pilze meiner Erfahrung nach doch nicht gerade einen der Spitzenplätze bei den Lieblingsgerichten der Kleinen. Es darf auch hinterfragt werden, ob dieses Gericht ein allzu sinnvoller Beitrag auf dem Speiseplan einer Kindertagesstätte ist. Die kulinarische Kompetenz der Kinder darf durchaus infrage gestellt werden. Ich bin gespannt und ein wenig besorgt. Vor allem aber habe ich Hunger.

Das Essen wird in großen Formen mit großen Deckeln in den Gruppenraum gebracht. Die Spannung der Kinder steigt sofort ins Unermessliche. Wir müssen sie mehrmals ermahnen, die Finger von den Formen wegzulassen. Wir verteilen Teller, Gläser und Besteck, und währenddessen äußern die Kinder diverse Mutmaßungen, was es heute geben werde. Pizza, Pommes und Schnitzel werden besonders häufig genannt. Gefüllte und überbackene Champignons sind nicht dabei. Einer sagt Brokkolisuppe. Die anderen schauen ihn ungläubig an. Ich auch. Dann beten wir gemeinsam, und in Gedanken füge ich dem üblichen Gebet die Worte bei, dass der Protest nicht allzu groß ausfallen möge.

Meine Kollegin hebt den Deckel, und über ein Dutzend großer Augenpaare schielt in die großen Formen.

»Was is'n das?«

»Das sind Pilze, du Doofi.«

»Die sind ja voll schrumplig.«

»Die sehen eklig aus.«

»Die sehen aus wie Pferdekacka.«

Die Mienen einiger Kinder fallen in sich zusammen. Ein paar sagen gar nichts, die meisten blicken missmutig drein.

»Ist das Käse da oben drauf?«, fragt Sven.

»Ja«, sage ich.

»Dann esse ich nur den Käse.«

Ich beschließe, nicht sofort darauf zu antworten, sondern schnappe mir nacheinander die Teller und gebe jedem eine kleine Portion. Einen Probierpilz sozusagen.

»Das schmeckt wirklich gut. Gefüllte Pilze mit Käse überbacken sind sehr lecker.«

Ich versuche, es ihnen zu beweisen, und mache das, was ich für ein genüssliches Gesicht halte, während ich meine erste Portion zu mir nehme. Skeptische Blicke prallen an mir ab wie Fliegen an einer Fensterscheibe.

»Ihr könnt zumindest probieren. Das wisst ihr doch. Vorher kann niemand sagen, dass das nicht schmecke oder eklig sei.«

»Du redest komisch, Herr Zerbas.«

»Ich rede nicht komisch, Sarah, das nennt sich indirekte Rede.«

Sie sieht mich an.

»Du redest immer noch komisch, Herr Zerbas.«

»Probier dein Essen«, sage ich.

Sarah stupst ihren Pilz mit der Gabel an, als handle es sich um ein schlafendes Tier, das jeden Moment aufwachen und sie anspringen könnte. Ihr Gesichtsausdruck spricht ganze Lexikonbände. Neben ihr beugt sich Niklas über den Teller, wohl im Versuch dieses seltsam anmutende Ding möglichst wenig zu berühren, streckt seine Zunge über dem Pilz aus und berührt ihn für eine Millisekunde mit seiner Zungenspitze. Er zieht sie sofort zurück, als hätte er sich verbrannt.

Oh Mann, denke ich. Es ist schlimmer, als ich erwartet habe.

Sascha hat es immerhin so weit gebracht, ein Stück wirklich bis in den Mund zu befördern. Für einen Moment scheint er darauf herumzulutschen wie auf einem Nimm-Zwei-Bonbon, dann beugt er sich ebenfalls nach vorne, öffnet den Mund und lässt den Pilz wieder auf seinen Teller plumpsen.

»Ich find's lecker«, sagt der kleine Julian altklug und demonstriert ausschweifend seine Kautätigkeit.

»Seht ihr, dem Julian schmeckt's.«

Als ob das ein Argument wäre, muss ich in Gedanken zugeben. Aber manchmal hilft es. Anika und Sina verschränken synchron ihre Arme und schütteln angewidert den Kopf. Niklas schiebt den Teller weit von sich, und Sascha wagt einen weiteren Versuch, nur um erneut ein zerkautes Stück auf den Teller fallen zu lassen.

»Tja, was anderes gibt es nicht«, sage ich dann und esse weiter.

Ich weiß, dass der ein oder andere nachgeben wird. Ich weiß auch, dass einige nicht nachgeben werden. Aber ich kann und will sie nicht zwingen. Wir vertreten den Standpunkt, dass wir zwar versuchen, die Kinder zumindest zum Probieren zu bringen. Aber zwingen werden wir niemanden.

Dann müssen sie eben hungrig bleiben. Zumindest bis es am Nachmittag den Obstteller geben wird. Das tut mir zwar ein wenig leid, aber ich kann auch nicht viel dagegen tun. Und irgendwo gibt es Grenzen. Es kann eben nicht immer nur Pommes oder Pizza geben.

Aus gut unterrichteten Quellen, nämlich von den Kindern selbst, die uns sehr viel von zu Hause erzählen, wissen wir, dass viele Eltern ihren Speiseplan fast komplett nach den Wünschen ihrer Kinder ausrichten. Bei Weitem nicht alle Eltern, aber doch einige. Und das ist nicht unser erklärtes Erziehungsziel.

»Gibt's heute Nachtisch?«

Eine Frage, die ich täglich höre.

»Auf jeden Fall nicht für diejenigen, die ihren gefüllten Champignon nicht gegessen haben.«

Zwei oder drei Kinder geben auf und beginnen, ihre Pilze zu zerteilen. Sven schiebt seine Portion von einem Tellerrand zum anderen, mehrmals hin und her, als wolle er dem Essen zu eigenem Antrieb verhelfen. Sarah zerkleinert ihr Essen in mikroskopisch kleine Teile, schiebt sie sich aber immerhin in den Mund. Ein paar Kinder bleiben stur.

Ich für meinen Teil freue mich, dass mehr für mich übrig bleibt.

*

Nach dem Essen treibe ich die Kinder ins Badezimmer zum Händewaschen. Ich kann die üblichen Anflüge einer Wasserschlacht frühzeitig unterbinden. Ein Handtuch fliegt quer durch den Raum. Unter einer der Klotüren kommt eine Klopapierrolle wie von Geisterhand getrieben angerollt. In einem der Waschbecken zittert und blubbert ein großer Berg Seifenschaum. Dann treibe ich die Kinder wieder zurück in ihren Gruppenraum. Die Tür der Bibergruppe nebenan steht offen. Ich kann die Stimme meiner Kollegin Frau Bloch hören.

»Dann bleibst du eben sitzen, bis du es probiert hast!«

Sie kommt heraus und treibt ihrerseits ihre Kinder ins Badezimmer.

»Glaubst du das«, ruft sie mir über die Köpfe der Kinder genervt zu. »Der Matthias hat nicht *eine* Gabel probiert. Nicht eine einzige. Hat sich einfach geweigert.«

Ich zucke die Schultern.

»Bei uns waren auch ein, zwei dabei, die stur geblieben sind. Was will man machen? Müssen sie halt Hunger haben bis zum Obstteller heute Nachmittag.«

»Also ich sehe es nicht mehr ein«, sagt sie. »Fast jeden Tag dasselbe Theater mit Matthias. Reine Provokation. Aber das ist mir heute grad egal. Der bleibt da sitzen, bis er wenigstens einmal probiert hat!«

Frau Bloch stampft ihrer Gruppe hinterher. Ich werfe einen Blick in den Gruppenraum. Matthias sitzt mit verschränkten Armen und hängenden Mundwinkeln am Tisch, sein Gesicht erinnert mich an eine Bulldogge. Er sitzt da, als sei er auf seinem Stuhl festgewachsen. Vor ihm auf seinem Teller: ein einzelner kleiner Champignon, so klein, dass eigentlich der Diminutiv angebrachter wäre – ein Champignönchen.

Als er mich erblickt, sieht er mich böse an. Als sei ich Teilhaber des ungerechten Pilzkomplotts, welcher gegen ihn im Gange ist. Ich kann es ihm nicht ganz verübeln. Schließlich bin ich auch Erzieher und somit Teil der gegnerischen Mannschaft. In seinem Gesicht glaube ich lesen zu können, dass er weit davon entfernt ist, diesen Champignon zu probieren. Die Sturheit und die notwendige Ausdauer sind ihm ins Gesicht geschrieben.

»Also, Matthias, hast du es dir überlegt?« Frau Bloch taucht wieder neben mir auf. »Willst du nicht doch mal probieren? Einen einzigen Bissen nur. Mehr verlange ich nicht.«

Das Gesicht des Kleinen ist versteinert, unnachgiebig. Keine Regung, kein Zucken, ich glaube, er atmet in diesem Moment nicht einmal. Er strahlt eine Mischung aus Trotz und Eigensinn aus, ein Dickkopf par excellence. Und wieder kann ich es ihm angesichts der ebenso störrischen Verhaltensweise meiner Kollegin nicht ganz verübeln.

*

Zurück in meiner Gruppe, lese ich zweimal hintereinander das Buch vom Feuerwehrbär vor. Drei Kinder geben lauthals ihre Zukunftspläne kund, wenn sie groß sind, ebenfalls Feuerwehrmann zu werden. Niklas besteht darauf, später Feuerwehrbär zu werden und nicht Feuerwehrmann. Auf meine Frage, wie genau er sich das vorstelle, antwortet er nur: »Das geht dann schon, wenn es so weit ist.«

Ich wünsche ihm viel Erfolg.

Als ich das Buch zum dritten Mal vorlesen soll, schlage ich stattdessen das Buch vom Maulwurf vor, der sich die existenzielle Frage stellt, wer ihm auf den Kopf gemacht habe. Denn eines Tages landet auf seinem Kopf ein Kothaufen unbekannter Herkunft, dessen

Verursacher es zu finden gilt. Ein Kriminalfall, der eines Sherlock Holmes würdig wäre.

Nachdem ich diese Geschichte ebenfalls dreimal vorgelesen habe – ich muss zugeben, es ist auch meine Lieblingsgeschichte – inklusive der Imitation verschiedener Tiere und deren Fäkalverhaltens, muss ich auf die Toilette. Als ich an der Bibergruppe vorbeikomme, kann ich sehen, dass Matthias noch immer unverändert auf seinem Platz sitzt. Vor ihm noch immer der kleine, einsame Pilz auf dem Teller.

Ich schaue auf meine Uhr. Das Mittagessen ist schon seit über einer Stunde vorbei.

Der Kleine will es wirklich wissen, denke ich und gehe weiter.

*

Sven macht einen halben Purzelbaum bei dem Versuch, sich selbst seine Schuhe anzuziehen. Ehe ich ihm helfen kann, muss ich allerdings Anikas Finger aus den Schnürsenkeln befreien, welche sie sich unerklärlicherweise mit verknotet hat und nicht mehr herausbekommt.

»Müssen wir Jacken anziehen?«, brüllt mir Sina ins Ohr.

»Nein, Sina, wir haben Sommer. Es ist ziemlich warm draußen.«

»Brauchen wir Handschuhe?«

»Was?«

»Brauchen wir Handschuhe?«

»Sina, dieselbe Antwort: Wir haben immer noch Sommer. Und es ist immer noch ziemlich warm draußen. Um nicht zu sagen heiß. Hast du überhaupt Handschuhe dabei?«

»Nein, ich glaube nicht.«

Ich scheuche sie nach draußen. Meine Neugier lässt mich einen erneuten Blick in die Bibergruppe werfen, die ich allerdings leer erwartete, da die Kinder der Bibergruppe bereits draußen umhertollen. Und entweder wird Matthias nachgegeben oder Frau Bloch ihn letztendlich doch erlöst haben.

Matthias sitzt noch immer am Tisch. Vor ihm liegt noch immer der kleine Champignon. Vielleicht ein klein wenig mehr zusammengeschrumpft. Es sieht nicht danach aus, als habe Matthias sich innerhalb der letzten zwei Stunden auch nur einen Millimeter bewegt. Das bisschen Käse auf dem kleinen Pilz hat wahrscheinlich mehr Strecke zurückgelegt als der kleine Matthias. Auch sein Gesichtsausdruck hat sich nicht verändert. Manche Menschen machen aus solchen Aktionen Kunst, schießt es mir durch den Kopf. Vielleicht wird er mal Konzeptkünstler, wenn er groß ist. Oder ein Fakir, der in einer öffentlichen Demonstration zeigt, dass er eine kleine Unendlichkeit vor einem Pilz sitzen kann, ohne sich zu rühren.

Er sieht mich an, dann wirft er einen kurzen Blick aus dem Fenster auf die spielenden Kinder, nur um sich sofort wieder umzudrehen. Ich glaube jedoch, eine Spur von Bedauern in seinen Augen zu lesen. Vielleicht bilde ich es mir aber auch nur ein.

*

»Sag mal, willst du Matthias den ganzen Tag vor seinem Champignon sitzen lassen?«

Frau Bloch sieht mich an, als hätte ich ihr eine unverschämte Frage gestellt.

»Der wird schon noch sehen, wer mehr Ausdauer hat.«

»Glaubst du wirklich? Es sieht fast so aus, als würde er das durchhalten, bis er abgeholt wird.«

»Soll er doch.«

»Aber hat er seine Lektion vielleicht nicht schon gelernt? Er sitzt ja jetzt schon echt lange da und durfte die ganze Zeit nicht spielen. Ich glaube, er hat schon begriffen, dass er beim nächsten Mal einfach eine Gabel probieren sollte und dann auch mit den anderen zusammen nach draußen gehen kann.«

»Er soll einfach ein Stück von dem Pilz probieren!«, keift mich meine Kollegin an.

»Wie du meinst. Ich will mich ja nicht einmischen.«

Ich wende mich ab und gehe auf die große Vogelnestschaukel zu, aus deren Richtung lauthals mein Name gebrüllt wird. Ich soll die Insassen anschubsen. Ich weiß nicht, ob es sich dabei um eine Bitte oder einen Befehl handelt.

*

Der Obstteller wird serviert, und aus allen Richtungen kommen Kinder angerannt, um sich ein Stück Apfel, Banane oder Traube zu sichern. Sie springen von Bäumen, kommen aus kleinen Holzhäuschen, kriechen hinter Steinen hervor, die Rutsche herunter, mit Eimern auf dem Kopf und kleinen Plastikschaufeln in den Hosentaschen wie kleine Revolver. Es entstehen kleine Rangeleien. Ich stehe mittendrin. Fast verliere ich das Gleichgewicht.

Der Teller ist so schnell leer, dass man meinen könnte, er wäre nie gefüllt gewesen. Ich bringe ihn zurück in die Küche, ehe die Kinder anfangen, den großen Teller sauber zu lecken. Ich gehe durch die Bibergruppe und komme an Matthias vorbei. Er sitzt noch immer auf dem Stuhl, hat den Blick jedoch nach draußen gerichtet. Als er mich kommen sieht, dreht er sich schnell wieder um. Ich kann sehen, dass er einen wehmütigen Blick auf den leeren Obstteller wirft. Nachdem ich den Teller in die Küche gebracht habe, setze ich mich neben Matthias. Wir blicken beide starr geradeaus. Niemand spricht ein Wort. Ich überlege einen kurzen langen Moment und weiß selber nicht genau, was dabei herauskommt. Dann greife ich schnell nach dem Champignon und stecke ihn mir in den Mund.

Matthias sieht mich mit großen Augen an. Er scheint nicht zu wissen, was er sagen soll. Ich weiß es auch nicht. Ich habe zudem den Mund voll. Einen weiteren kurzen langen Moment sehen wir uns in die Augen. Dann erscheint eine sehr kleine Andeutung von einem Lächeln auf seinem Gesicht. Ich schlucke den kalten Pilz herunter, der nicht mehr wirklich gut schmeckt.

»Matthias!«

Frau Bloch steht plötzlich hinter uns.

»Was sehe ich denn da?«

Panik überkommt mich.

»Du hast ja deinen Pilz doch noch aufgegessen! Endlich! Also das finde ich ja ganz super! Wirklich!« Sie geht vor ihm in die Knie. »War doch gar nicht so schlimm, oder?«

Sie klopft ihm auf die Schulter und schickt ihn nach draußen.

»Siehst du – hat doch noch funktioniert. Jetzt weiß er, wer am längeren Hebel sitzt.«

Ich grinse sie dämlich an. Frau Bloch geht wieder nach draußen und lässt mich mit dem Gefühl zurück, dass eigentlich ich das Lob und das Schulterklopfen verdient habe.

KAPITEL 23

DER AUSFLUG II – BUSFAHREN

Busschule mit Kleinkindern und pädagogisch
gut ausgebildeten Buslehrern.

Aus eigener Erfahrung kann ich durchaus behaupten: Eine Busfahrt ist nicht immer lustig, und eine Busfahrt ist auch nicht immer schön. Zumindest nicht, wenn man mit einer Horde aufgekratzter Kindergartenkinder diesen Klassiker der öffentlichen Verkehrsmittel benutzen möchte. Und auch wenn ein angeblich ausgebildeter Buslehrer, was auch immer genau das sein soll, Teil des Programms ist, gebe ich mich nicht der Annahme hin, dass die Kombination Kleinkinder und Bus einen ruhigen Mittag bedeutet. Mit Kindergartenkindern im Bus zu fahren, das ist mehr als eine Odyssee, das ist der wahre Stoff, der einen Actionfilm ausmacht – *Speed* mit Keanu Reeves und Sandra Bullock ist nichts dagegen.

*

Ich habe das große Glück, beziehungsweise das große Pech, das ist wie so oft nicht eindeutig zu entscheiden, denn die Übergänge sind nicht selten fließend, an der Busschule teilzunehmen. Und das heißt letztendlich einfach: mit den Kindern einen Ausflug machen, um einem sogenannten Buslehrer zuzuhören und dann gemeinsam den öffentlichen Bus zu benutzen. Damit die Kleinen sich ungefähr etwas darunter vorstellen können, ungefähr wissen, wie man sich verhalten sollte, ungefähr wissen, auf was es zu achten gilt. Es gibt viele Ungefährs bei solch einem Ausflug.

*

»Boah, Herr Zerbas, heute fahren wir mit dem Bus, gell?«

»Ja, das machen wir, Sven. Bist du aufgeregt?«

»Nö. Hab ich schon oft mit meiner Mama gemacht.«

»Ach so. Na dann weißt du ja auch schon, wie das alles funktioniert, und kannst den anderen ein bisschen was erklären und uns ein bisschen helfen.«

»Aber ich bin schon aufgeregt, Herr Zerbas«, sagt Benjamin. »Ich bin nämlich noch nie mit dem Bus gefahren.«

»Dann darfst du ja gespannt sein.«

»Hat ein Bus auch Blaulicht, so wie die Polizei?«

»Nein, ein Bus doch nicht.«

»Wie schnell darf der Bus fahren? Wie in Formel-1-Auto?«

»Nein, Quatsch. Der Bus darf so schnell fahren wie die anderen Autos auf der Straße.«

»Wie schnell ist das?«

»Das kommt drauf an. In der Stadt meistens entweder 30 oder 50 Stundenkilometer.«

»Aha. Wie schnell ist das?«

»Hm … also, tja … das weiß ich leider auch nicht.«

»Und man muss bezahlen, wenn man im Bus mitfahren will, gell, Herr Zerbas?«

»Ja, das stimmt.«

»Wie viel muss man bezahlen? Eine Millionen Euro?«

»Nein, das ist doch viel zu viel.«

»1.000 Euro?«

»Immer noch zu viel.«

»Vielleicht 50 Euro?«

»Immer noch zu viel. Aber wird schon wärmer.«

»55 Euro?«

»Ja, das kommt hin«, sage ich.

Wir laufen weiter, und ich muss weitere Fragen beantworten. Auch mein Hinweis, dass wir gleich einen Buslehrer haben werden, der uns alles genau erklären wird, kann die Meute nicht davon abhalten, mich weiter mit Fragen zu bombardieren, als hätte ich eine Zielscheibe auf meine Stirn gemalt.

Mehrmals müssen wir die Laufordnung wiederherstellen. Jedes Kind hat ein anderes Kind an der Hand. Theoretisch. Es laufen immer zwei Kinder hintereinander. Theoretisch. Meine Kollegin bildet die Spitze der Karawane und ich das Ende. Theoretisch. Auf einmal halten sich drei Kinder an den Händen. Das ist an sich nicht schlimm, aber dann bleibt ein Kind übrig. Das hält sich plötzlich an meiner Hand fest. Das ist auch in Ordnung, aber dann wollen noch mehr Kinder an meine Hand. Wir stolpern mehrmals. Die Ordnung beginnt zu bröckeln.

»Alle Kinder nehmen wieder ihren Partner oder ihre Partnerin an die Hand! Sina, wo ist deine Partnerin? Der Ast zählt nicht! Sascha, lass den Hund in Ruhe! Zieh deine Hose wieder hoch, Matthias!«

Ich komme mir vor wie in einem absurden Theaterstück von Samuel Beckett. Gerne würde ich auf Godot warten, aber dann kommen wir glücklicherweise schon bei unserem Bus an. Ein Mann und eine Frau warten bereits auf uns. Er ist klein und dick, und sie ist groß und dünn. Stan und Ollie, schießt es mir durch den Kopf, und ich muss mir ein Grinsen verkneifen.

»Bist du auch Busfahrer?«

Niklas feuert die erste Frage auf die große Frau ab, die von oben ein breites Lächeln auf uns herabregnen lässt.

»Ja, kleiner Mann, ich bin auch Busfahrerin.«

»Ich hab noch nie eine Frau gesehen, die Busfahrerin ist.«

»Die gibt es aber auch, und heute lernst du eine kennen.«

»Wen denn?«

»Na mich. Ich bin Busfahrerin. Das haben wir doch gerade herausgefunden.«

»Ach so. Hast du überhaupt auch einen Führerschein gemacht?«

»Ja, natürlich habe ich den gemacht. Einen ganz speziellen Busführerschein.«

»Hast du schon mal einen Unfall gehabt?«

Die Frau stockt kurz, sieht sich beschämt um.

»Nun ja, also da gab es schon einen Vorfall. Aber das ist jetzt nicht so wichtig.«

»Bist du gegen einen Baum gefahren?«, fragt Niklas weiter.

Die Busfahrerin wird rot und ignoriert die Frage. Sie winkt uns alle näher heran, und die Kinder umkreisen sie von allen Seiten. Wir versuchen, Ordnung in diesen wabernden Schwarm von sich hin und her schubsenden Kindern zu bringen.

»Ich freue mich, dass ihr heute alle hier seid, und im Namen der städtischen Busfahrgesellschaft darf ich euch ganz herzlich begrüßen. Hinter mir sitzt mein Kollege Kurt Kawolski, und mein Name ist Beate Papil.«

»Was, Pipi?«, fragt Sascha laut.

Die Kinder fangen an zu lachen.

»Sascha, psst!«

»Heute wollen wir euch ein bisschen etwas über den Beruf des Busfahrers, beziehungsweise der Busfahrerin, erzählen und auch darüber, wie man sich im und am Bus richtig verhält. Zuallererst aber die Frage: Wer von euch ist denn schon einmal mit dem Bus gefahren?«

Die meisten Kinder melden sich überschwänglich.

»Super. Und wer fährt heute das erste Mal mit dem Bus?«

Andere Kinder melden sich, aber auch ein paar, sie sich beim ersten Mal schon gemeldet haben.

»Ich bin auch schon mit dem Bus gefahren, mit meiner Mama und meinem kleinen Bruder und meinem anderen kleinen Bruder«, sagt Sarah.

»Klasse«, antwortet die Frau. »Und jetzt ...«

»Und da war auch ein Mann im Bus, der ist im Bus umgefallen, und dann ist er wieder aufgestanden, und dann hat er auf den Sitz gebrochen, und meine Mama hat gesagt, das kommt davon, wenn man zu viel Bier getrunken hat und ...«

»Sarah, das reicht«, ermahne ich sie. »Wir wollen jetzt zuhören, was uns Frau Pipi, äh Frau Papil zu erzählen hat.«

»Also«, beginnt die Busfahrerin von Neuem, sichtlich ein wenig aus dem Konzept gebracht. »Was ihr hier vor euch seht«, sie deutet auf den Bus hinter ihrem Rücken, »ist ein standesüblicher Bus für den Stadtverkehr, Typ O 530 G. In der Mitte besitzt er ein bewegliches Wendegelenk, er verfügt über 45 Sitzplätze und 107 Stehplätze und hat einen Reihensechszylinder-Motor mit einer Leistung von 220 kW. Er unterliegt der Abgasnorm EEV, ist ausgestattet mit SCR-Filter, CRT-Abgasfilter und besitzt eine Antriebsachse.«

Die Kinder sehen die Frau stumm an. Ich ebenfalls.

»Um als Busfahrer oder Busfahrerin zu arbeiten, braucht man einen Führerschein der Klasse D, wie ihr wahrscheinlich wisst, anders als für ein normales Kraftfahrzeug, für welches ein Führerschein der Klasse B ausreichend ist. Als Angestellte unterliegen wir dem jeweiligen Verkehrsverbund und der Verkehrsgesellschaft. Wichtig für euch ist vor allem Paragraf 1 *Gültigkeitsbereich und Fahrkartensortiment*, in welchem Tarife und Personenbeförderungsbedingungen geregelt sind.«

Wir starren sie weiterhin an. Einige Kinder bohren sich irritiert in der Nase.

»Ähm, falls es da vielleicht ein Missverständnis gab«, sage ich zu Frau Papil leise, indem ich mich zu ihr nach vorne beuge, »das hier sind Kindergartenkinder. Ich glaube, mit diesem Fachvokabular können die wenigsten viel anfangen.«

Sie nickt verständnisvoll, dann zwinkert sie mir verschwörerisch zu, als habe ich ihr gerade ein großes Geheimnis verraten. Sie geht etwas in die Knie, stützt ihre Hände auf ihren Oberschenkeln ab und beginnt, die Kinder anzureden, als hätte sie es mit begriffsstutzigen Außerirdischen zu tun.

»Also, ihr Lieben, bevor wir jetzt in den großen Bus einsteigen, ist es noch ganz wichtig, darüber zu sprechen, wie man sich richtig an der Bushaltestelle verhält.«

Ihre Intonation und Sprachmelodie berühren einen Punkt in mir, der mich etwas aggressiv werden lässt, aber ich kann mich gut zurückhalten. Die Kinder hören ihr mehr oder weniger zu, sie stellen weiterhin blöde bis schwachsinnige Fragen, aber ich hege die Hoffnung, dass sie irgendetwas, und sei es auch ein noch so unbedeutendes Detail, lernen und in Erinnerung behalten werden. Zumindest machen einige von ihnen heute ein paar neue Erfahrungen. Ich bin einfach dafür da, aufzupassen, dass niemand verletzt wird und die Kleinen einigermaßen zuhören und nicht vollkommen aus dem Ruder laufen, während Stan und Ollie uns in die Geheimnisse des öffentlichen Nahverkehrs einweihen, die genauso spannend sind, wie befürchtet.

Es folgt ein gestenreicher Vortrag mit der inhaltlichen Schlussfolgerung, dass man an der Haltestellte einen ausreichenden Abstand zur Bordsteinkante einhalten, niemanden vor den anfahrenden Bus stoßen und weniger agilen Personen beim Einsteigen behilflich sein sollte. Ich verkneife mir die Frage, wie ein Kindergartenkind einer Rentnerin mit Rollator denn in den Bus helfen solle.

»Und jetzt wollen wir alle gemeinsam mal in den Bus einsteigen. Jeder darf sich einen freien Platz suchen, langsam und geordnet und …«

Das letzte Wort der Buslehrerin geht in einem schnellen und ungeordneten Ansturm unter. Auch die Bemühungen und Ermahnungen von meiner Kollegin und mir prallen an dem Vorhaben jedes einzelnen Kindes ab, als Erster einen Sitzplatz zu ergattern.

Eine unbändige Horde von Lemmingen strömt durch die Vordertüren ins Innere des Busses. Einige bleiben dabei für einen Moment zwischen den Türen stecken, da mehr als vier Kleinkinder nicht gleichzeitig durch die Öffnung passen. Kurt Kawolski, der zweite und bisher recht stumme Buslehrer, bringt sich mit einem Sprung auf den Fahrersitz in Sicherheit. Gesichter werden gegen Fensterscheiben gedrückt, wilde Schreie ausgestoßen, Kämpfe um Sitzplätze werden verbissen ausgefochten, obwohl es, wie wir kurz zuvor gelernt haben, ja 45 Sitzplätze gibt und wir bei Weitem nicht so viele sind.

Meine Kollegin und ich mischen uns unter die Masse und versuchen, die Gruppen im Auge zu behalten, die am wahrscheinlichsten zu Brandherden für Störungen und Eskalationen werden könnten.

Kurt Kawolski klettert von seinem Fahrersitz und baut sich vor den Kindern auf. Gerade als er zu sprechen beginnen will, wird er unterbrochen.

»Du bist dick«, sagt Julian.

»Hey!«, rufe ich ihm zu und setze einen strengen Blick auf.

»Tja mein Junge, ich bin eben kein Kostverächter. Manchmal mache ich auch vor Kindern keinen Halt.«

»Du willst Kinder halten?«, fragt Julian.

»Nein, ich wollte sagen, ich esse gerne, und manchmal esse ich auch gerne Kinder. Aber das war ein Witz, den du anscheinend nicht verstanden hast.«

Julian sieht ihn verwirrt an.

»Du bist dick.«, wiederholt er dann. »Und du siehst komisch aus.«

»Ach ja, und was ist mit dir? Du bist auch nicht gerade ein Brad Pitt mit deinen Segelohren!«

»Ähm, ich glaube, der Herr Kawolski wollte uns gerne noch etwas über das Busfahren erzählen, nicht wahr?«

Der kleine, dicke Mann räuspert sich und beginnt, im Gang auf und ab zu laufen.

»Wer von euch weiß denn, was man machen muss, bevor man mit dem Bus mitfahren darf?«

Matthias meldet sich.

»Einsteigen.«

»Ja, das stimmt natürlich. Aber was denn noch?«

»Die Türen aufmachen.«

»Na ja, das macht ja der Busfahrer selbst.«

»Oder die Busfahrerin«, meldet sich Frau Papil zu Wort.

»Was braucht man denn, um mit dem Bus zu fahren?«

»Benzin?«

»Schuhe?«

»Gehirn«, murmele ich leise.

»Na also, was müsst ihr denn beim Busfahrer vorne kaufen, gleich nachdem ihr eingestiegen seid?«

»Oder bei der Busfahrerin«, ruft Frau Papil.

»So ein Ding, also so einen Zettel, so ein Papier, da steht drauf, dass man mit dem Bus fahren darf.«

»Lasse ich so gelten«, sagt Herr Kawolski großzügig. »Man braucht einen Fahrschein.«

Er erläutert uns ausführlich das herrschende Tarifsystem. Seine Erklärungen sind so interessant wie ein Faultier bei der Nahrungssuche. Wobei ich dem Faultier bei diesem Vergleich wohl unrecht tue. Ich ertappe mich dabei, wie mir die Augen zufallen. Sie lassen sich nur sehr schwer wieder öffnen.

Neben mir hantiert Benjamin unter seinem Sitz herum. Es sieht aus, als würde er versuchen, etwas Festes unter dem Sitz zu lösen. Vielleicht dreht er eine Schraube heraus. Dann erhellt sich sein Gesicht, und er bringt einen versteinerten Kaugummiklumpen zum Vorschein. Bevor ich etwas sagen kann, ist das Ding in seinem Mund verschwunden. Er bemerkt recht schnell, dass er keine Köstlichkeit gewonnen hat, nimmt das Kaugummi wieder aus dem Mund und lässt es erneut zwischen den Spalten des Sitzes verschwinden. Bei dem Gedanken daran, was für abartige, biologisch unmögliche Kreuzungen aus Bakterien und Viren sich darauf befinden müssen, wird mir etwas unwohl. Ich beschließe, seinen Eltern nichts zu sagen, für den Fall jedoch, dass er morgen als krank gemeldet wird, das Gesundheitsamt zu benachrichtigen.

Während Herr Kawolski weiterhin stoisch und einfühlsam wie ein Roboter aus den Neunzigern seinen Vortrag hält, laufe ich im Gang auf und ab und ermahne diverse Kinder bei diversen Quatschmachereien. Ich kann Julian gerade noch davon abhalten, die Scheiben abzulecken. Anika hat ihre Schuhe ausgezogen und an eine der Haltestangen geknotet, war mit ihrem Knoten allerdings so erfolgreich, dass auch ich Mühe habe, die Schnürsenkel wieder zu lösen. Ein Kopfstand von Sina wird zu einem ungewollten Flic Flac, und sie ist nicht die Einzige, die davon sehr überrascht ist.

»Und jetzt«, Herr Kawolski scheint zum Ende zu kommen, und ich kann nicht behaupten, dass ich darüber übermäßig bekümmert bin, »wollen wir noch üben, wie man sich bei einer Vollbremsung richtig festhält.«

Na super, denke ich. Eine Vollbremsung mit einem Bus voller Kindergartenkinder kann ja nur von Erfolg gekrönt sein.

»Dabei ist es sehr wichtig, dass sich jeder an der für ihn oder sie vorgesehenen Stelle festhält.«

Sascha und Matthias halten sich aneinander fest, Niklas scheint sich an den Scheiben festhalten zu wollen wie Spider-Man, und Sarah umklammert ihren Rucksack.

»Wenn ihr euch so festhaltet, dann fliegt ihr bei einer Vollbremsung durch den ganzen Bus und könnt euch schwere Verletzungen zuziehen. Prellungen, Platzwunden oder Knochenbrüche sind die Folge. Die Verkehrsgesellschaft haftet nicht für derlei selbst verschuldete Verletzungen.«

Okay, denke ich, weisen wir die Kinder doch gleich mal auf den Ernst des Lebens hin.

Herr Kawolski geht durch den Bus und teilt jedem der Kinder einzeln mit, wo es sich genau festzuhalten hat. Ich laufe ihm hin-

171

terher und sage es den Kindern ein zweites Mal, mit Nachdruck, dass dies gleich wirklich wichtig sei. Meine Kollegin folgt mir und erläutert es den Kindern ein drittes Mal. Trotzdem fühle ich mich nicht ganz wohl dabei.

Vor der Fahrerkabine ist derweil eine Diskussion zwischen Kurt und Beate entstanden, die sich anscheinend uneinig sind, wer bei dieser Demonstration am Steuer sitzen darf. Beate entscheidet das Wortgefecht offensichtlich für sich, nachdem sie die Überlegenheit ihrer Körpergröße eingesetzt und ihren Kollegen einfach beiseite geschoben hat.

»So«, ruft Herr Kawolski laut durch den Bus, seine Miene ist nicht gerade ein Beispiel für Frohsinn. »Ich zähle jetzt gleich bis drei, und dann macht Frau Papil eine Vollbremsung, und ihr haltet euch alle dort gut fest, wo ich es euch gezeigt habe.«

Der Bus setzt sich in Bewegung wie ein altersschwacher Dinosaurier. Die Kinder sehen sich aufgeregt an. Ich entsende ein stummes Gebet.

»Eins«, ertönt es laut von vorne, und die Hälfte der Kinder lässt ihren Haltegriff los, um sich begeistert auf die Oberschenkel zu trommeln.

»Festhalten, aber schnell!«, rufe ich ihnen zu.

»Zwei.«

»Sollen wir wetten, wer am weitesten durch den Bus fliegt?«, raune ich meiner Kollegin zu.

Ihr Gesichtsausdruck schwankt zwischen Besorgnis und Schadenfreude.

Benjamin lässt seinen Griff los und schneidet seinem Sitznachbarn eine ansehnliche Grimasse.

»Drei.«

»Benjamin, festhalten!«, schreie ich ihm zu, lasse meinen Griff los, während er seinen gerade noch zu packen bekommt. Dann macht es einen kräftigen Ruck, ich verliere den Halt unter meinen Füßen und knalle mit dem Kopf gegen eine der gläsernen Trennwände, begleitet von Schreckensrufen und Gelächter der Kinder gleichermaßen. Mir wird kurz schwarz vor Augen.

*

Auf dem halbwegs geordneten Rückweg halte ich Benjamin an meiner linken Hand und mit der rechten meine ansehnliche Beule, die sich ziemlich genau in der Mitte über meinen Augen befindet und mir wohl ganz zu Recht bereits den Spitznamen *Einhorn* verschafft hat, der mich wohl noch einige Tage begleiten wird.

KAPITEL 24

DIGITALE REVOLUTION

Ein Einjähriger zeigt, dass er ein Smartphone
mindestens genauso gut bedienen kann
wie ein Erwachsener.

In der Regel sind meine Kolleginnen und ich sehr darauf bedacht, während der Arbeitszeit unsere Handys weder allzu oft zur Hand zu nehmen, noch sie offen herumliegen zu lassen. Zum einen fürchten wir um den funktionstüchtigen Fortbestand der Geräte, sollte eines der Kinder das Telefon in die Hände bekommen. Und zum anderen sollten wir zumindest versuchen, auch in dieser Hinsicht unsere Vorbildfunktion zu erfüllen. Welche Botschaften und Einsichten würden wir den Kleinen auch vermitteln, wenn wir permanent nur auf das Telefon starren oder damit herumspielen, anstatt uns miteinander zu beschäftigen? Von der Aufsichtspflicht ganz zu schweigen.

Auch ich gehöre der Generation an, die ohne Smartphone wahrscheinlich nicht mehr überleben würde. Ich weiß um diese Tatsache, ich stehe dazu, Ende der Diskussion. Ich versuche auch durchaus, die Vorherrschaftsstellung des Handys in meinem Leben nicht überhandnehmen zu lassen, und ich glaube, es gelingt mir auch einigermaßen. Auch ich habe meinen Lieblingssong als Klingelton. Auch ich habe bescheuerte und zeitfressende Apps und Spiele auf dem Handy. Und ja, auch ich frage manchmal mein Handy nach der momentanen Außentemperatur, anstatt einfach aus dem Fenster zu schauen oder kurz vor die Tür zu gehen. Aber ich darf behaupten, dass mir die Kommunikation von Angesicht zu Angesicht noch immer wichtiger ist und dass ich in Gesellschaft anderer auch eher selten mein Handy in die Hand nehme. Mehr kann man heutzutage wohl nicht mehr verlangen. Und ebendiese Tatsache, dass das Smartphone nicht Mittelpunkt des gesellschaftlichen Lebens sein sollte, versuchen wir, den Kindern zu vermitteln. Keine einfache Aufgabe, wenn manche Kinder morgens bereits im Kinderwagen angerollt werden wie eine Warenladung, während die Mutter oder der Vater am oder über dem Telefon hängt, diese Tätigkeit auch beim Verabschieden nicht wirklich unterbricht und in genau derselben Körperhaltung und Tätigkeit ihr Kind sechs oder sieben Stunden später wieder abholt.

Kein Wunder ist dann auch, dass, wann immer eines der Kinder auch nur einen kurzen Blick auf eines unserer Handys erhascht, diesem sofort die volle Aufmerksamkeit schenkt. Handys müssen ja aus ihrer Sicht beinahe schon Familienmitglieder sein, so intensiv wie Mama und Papa sich damit beschäftigen. Und dann ist es auch kein Wunder, dass das alte, ausgeschlachtete und überdimensional große Nokiahandy, welches als Spielzeug irgendwie in unsere Gruppe geraten ist, wahrscheinlich durch einen heimlichen Anschlag im Versuch, die Gesellschaft zu untergraben, der heiß umstrittenste Gegenstand überhaupt ist.

*

Ich erlaube mir, einen kurzen Blick auf mein Handy zu werfen, denn ich erwarte eine wichtige E-Mail. Die drei Sekunden, während denen ich das Telefon in der Hand halte, reichen aus, um drei Kinder auf mich zurennen und die gierigen Finger danach ausstrecken zu lassen.

»Das ist kein Spielzeug«, sage ich vehement und lege das Smartphone auf die Ablage neben der Spüle, nicht ohne eine geringe Spur schlechten Gewissens. Sehnsüchtige Blicke verfolgen jedes Detail meiner Bewegung, ehe sie sich langsam und scheinbar schweren Herzens wieder anderen Dingen zuwenden.

Jaqueline bittet mich um Hilfe und zieht an meiner Hand. Ich lasse mich von ihr mitziehen, denn ich glaube, es ist das erste Mal, dass sie deutlich verbalisiert, Hilfe zu wünschen. Diese besteht letztendlich darin, dass ich eine Puppe von einer Windel befreien soll, die um deren Hals gewickelt ist und sie zu strangulieren droht. Nun gut, aber Jaqueline hat immerhin zum ersten Mal deutlich die Bitte um Hilfe geäußert. Zumindest ein Fortschritt im Sozialverhalten.

Als die Aufgabe, die schwerer zu lösen war als erwartet, erfolgreich bewältigt ist, lasse ich meinen Blick durch den Gruppenraum schweifen, auf der Suche nach weiteren Möglichkeiten für eine gute Tat. Vielleicht muss ein Teddybär verarztet, die Statik eines Bauklötzchenturms verbessert oder vielleicht muss jemandem auch einfach dringend die Nase geputzt werden. Mein Blick fällt auf Justin, der gerade einen Hocker vor die Spüle schiebt, darauf klettert und sich dann an der Ablage nach oben Richtung Handy vorarbeitet. Justin, der 14 Monate alt ist. Der noch nicht alleine laufen kann. Der heute Morgen noch einen seiner Popel gegessen hat. Und der seine Frühstücksbanane mit bloßen Händen in Bananenbrei verwandeln kann, wie kein Mixer es besser hinbekommen würde. Ebendieser Justin baut sich gerade eine geschickte und erfolgreiche Kletterhilfe und greift behände nach meinem Handy, hält es schließlich in den Händen, sieht sich um, ob ihn auch niemand bemerkt hat, und krabbelt anschließend mit seiner Beute hinter die Spielküche, wo er sich wohl einigermaßen sicher und unbeobachtet glaubt.

Die Angst um mein Telefon lässt mich aufspringen und ihm nachlaufen, um mein Eigentum zu beschützen. Doch als ich ihn in seiner Ecke erblicke, beschließe ich, mich für einen Moment an den Rand zu setzen und zu beobachten, was weiter passiert.

Justin sitzt auf dem Boden und hält mein Smartphone in den Händen. Die Feinmotorik seiner Hände will ein richtiges Greifen von Gabel oder Löffel beim Mittagessen noch nicht zulassen, hindert ihn jedoch nicht daran, das Handy vor sich zu halten, als wäre er damit auf die Welt gekommen. Mit der linken Hand hält er es vor sich, und mit dem rechten Zeigefinger wischt und tippt er darauf herum. Wie so oft, bin ich zugleich ein wenig schockiert und beeindruckt. Ich komme mir vor wie ein Zoologe, der einen kleinen Schimpansen dabei beobachtet, wie er kleine Stöcke als Werkzeug benutzt, um Termiten zu fangen.

Justin legt das Telefon vor sich auf den Boden.

Ein Hoch auf den Sicherheitspin, denke ich und kann von meinem Beobachtungsposten aus sehen, wie mein kluges Telefon aus Selbsterhaltungsgründen den Zugriff verweigert. Justin wischt ein weiteres Mal beängstigend koordiniert über das Display, welches sich daraufhin bereitwillig öffnet.

Verdammt, denke ich. Das kann doch nicht sein. Über Justin muss eine große Menge eines Gemischs von Glück und Zufall ausgeschüttet worden sein. Oder er ist ein kleines verkanntes Genie. Angesichts seines Essverhaltens und seines Artikulationsvermögens halte ich die zweite Schlussfolgerung jedoch für unwahrscheinlich.

Ich beobachte Justin dabei, wie er die Bildschirme mit ausgestrecktem Zeigefinger hin und her wischt. Seine Augen verfolgen konzentriert das Geschehen der sich hin und her bewegenden Items. Ich kann mich noch an mein erstes Smartphone mit Touchscreen erinnern. Es hat mindestens eine Woche gedauert, bis ich einigermaßen damit klargekommen bin und eine SMS verschicken konnte, die ich schneller als in fünf Minuten getippt habe. Und dieser Einjährige zeigt mir gerade, was es wirklich heißt, in der heutigen digitalen Zeit aufzuwachsen. Justin tippt und wischt derweil fröhlich weiter. Ich kann sehen, wie er Programme öffnet und wieder schließt. Die meisten Handgriffe mögen wirklich dem Zufall zuzuordnen sein. Aber seine prinzipiellen Fähigkeiten im Umgang mit dem Touchscreen erschüttern mich.

Ich recke meinen Kopf, um mehr sehen zu können. Der Kleine stöbert mittlerweile im App Store. Ich beschließe, der Vorführung ein Ende zu setzen.

»Justin! Das Handy ist kein Spielzeug!«

Ich ziehe es ihm unter den wischenden Fingern weg, und er schaut mich tatsächlich für einen Moment böse an.

»Du brauchst gar nicht so zu gucken. Das weißt du ganz genau.«

Wirklich böse kann man ihm nicht sein. Aber loben für sein diebisches und technisches Geschick möchte ich ihn auch nicht unbedingt.

Ein Blick auf mein Display zeigt mir, dass er eine App heruntergeladen hat. *Zaaap! Die Superpeitsche!* Ein Programm, mit dem man diverse Peitschengeräusche simulieren kann. Indiana Jones und Schlafzimmeraction gleichermaßen.

Ich muss ein wenig lächeln und will die App löschen. Ich halte inne. Dann schiebe ich sie in meinen Spaßordner.

Es klopft an der Tür. Petra Mühleisen, die Leiterin der Kita, kommt herein und wirft ein Lächeln in die Runde.

»Na ihr, alles klar bei euch allen?«

Sofie rennt auf sie zu und besteht auf einer Umarmung.

»Sag mal«, sagt sie dann und richtet sich an mich. »Hast du dein Handy in der Hosentasche? Ich habe gerade eine ganz seltsame WhatsApp von dir bekommen …«

KAPITEL 25

DER BALL IST RUND, UND DAS SPIEL DAUERT 90, NEIN HÖCHSTENS ZEHN, ODER NUR EINE, OKAY, VIELLEICHT FÜNF MINUTEN

Fußballregeln sind da, um gebrochen zu werden

Die Faszination für das runde Leder umspannt den gesamten Globus. Und angesichts des Stellenwerts dieser mit viel Liebe und viel Hass begegneten Sportart in Deutschland ist es nicht allzu überraschend, dass sich bereits die Kleinen im Kindergarten oft und gerne mit Fußball beschäftigen. Viele bekommen es bereits in die Wiege gelegt, indem ältere Geschwister schon seit jungen Jahren auf den Ball eintreten oder weil die Eltern begeisterte Fernsehfußballkonsumenten und Hobby-Sportmoderatoren sind.

Im Kindergarten gibt es in der Regel immer eine kleine Gruppe, vorwiegend Jungs, die, sobald die Türen zum Außenbereich der Kita geöffnet sind, in die Ecke des Geländes rennen, die mit viel Euphemismus als Bolzplatz bezeichnet werden kann. Selbiger besteht letztlich aus einem kleinen Tor in einer Ecke des Geländes mit vielleicht zehn auf zehn Meter Spielfläche davor. Links davon befindet sich ein großer Sandkasten, rechts davon der mit einem Zaun abgegrenzte Garten des Hausmeisters. Zwei Bäume stehen mehr oder weniger mitten auf dem Feld, und diverse Wurzeln sorgen dafür, dass die Ballführung nicht immer allzu verlässlich verläuft. Aber das alles tut der Spielfreude der Kinder keinen Abbruch. Der tägliche Kampf um den Ball wird stets mit Vehemenz, Freude und Tränen ausgefochten. Und letztlich sind die Kinder auf jeden Fall dafür zu loben, dass sie trotz der Unzumutbarkeiten des alternativen Spielgeländes ihren Spielwillen nicht verlieren.

Motivation und Spielfreude sind also vorbildlich. Bei der Einhaltung der Spielregeln sieht es etwas anders aus. Hierbei wird täglich sehr viel Kreativität bewiesen. Vor meinem ersten Fußballspiel im Kindergarten, wobei auch der Begriff *Spiel* nur mit Vorbehalt verwendet werden sollte, war mir nicht bewusst, auf wie viele Arten und Weisen Spielregeln umformuliert, missachtet, vergessen und regelrecht mit Füßen getreten werden können.

*

Vor der Terrassentür drängen sich die Kinder zu einem unförmigen menschlichen Knäuel zusammen. Mein Hinweis, dass ich so die Tür nicht aufbekäme, da sich diese nach innen öffne, wird äußerst gekonnt ignoriert. Sven wird gegen die Scheiben gedrückt und hinterlässt einen großen Spuckefleck, Matthias trommelt wie ein rhythmusresistenter Gorilla gegen die Tür, und Anika stachelt die Bande mit ihrem wiederholten »Tür auf! Tür auf!« noch weiter an. Es fehlt nur noch, dass sie beginnen, »Wir sind ein Kindergarten! Die Tür muss weg!« zu rufen. Es dauert einige Minuten, bis es mir gelingt, mich nach vorne zu kämpfen, die Kinder nach hinten zu schieben und die Tür schließlich zu öffnen. Ich muss mich im Türrahmen festkrallen, um nicht überrannt zu werden. An manchen

Tagen können sich die Kinder durchaus diszipliniert und gesittet verhalten. An vielen, sehr vielen Tagen allerdings nicht.

Die Kinder rennen, als ginge es ums nackte Überleben. Tut es in ihren Augen wahrscheinlich auch, denn wer als Erster nach draußen kommt, hat noch die freie Auswahl an Spielzeugen und Lieblingsplätzen. Besonders begehrt: Bobbycars, Schaufelbagger, die Vogelnestschaukel und natürlich der Fußball.

Kaum haben alle Kinder den Weg nach draußen gefunden, spüre ich ein Ziehen an meinem T-Shirt.

»Der Benjamin hat den Bobbycar schon die ganze Zeit.«

»Der Benjamin hat den Bobbycar seit fünf Sekunden, so lange sind wir nämlich erst draußen. Lass ihn ein paar Runden fahren, und dann bist du dran.«

Julian trottet davon. Sarah nimmt seinen Platz ein.

»Kann ich eine große Schaufel haben?«

»Da hinten liegt doch eine.«

»Wo denn?«

»Na da, direkt hinter dir!«

»Ach so, ja, danke.«

Sarah rennt los. Sascha ist schneller und schnappt ihr die Schaufel unter der Hand weg. Er rennt damit davon wie Gollum persönlich. Sarah kommt zurück zu mir.

»Kann ich eine große Schaufel haben?«

»Da hinten liegt noch eine.«

»Wo denn?«

»Sarah, brauchst du eine Brille? Neben dem Spielhäuschen.«

»Ach so, stimmt. Danke.«

Ich will mich auf die Bank setzen, aber auf einmal zerren erneut vier oder fünf Hände an mir, ich habe das Gefühl, es werden mehr, als würden für jede weggeschobene Hand zwei neue nachwachsen wie die Köpfe der Hydra.

»Herr Zerbas, spielst du mit uns Fußball? Spielst du mit? Bitte!«

»Ja, Herr Zerbas, du hast es versprochen!«

Ein mit Matsch verkrusteter Ball wird kreuz und quer über mein neues T-Shirt gezogen.

Habe ich es wirklich versprochen? Ich weiß es nicht mehr. Will ich wirklich mit den kleinen Bestien Fußball spielen? Auch das weiß ich nicht mehr so genau, aber ich weiß, *dass* ich wohl mit Fußball spielen werde. Da man dem Wahnsinn im Kindergarten ohnehin tagtäglich ein Stück näher rückt, lohnt es die Mühe nicht, sich großartig dagegen zu wehren. Die Teilnahme am Fußballspiel im Kindergarten – und ich wiederhole gerne, dass *Spiel* hierbei der falsche Terminus ist, es wird gespielt, das schon, es wird etwas gespielt, was auch immer das sein mag, aber von einem *Spiel*, einem *Fußballspiel*, wie man es sonst vielleicht kennt, kann nicht wirklich die Rede sein, das, was gleich passiert, ist von einem Fußballspiel so weit entfernt wie, ich weiß auch nicht, etwas eben, was nicht viel miteinander zu tun hat –, die Teilnahme am Fußballspiel im Kindergarten also ist ein Feuerwerk an Emotionen, ein Panoptikum von Missverständnissen, ein Cocktail kreativer und alternativer Regeloptionen und hat von daher durchaus seinen Unterhaltungswert. Und unabhängig davon, was gleich passieren wird, sollte man immerhin froh sein, dass die Kinder wenigstens dazu bereit sind, sich zu bewegen, und dass sie sogar manchmal, vielleicht, unter Umständen, so etwas wie Teamspiel zeigen oder zumindest ausprobieren. Sie bewegen sich, und das ist gut so. Vor allem, wenn ich mir den kleinen dicken Sven anschaue, der allein bei dem Gedanken an Bewegung schon ins Schwitzen kommt und der mir am Vormittag noch erzählt hat, dass er, sobald er zu Hause sei, vor dem Fernseher geparkt werde.

Ich lasse mich also von den Jungs zum sogenannten Spielfeld ziehen. Auf den langen, liegenden Baumstämmen, welche den Sandkasten von der Spielfläche abgrenzen, haben sich vereinzelte Zuschauer eingefunden.

»Also«, rufe ich laut und versuche, etwas Ordnung in den Haufen hyperaktiv wuselnder Schlawiner, Schlingel und Schlitzohren zu bekommen. »Zuerst müssen wir …«

Matthias schießt mir den Fußball mitten ins Gesicht.

Ich bin mehr überrascht, als dass es wehgetan hat, zumindest entschuldige ich so vor mir selbst die Träne, die sich aus meinem linken Auge stiehlt.

»Herr Zerbas, weinst du?«

Sven nimmt mich fürsorglich an die Hand.

»Nein«, sage ich und ziehe kurz die Nase hoch.

Ich strafe Matthias mit einem strengen Blick. Er lässt die Schultern hängen. Ich weiß, dass es keine Absicht war, aber ich erwarte ein gewisses Maß an Buße seinerseits. Er holt den Ball und legt ihn mir kleinlaut in die Hand.

»Wir brauchen noch Mannschaften, bevor wir anfangen zu spielen.«

»Ich spiele bei dir mit, Herr Zerbas.«

»Ich auch.«

»Ich auch, ich auch.«

Ein paar andere Jungs schließen sich an.

»Okay«, gebe ich zu bedenken, »jetzt spielen wir zu fünft gegen Jan alleine.«

»Dann spiele ich beim Jan mit.«

»Ich auch.«

»Ich auch, ich auch.«

»Jetzt spielt ihr zu fünft gegen mich.«

Ich sei ja auch viel größer, rufen die Jungs im Chor. Und viel stärker auch, rennen könne ich sowieso wie der Blitz.

Ich gebe ihnen recht.

»Aber einen Mitspieler brauche ich schon, damit wir auch mal passen können.«

»Dann spiele ich mit dir, Herr Zerbas.«

»Ich auch.«

»Ich auch, ich auch.«

Ich lasse den Kopf sinken, hebe ihn schwerfällig wieder an, widerstehe dem Drang, den Ball einfach über den Zaun in den Garten des

Hausmeisters zu schießen, wo er früher oder später ohnehin landen wird, und wähle Sascha, aus dessen grässlichem Haarschwänzchen sich mittlerweile ein Lasso knüpfen ließe, als meinen Mitspieler aus.

»Puh, ich schwitze jetzt schon«, sagt Sven und wischt sich über die Stirn.

»Sven, wir haben noch gar nicht angefangen zu spielen.«

»Ich weiß. Ich mache Schiedsrichter.«

»Nichts da, du kannst ruhig mitspielen.«

»Aber wer macht dann Schiedsrichter?«

Wieder spüre ich ein energisches Zupfen an meinem T-Shirt.

Das Shirt ist sicherlich bald ausgeleiert, denke ich.

»Ich will, ich mach Schiedischa.«

Die kleine Jenny sieht mich von unten mit ihren großen Kulleraugen an.

»Das ist lieb von dir, Jenny. Kennst du denn die Regeln ein bisschen?«

»Von was denn?«

»Na, von Fußball. Das spielen wir doch jetzt.«

»Ach so. Ich hab gedacht, ihr spielt Versteggn.«

Ich schüttle den Kopf.

»Okay, dann bin ich halt Schiedischa vom Fußball.«

Ich stimme ihr zu, mit der unausgesprochenen Frage im Hinterkopf, seit wann man denn einen Schiedsrichter beim Versteckenspielen brauche.

Die Spieler geben deutlich kund, dass sie endlich anfangen wollen. Die einzigen Regeln, die ich vorab festlege, sind grundlegende und eigentlich selbstverständliche Dinge, die erfahrungsgemäß trotzdem erwähnt werden müssen: nicht treten, nicht schubsen, nicht spucken, nicht beißen.

Matthias tritt Niklas an die Hacke und schubst ihn dann zur Seite.

»Beim nächsten Mal sitzt du auf der Bank«, ermahne ich ihn. »Außerdem spielt ihr in derselben Mannschaft.«

Ich reiche Jenny, die sich gerade in der Nase bohrt, den Ball.

Sie dürfe den Ball ins Spielfeld werfen, sage ich.

Sie holt aus und wirft den Ball rückwärts in den Sandkasten. Ehe ich intervenieren kann, rennen alle Jungs dem Ball hinterher und beginnen bei dem Versuch, den Ball mit dem Fuß zu treffen, den kompletten Sandkasten umzugraben. Ich beschließe, vor dem Tor zu warten. Nachdem jeder Spieler, inklusive Schiedsrichterin, mindestens ein Pfund Sand in den Haaren und ein weiteres Pfund in der Hose hat, nimmt Jan den Ball in die Hand und rennt Richtung Tor.

»Hand!«, schreien ihm die anderen hinterher.

Jan bleibt stehen, Niklas kommt angerannt und schnappt sich ebenfalls mit den Händen den Ball, rennt weiter, nur um den Ball kurz darauf an Matthias zu verlieren, der den Ball ebenfalls mit den Händen zum Tor trägt.

Ich unterbreche das Spiel und führe eine neue Regel ein, mit dem Hinweis auf den Namen des Spiels. Ein kurzer Seitenblick, mit dem ich mir die Zustimmung der Schiedsrichterin einholen will: Jenny versucht, vor einigen Zuschauerinnen einen Kopfstand zu machen.

Wir spielen weiter. Es wird viel getreten und viel geschubst, einmal wird fast gebissen, aber immerhin spuckt niemand. Bei einem Fußballspiel im Kindergarten darf man keinem Regelfaschismus unterliegen, ansonsten wird man mehr diskutieren als spielen. Auf strikte Regeleinhaltung zu pochen ist mindestens genauso wahnwitzig, wie die Aufgabe von Asterix und Obelix, den Passierschein A 38 im Haus der Verrückten zu besorgen.

Dann bin ich am Ball, umlaufe zwei Mitspieler, umrunde einen weiteren, stehe vor dem Tor, drehe wieder um, um es etwas spannender zu machen, Niklas läuft gegen meine Hüfte und fällt um, Jan rutscht vor mir aus, ohne dass wir uns berührt haben, ich suche meinen Mitspieler, gebe ihm eine zielgenaue Flanke, von der ich selbst überrascht bin, genau vor die Füße und muss mitansehen, wie Sascha den Ball einen Meter vor dem freien Tor in den Garten des Hausmeisters schießt.

»Schade, Sascha«, rufe ich ihm zu. »Aber nicht schlimm. Beim nächsten Mal klappt es bestimmt.«

Er zuckt mit den Schultern. Glücklicherweise befindet sich unser Hausmeister Herr Brause gerade in seinem Garten und gießt die Blumen. Ich muss also nicht über den Zaun klettern, um den Ball zurückzuholen, wozu wir Erzieher zwar die Erlaubnis haben, was allerdings immer wieder zu langen Diskussionen mit den Kindern führt, warum sie das nicht auch dürfen.

»Da hat jemand aber das Tor weit verfehlt«, ruft uns Herr Brause zu, während er sich nach dem Ball in seinem Tomatenbeet bückt. »Warst du das schon wieder, Herr Zerbas?«

»Ausnahmsweise nicht«, antworte ich ihm.

Herr Brause trottet langsam mit dem Ball auf uns zu.

»Schieß du mal, Herr Brause.«

»Ja, Herr Brause, kannst du das überhaupt?«

Unser Hausmeister lacht.

»Ihr vorlauten Bengel, ob ich das überhaupt kann? Ich hab früher schon Fußball gespielt, da wart ihr noch flüssig!«

Die Jungs sehen sich irritiert an.

»Hä, flüssig?«

»Wir sind doch nicht flüssig.«

»Ja, ist auch egal«, rufe ich dazwischen. »Dann soll uns der Herr Brause doch mal zeigen, was er noch so kann.«

Unser Hausmeister plustert sich auf wie ein Gockel, holt mit dem rechten Bein aus und schießt den Ball aus der Hand in die Luft. Ein gutes Dutzend Augenpaare verfolgt gespannt die Flugbahn des Balls, welche wohl nicht ganz dem Ziel von Herrn Brause entspricht. Der Ball fliegt hoch in die Luft, nach hinten über Herrn Brause hinweg, prallt an einem Ast ab, landet auf dem Boden, springt erneut in die Luft und fliegt dann gegen einen Blumentopf, der ein splitterndes Ende in unzähligen Scherben auf dem Boden findet. Ein paar Jungs fangen an zu lachen, die anderen schlagen die Hände vor dem Mund zusammen. Ich enthalte mich einer eindeutigen Reaktion, Herr Brause runzelt die Stirn. Vom Spielrand ertönt laut Jennys schrille Stimme: »Foul!«

Etwas geknickt trottet unser Hausmeister los, um den Ball zu holen. Er kommt langsam an den Zaun, übergibt mir den Ball wortlos und verschwindet in seiner Wohnung.

»Das Spiel ist vorbei.« Jenny läuft auf mich zu und will mir den Ball abnehmen.

»Aber wir spielen doch erst fünf Minuten.«

»Na gut«, sagt sie. »Dann ist jetzt Mittelpause.«

»Wir brauchen noch keine Pause«, ruft Jan. »Wir wollen weiterspielen.«

»Oh Mann, na gut, dann ist die Mittelpause jetzt vorbei. Wie lang geht das Spiel denn noch, ich mag nicht mehr Schiedischa sein.«

»Also ein normales Spiel geht eigentlich 90 Minuten«, antworte ich. »Aber wir können ja spielen, solange wir wollen.«

»Heute nicht. Heute geht das Spiel nur zehn Minuten.«

»Okay, wir schauen mal.«

»Oder doch nur eine Minute.«

»Das ist aber wenig. Dann wäre es ja doch schon vorbei.«

»Na gut, dann eben fünf Minuten.«

Jenny hebt ihre Hand und zeigt drei Finger.

»Einverstanden«, sage ich, und ehe es zu weiteren Diskussionen kommt, gebe ich den Ball wieder frei.

Matthias holt weit aus und verfehlt den Ball, fällt dafür auf den Rücken. Sven stolpert über ihn.

Im Nu liegen alle teilnehmenden Spieler übereinander auf einem Haufen und kugeln hin und her. Ich überlege einen Moment, ob ich mich dazuwerfen soll, beschließe aber, das Gerangel zu passieren, hole mir den Ball und geleite diesen gemütlich und ohne Gegenwehr ins Tor.

»1:0.«

»Das zählt nicht!«

»Jammer nicht, spiel weiter!«

Niklas ist am Ball, ihm gelingt ein Pass zu Jan, ich glaube, der erste erfolgreiche Pass in dieser Saison. Jan schießt auf das zehn Meter entfernte Tor, und der Ball kullert langsam darauf zu. Mein Mannschaftskollege Sascha steht im Tor, sieht dem Ball nach und versucht mit etwa drei Sekunden Verzögerung, den Ball aufzuhalten.

Jan verkündet das 2:0.

Ich korrigiere ihn und verkünde das 1:1.

»Aber wir haben doch schon ein Tor geschossen!«

Ich erinnere ihn daran, dass *ich* das erste Tor geschossen habe.

»Ach so, stimmt ja.«

Wir spielen weiter, tun zumindest so, es fallen fünf weitere Tore, vier davon Eigentore. Sven und Sascha stoßen mit den Köpfen zusammen, und es kommt zu einer kurzen Tröst-Pause. Kurz darauf landet der Ball wieder im Garten des Hausmeisters. Sven nimmt eine kurze Auszeit, nachdem Matthias den Ball gegen einen der Bäume geschossen hat und der Ball gegen Svens Kopf geprallt ist.

Mein nächster Torschuss wird von Niklas unterbrochen, der sich an mein Bein klammert und auf meinen Fuß setzt. Mein Hinweis, dass dies gegen die Regeln sei, wird mit einem Kopfschütteln quittiert. Also laufe ich mit meinem Anhängsel weiter und mache ein Tor, indem ich mit ihm aushole und den Ball mit seinem Kopf spiele.

»Der gildet nicht«, ruft Jenny.

»Was, warum denn nicht?«, rufe ich empört zurück.

»Mit dem Kopf zählt nicht. Das ist doch Fußball!«

Ihre Logik verblüfft mich ein wenig.

»Ja, aber beim Fußball ist Kopf erlaubt. Nur mit der Hand darf man nicht spielen.«

Jenny schüttelt den Kopf.

»Gildet trotzdem nicht.«

Sie nimmt den Ball an sich und gibt ihn der anderen Mannschaft.

»Schiri, ich weiß wo dein Dreirad steht«, murmele ich in mich hinein.

Diverse Zusammenstöße, eine kurze und überraschende Teilnahme von Herrn Brauses Katze und eine Rote Karte wegen Spuckens später steht es ungefähr 21:4 für Sascha und mich, aber wer zählt bei einem Kindergartenfußballspiel schon so genau mit.

»Ich kann nicht mehr«, hechelt Sven und legt sich auf den Boden.

Zwei andere tun es ihm gleich, die restlichen Jungs verschwinden einfach ohne Kommentar und fangen an, die große Rutsche nach oben zu klettern.

Ich spüre ein Ziehen an meinem T-Shirt. Jenny steht neben mir, nimmt mir den Ball aus der Hand und verkündet lauthals: »Unentschieden.«

Dann schießt sie den Ball in Herrn Brauses Garten.

KAPITEL 26

BACKE, BACKE KUCHEN

Backen mit den Kleinen, ein sowohl ambitioniertes
als auch wahnwitziges Vorhaben. Zu den üblichen
Zutaten wie Mehl und Zucker kommen noch
einige ungeplante hinzu.

D ie Auswahl fällt mir nicht leicht. Aber eine Auswahl muss getroffen werden. Sonst wäre das Vorhaben nicht durchführbar,
nicht machbar, völlig unmöglich. Absolut und undiskutabel ausgeschlossen. Aber die Auswahl ist wirklich nicht einfach. Von der
richtigen Wahl kann Leben und Tod abhängen. Oder zumindest
Erfolg und Niederlage.

Andererseits, vielleicht macht es aber auch überhaupt keinen
Unterschied. Vielleicht ist die Wahl völlig egal, und ich brauche
meinen Gehirnzellen eine solche Entscheidung gar nicht erst ab-
zuverlangen. Ich muss mir nicht den Kopf zerbrechen, da das Vorhaben ohnehin schiefgehen muss. Wie sollte es auch nicht. Wer ist
überhaupt auf diese wahnwitzige, idiotische, von vornherein zum
Scheitern verurteilte Idee gekommen? Ich war weder betrunken,

noch habe ich eine Wette verloren. Man hat mich auch nicht gezwungen, und mich treibt auch keine masochistische Ader. Bleibt
nur, dass ich entweder geistig umnachtet war oder mich in einem
kurzweiligen, seligen Moment eine naive Hoffnung auf das Gute in
dieser Welt überkommen hat. Wie sonst ist es zu erklären, dass ich
mich dazu bereit erklärt habe, mit den Krippenkindern gemeinsam
einen Kuchen zu backen?

*

Die Zutaten liegen vor mir auf dem kleinen Tisch. Mehl, Eier,
Zucker und was man eben zum Backen noch so braucht. Eine
Schüssel für den Teig und auch ein Nudelholz. Alles liegt bereit.
Es kann losgehen.

Ich bleibe regungslos auf dem zu kleinen Holzhocker sitzen.

Langsam hebe ich meinen Kopf und blicke geradeaus. Mitten in
die aufgeregten Augenpaare von acht Kleinkindern, die aufgedreht
an den Trenngittern hängen. Der Tisch mit den Backzutaten ist
durch ein hölzernes Gitter vom restlichen Teil des Gruppenraumes
abgetrennt. Gesichert, sollte man wohl sagen. Beschützt. Vor denen
auf der anderen Seite.

Ein Feuer lodert in ihren Augen, Sabber läuft aus ihren Mundwinkeln, ihre Hände umklammern die hölzernen Stäbe, und sie
schaukeln hin und her. Ich muss an Affen im Zoo denken. Ich glaube, ich muss beim Anblick der Kinder ziemlich oft an Affen im Zoo
denken. Aber der Vergleich liegt schließlich nahe. Sie hängen da
und beobachten mich, geben ab und an irgendwelche Laute von
sich. Sie wissen und sehen, dass irgendetwas auf der anderen Seite
des Gitters passiert, und natürlich wollen sie wissen was, und natürlich wollen sie daran teilhaben.

Ich bleibe weiterhin regungslos sitzen.

Einer aus der Meute löst sich vom Gitter und beginnt, hin und
her zu laufen, mich und die aufbereiteten Zutaten jedoch nicht

aus den Augen lassend. Jetzt erinnert er mich nicht mehr an einen Affen, sondern eher an einen Panther. Aber sein Blick ist nicht müde beim Vorübergehn der Stäbe, und ich weiß, dass ihn nichts aufhält, er sieht keine tausend Stäbe, sondern er sieht und beobachtet alles von der Welt. Auf der anderen Seite des Gitters.

Lucas' Schritte werden schneller, er beginnt regelrecht zu rennen, sein Blick wird wilder und ungestümer. Keine geschmeidigen, sondern stolpernde, wacklige Kinderschritte, ein kleiner Kerl, der sich im Gruppenraum der Murmeltiere hin und her dreht, ein unkoordinierter Tanz von Kraft um eine Mitte, in der ausgelassen ein kindisches Verlangen steht. Nach den Backzutaten.

Und dann, nur kurz, schiebt sich der Vorhang seiner Pupille auf, nicht lautlos, sondern von einem ungeduldigen Quieken begleitet mitten in meine Ohren hinein, und in seinen Gliedern herrscht alles andere als Stille, und im Herzen will er einfach nur hinein. In den abgezäunten Teil und zu den Backzutaten.

Ich befürchte, die erste Wahl ist getroffen. Sollte Lucas nicht zu denen zählen, die mir gleich beim Backen helfen dürfen, ist eine ernsthafte Revolution bei den Murmeltieren zu erwarten. Auch die anderen werden protestieren, wenn sie nicht zu den Ausgewählten gehören werden, aber wahrscheinlich niemand so vehement und ausartend wie Lucas.

Andererseits ist es sicher auch nicht die klügste Idee, Lucas in die Nähe von Lebensmitteln zu lassen, die noch verwendet werden sollen. Aber es gilt, das kleinere Übel zu wählen. Das kleinere unter den sehr großen Übeln.

Böses ahnend, hieve ich ihn über den Zaun und setze ihn auf einen der kleinen Hocker, mit der Ermahnung, noch nichts anzufassen. Ich wiederhole meine Ansage. Er nickt. Ich bitte ihn, mir in die Augen zu sehen, und wiederhole meine Ansage erneut. Er nickt wieder.

Es bringt mich nicht weiter, allzu lange über die anderen Kandidaten nachzudenken, also entscheide ich mich mehr oder weniger spontan. Ich hebe erst Sofie und nach ihr Niels über den Zaun. Das Gemaule und Gezeter der anderen ignorierend, drehe ich mich um.

Ein Gespenst sitzt am Tisch. Lucas hat in der Zwischenzeit die Mehltüte aufgerissen und sein Gesicht mit einer dicken Schicht eingepudert. Wahrscheinlich muss ich froh sein, dass er sich nicht für die rohen Eier entschieden hat.

Ich nehme ihm die Packung aus der Hand und klopfe ihn etwas ab. Er sieht immer noch aus wie ein Gespenst, und da ich das Mehl nicht ohne ein paar saftige Ohrfeigen aus seinem Gesicht bekomme, bleibt er vorerst ein Gespenst. Es würde sehr wenig Sinn machen, ihn bereits *vor* dem eigentlichen Backen zu waschen.

Begleitet von den ungehaltenen Protestrufen der anderen Murmeltiere, verteile ich die Aufgaben. In der Zwischenzeit versucht meine Kollegin die anderen abzulenken, was ihr kaum bis gar nicht gelingt.

Niels ist der Älteste der drei Bäckerlehrlinge, trotzdem überlege ich lange, ob ich ihm eine heikle Aufgabe überlassen kann. Aber wie sonst sollen die Kinder lernen? Fördern und fordern. Klingt gut, klingt sinnvoll, aber als ob das immer so einfach wäre. Schließlich reiche ich ihm ein Messer und die Butter und schärfe ihm sehr deutlich ein, dass er sehr vorsichtig damit sein muss. Die Augen immer auf die Finger, keinen Quatsch machen. Er nickt. Ich bete kurz.

Die Obhut über die Eier bereitet mir ebenfalls Sorgen. Vorausschauend haben wir mehr Eier mitgebracht, als wir tatsächlich brauchen. Eierschwund ist also bereits mit eingerechnet. Trotzdem bin ich mir unsicher, wie ich es anstellen soll, dass die kleinen Kinderhände ein Ei aufschlagen.

Ich höre einen dumpfen Schlag und ein lautes »Aua!« von Niels. Panisch drehe ich mich um, schon darauf vorbereitet, einen abgeschnittenen Finger aus der Butter zu fischen und einen Krankenwagen zu rufen. Aber Niels hat sich lediglich den Kopf auf der Tischplatte angehauen, als er sich gebückt hat, um das Messer vom Boden aufzuheben.

Diesmal fällt mir kein Meteorit vom Herzen, sondern ein ganzer Planet. Erleichtert wende ich mich wieder den anderen beiden zu. Nun sitzen mir zwei Gespenster gegenüber. Lucas hat Sofie das restliche Mehl über den Kopf geschüttet.

Ich stelle den Karton mit den Eiern auf den Tisch. Ein Zwölferkarton. Wir wollten sehr vorsichtig sein. Oder wir waren beim Einkauf sehr pessimistisch bezüglich des Schicksals der Eier. Je nachdem, wie man es sehen möchte.

Niels traktiert weiterhin die Butter mit dem Messer. Ich muss zugeben, dass er dabei sehr vorsichtig vorgeht. Er ist zwar noch nicht allzu weit gekommen, aber es scheint zumindest keine akute Gefahr zu bestehen, dass einer der Beteiligten ein Körperteil verliert. Und das ist mir vorerst wichtiger als die exakte Mengenangabe der Butter.

Lucas ist dabei, das Mehl auf dem Tisch vor sich hin und her zu schieben, kleine Berge zu gestalten und dann wieder platt zu wälzen. Ich belasse es dabei, in der Annahme, dass auch hierbei kein großer Schaden zu erwarten ist.

Bleibt noch Sofie. Wir wenden uns gemeinsam wieder den Eiern zu. Ich schärfe ihr ein, dass man rohe Eier sehr vorsichtig halten müsse, dass man nicht zu fest zudrücken und sie nicht fallen lassen dürfe, da sie sonst kaputtgingen. Sofie nickt. Ich nicke ebenfalls. Ich weiß nicht warum.

Dann erkläre ich ihr, was mit den Eiern passieren soll.

Sie nickt wieder. Ich nicke ebenfalls.

Ich reiche ihr ein Ei. Sofie lässt das Ei fallen.

Wir sehen uns an. Sofie scheint ehrlich überrascht, als hätte sie damit als Allerletztes gerechnet, als hätte ich ihr nicht wenige Sekunden zuvor noch erklärt, was passieren kann, wenn man das Ei fallen lässt.

Sofie betrachtet fasziniert das Eigelb auf dem Tisch und fährt einmal mit der ganzen Hand hindurch. Ehe ich aufspringen und einen Lappen holen kann, schmiert sie es an Lucas' Rücken ab. Der

bemerkt seine neue Rückenverzierung gar nicht, sondern ist nach wie vor mit seinen Mehlfiguren beschäftigt.

Was soll's, denke ich. Neuer Versuch.

Ich wiederhole meine Erklärungen. Sofie nickt. Ich nicke ebenfalls.

Ich reiche ihr ein Ei. Sofie hält das Ei vorsichtig in der Hand, sucht die Schüssel, an deren Rand wir es beide gemeinsam aufschlagen wollen, steht auf, stolpert und zerdrückt dabei das Ei auf der Tischplatte.

Diesmal bin ich schneller, und ehe sie das zweite Eigelb an Lucas' Rücken loswerden kann, wische ich ihr die Hände ab.

Noch einmal erkläre ich ihr den adäquaten Umgang mit rohen Eiern. Sofie nickt. Ich nicke nicht mehr.

Ich reiche ihr ein Ei. Sofie hält es vorsichtig über die Schüssel. Ich lobe sie und will mit ihr gemeinsam das Ei aufschlagen. Dann steht Lucas plötzlich auf, greift nach dem Ei, und ein drittes Eigelb landet auf dem Tisch.

*

Einige Zeit später ist es uns zu dritt gelungen, drei Eier, unzählige kleine Messerspitzen mit Butter, etwas Mehl und etwas Zucker in die Schüssel zu bekommen und miteinander zu verrühren. Einmal musste ich einen grünen Plastikfrosch aus der Schüssel fischen, zweimal einen Legostein. Beim Rühren wechseln wir uns ab. Es landet nicht wenig von dem, was einmal ein Teig werden soll, auf dem Tisch, auf dem Boden, auf den Haaren und an den Fensterscheiben. Manchmal bin ich wirklich überfragt, wie es den Kleinen gelingt, gewisse Dinge an gewisse Orte zu bringen. Aber irgendwie schaffen sie es. Ich drehe mich für einen kurzen Moment um, eine Sekunde, höchstens, aber wirklich allerhöchstens zwei, und schon ist etwas von dem halb fertigen Teig an der Fensterscheibe gelandet. Ich weiß nicht, wie es funktioniert. Die Kinder scheinen eine übernatürliche Fähigkeit zu haben, Dreck und Unordnung zu schaffen, deren Prozess und Zustandekommen keinen physikalischen Gesetzen gehorchen.

Niels ist dabei, mit Inbrunst und vollem Körpereinsatz, in der Schüssel herumzurühren. Doch Lucas fängt bereits an zu betteln. Ich sage ihm, er müsse sich noch einen Moment gedulden. Ich weiß, dass das von einem Einjährigen sehr viel verlangt ist. Die Wartezeit überbrückt Lucas damit, in der Nase zu bohren. Auch das mit viel Inbrunst und vollem Körpereinsatz. Sein Zeigefinger verschwindet so tief in seinem Nasenloch, dass ich fast schon erwarte, auf seiner Stirn die Ausbuchtung seiner wühlenden Fingerspitze zu entdecken. Sein Gesichtsausdruck scheint anzudeuten, dass er nicht ganz an das herankommt, was er zu fassen hofft. Er erinnert mich an einen Wolf, der Witterung aufgenommen hat. Sein Finger wühlt immer weiter, immer tiefer, die Ausholbewegungen der ganzen Hand werden immer größer, er scheint sich zu verbiegen, der ganze Körper geht mit, seine Nase ist prall gefüllt, ich befürchte, gleich verschwindet die ganze Hand in seiner Nase, hoffentlich erstickt er nicht, hoffentlich bleibt der Finger nicht stecken. Dann beginnt die Hand zu zucken, dann der ganze Arm, bis schließlich der ganze Körper in unkontrollierte, ruckende Bewegungen verfällt. Er scheint gefunden zu haben, was er sucht, scheint es fast geschafft zu haben, die Beute erlegt, den Schatz geborgen. Ich bin mir ziemlich sicher, dass ich nicht wissen will, was er gleich zutage fördern wird. Und dann endlich zieht er seinen Finger aus der Nase, und auf der Spitze seines Zeigefingers prangt stolz und widerwärtig der größte und widerlichste und mächtigste und abartigste Popel, den ich in meinem Leben gesehen habe.

Ich bin schockiert und fasziniert, verblüfft und bestürzt, erschüttert und noch einiges dieser Art. Es ist wie dieser berühmte Autounfall, bei dem man nicht wegsehen kann. Wenn etwas dieses inflationären Vergleichs würdig ist, dann dieses Ding, das verhöhnend auf Lucas' Fingerspitze sitzt.

Der kleine Schatzsucher blickt nahezu ehrfürchtig auf das hervorgebrachte Unding.

Neben ihm scheint Niels die Lust am Rühren verloren zu haben und schiebt die Schüssel seinem Spielkameraden zu. Lucas greift nach dem Behälter und dem großen Löffel.

Nein, denke ich nur, aus tiefstem Innern und mit todesangstähnlichem Entsetzen, bitte nicht.

Lucas hält die Hand mit dem besetzten Zeigefinger über die Schüssel. Seine andere Hand nähert sich der ersten. Alles kommt mir vor wie in Zeitlupe. Ich bin in einem Actionfilm, *Matrix* vielleicht, und gerne würde ich mich so schnell bewegen wie Keanu Reeves und dem Unausweichlichen entgegenwirken. Doch ich weiß bereits, dass es zu spät ist.

Lucas' freier Zeigefinger kommt bei seinem belegten Zeigefinger an, macht eine weite Schnipsbewegung, und der unermessliche Popel landet in der Schüssel und im Teig.

Ehe ich »Stopp!« rufen und den Fremdkörper herausfischen kann, rührt Lucas weiter und sorgt dafür, dass das Ding in der Masse des Teigs unauffindbar verloren geht.

*

Später am Nachmittag laufen wir zu viert durch die Kindertagesstätte. Vor mir laufen Lucas, Niels und Sofie und tragen vorsichtig und gemeinsam einen großen Teller mit dem fertigen und noch warmen Kuchen. Aus den Gesichtern der Kinder leuchtet nahezu grenzenloser Stolz, und begeistert zeigen sie jedem, an dem sie vorbeikommen, egal ob Kind oder Erwachsenem, ihr Gemeinschaftsprodukt. Der Kuchen sieht tatsächlich gar nicht so übel aus, die Konsistenz ist überraschend gut gelungen. Allerdings bin ich der Einzige, der das Geheimnis der uneingeplanten Zutat kennt.

Ich muss gestehen, ich stand vor einem inneren Konflikt. Lucas' Popel war nicht mehr aufzufinden. Und selbst wenn ich ihn doch noch gefunden und hätte herausholen können, hätte er sicherlich trotzdem gewisse unsichtbare Spuren hinterlassen. Ich war kurz davor, die Aktion abzublasen, den Kuchen vor den Augen der Kinder in den Müll zu werfen. Aber der Gedanke an die traurigen und verständnislosen Gesichter war mir unerträglich. Sie hätten es nicht verstanden. Natürlich hätte ich sagen können: »Kinder, wir müssen den Teig leider wegschmeißen, denn darin befindet sich nun ein unglaublich großer, unglaublich feuchter, unglaublich, unfassbar, ausnehmend widerwärtiger Popel, der den Kuchen verseucht und unzumutbar gemacht hat.« Das hätte ich sagen können. Aber sie hätten es nicht verstanden. Außerdem essen einige Krippenkinder sicherlich am Tag mehrere Gramm ihrer eigenen Popel, hätten also überhaupt nicht nachvollziehen können, was an dem Teig denn nun so falsch sein solle.

Einen neuen Teig zu machen war auch nicht mehr möglich gewesen, da die Zutaten fehlten. Zum einen hatten wir kein Mehl mehr, selbst dann nicht, wenn ich die Gesichter der Kleinen über die Schüssel gehalten und ausgeklopft hätte. Und auch unsere so vorausschauend bedachte Notration an Eiern war dahin, als Niels kurz nach dem Popelvorfall die gesamte Packung auf den Boden hat fallen lassen und Sofie beim Rückwärtsgehen darauf getreten ist.

Also beschloss ich letztendlich, den Vorfall zu verschweigen und den fertigen Kuchen lediglich als Ausstellungsobjekt zu behandeln, von dem nicht gegessen werden sollte. Bisher funktioniert das sehr gut. Die drei Bäckerlehrlinge präsentieren weiterhin mit vor Stolz geschwellter Brust ihren Kuchen und sammeln Lob und anerkennende Worte. Und sollten sie später ein Stück zum Essen verlangen, werde ich ihnen einfach stattdessen ein paar Kekse geben. Ich bin recht zuversichtlich, dass dieses Ablenkungsmanöver funktionieren wird.

»Was habt ihr denn da Tolles gemacht?«

Die Kita-Leiterin Frau Mühleisen kommt auf uns zu und geht vor den Kleinen in die Knie, um das Backwerk zu begutachten.

»Habt ihr den selbst gebacken? Das ist ja super! Der sieht aber ganz lecker aus!«

Die Kinder strahlen, und ich denke: Das war es wert.

Frau Mühleisen steht wieder auf, beugt sich zu mir und raunt mir verschwörerisch zu: »Will ich davon wirklich probieren?«

Ich grinse sie an, überlege einen Moment. Dann schüttle ich den Kopf.

KAPITEL 27

DER NEUE

Die Eingewöhnung eines neuen Kindes ist immer eine besondere Situation

Im Laufe der Jahre lernt man die Kinder sehr gut kennen. Heutzutage kommen Kinder oft bereits im Alter von zwei Jahren, in der Krippe sogar schon mit einem Jahr, in die Kita und bleiben dort, bis sie mit etwa sechs Jahren eingeschult werden und damit eine neue Phase ihres Lebens beginnt. Der Abschied ist nicht immer einfach, denn mit der Zeit wachsen einem die Kinder sehr ans Herz. Aber so ist nun einmal der Kreislauf des Kindergartens: Kinder gehen, und Kinder kommen. Und die Eingewöhnung eines neuen Kindes ist immer eine besondere Situation. Für das Kind selbst, für die Eltern und für die Erzieher. Schließlich muss man sich erst einmal kennenlernen, aneinander gewöhnen, und man muss gegenseitiges Vertrauen aufbauen.

In der Regel heißt es, dass eine Eingewöhnung bis zu acht Wochen dauern kann. So lange braucht es manchmal, bis alle Beteiligten die neue Situation akzeptiert und sich daran gewöhnt haben. Die Eingewöhnungszeit kann auch kürzer dauern, in manchen

Fällen sogar noch länger. Im besten Fall ist nach einer Woche alles geklärt. Aber gerade im Krippenbereich kann es durchaus auch einmal länger dauern. Immerhin kann es eventuell möglich sein, dass ein Kind das erste Mal von seinen Eltern getrennt wird, andersherum also die Eltern auch das erste Mal ihr Kind in die Obhut von jemand anderem geben. Und je nachdem, wie das bisherige Verhältnis von Eltern und Kind war, wirkt sich das auch auf den Eingewöhnungsprozess aus. Klammern Eltern und Kind sehr stark, kann das die Eingewöhnung sehr erschweren. Sind Kinder wiederum schon mit der Situation vertraut, die Eltern auch einmal zu verlassen, und hatten sie vielleicht auch schon häufiger Kontakt mit anderen Kindern, kann das wiederum sehr hilfreich sein. Auf jeden Fall kann man bei einer neuen Eingewöhnung selten vorhersagen, was die Beteiligten erwartet.

*

Ich liege allein im Gruppenraum der Kleinen Murmeltiere auf dem Rücken auf dem Teppich und warte auf Frau Schönteich und ihren eineinhalbjährigen Sohn Holger. Heute ist Holgers erster Tag in der Krippe. Ich versuche, unvoreingenommen an die Sache heranzugehen. Eine andere Wahl habe ich an dieser Stelle sowieso nicht. Ich hatte bereits Kinder, bei denen alles sehr unkompliziert und einfach abgelaufen ist, was dann zu großen Teilen auch an der guten Zusammenarbeit mit den Eltern lag. Ich hatte aber auch schon Kinder, bei denen man versucht war zu fragen, ob es denn jemals funktionieren werde. Ich weiß nicht, was heute passieren wird. Der kleine Holger könnte der schlimmste Schreihals in der Geschichte des Kindergartens sein. Er könnte auch ein großer Kaputtmacher sein, der in seinem Leben noch nie ein *Nein* vernommen hat. Oder ein Dutzi-Dutzi-Schmusegoldbärschatz, der behandelt wird, als sei er aus Zucker oder Porzellan, aus Zuckerporzellan sozusagen, und der gehätschelt wird bis zum Gehtnichtmehr.

Seine Eltern haben beim ersten Kennenlernen ein paar Wochen zuvor einen vernünftigen Eindruck gemacht, aber wir haben schon oft feststellen müssen, wir sehr ein erster Eindruck täuschen kann. Aber auch im positiven Sinne. Von daher versuche ich, mich möglichst gelassen darauf einzulassen und der Situation angemessen zu agieren. Was bleibt mir auch anderes übrig.

Gemäß dem von uns angewandten Eingewöhnungsmodell werden Holgers Mutter, Holger selbst und ich uns heute eine Stunde allein im Gruppenraum miteinander beschäftigen. Für den Moment genieße ich also noch die Stille und die Einsamkeit, die im Gruppenraum der Kleinen Murmeltiere ansonsten eher selten vorherrschen.

Rechts von meinem Kopf liegt eine Kiste mit Bausteinen, links von meinem Kopf einige Matchboxautos. Auf dem kleinen Tisch sind Blätter und Stifte ausgebreitet. Aber auch sonst bietet der Gruppenraum genug Reize und Möglichkeiten, sich zu beschäftigen. Und sollte der kleine Holger sich für keine der im Angebot befindlichen Spielzeuge interessieren, gibt es immer noch die zwei Geheimwaffen, die bisher immer funktioniert haben: Entweder wird er es mit einem halben Kilogramm lilafarbener Knete aufnehmen müssen. Und sollte er selbst dagegen resistent sein, können wir immer noch ins Badezimmer gehen und dort im Kinderwaschbecken planschen und spritzen, bis wir durchnässt sind und Schrumpelfinger haben. Dagegen konnte sich bisher noch kein Kind wehren.

Es klopft, ich richte mich auf und öffne die Tür. Frau Schönteich steht vor mir, auffällig unauffällig, Holger auf dem Arm.

Also einer, der sich gerne tragen lässt, denke ich als Erstes.

Aber das hat noch nichts zu sagen. Allerdings hätte es noch mehr für ihn gesprochen, wenn er alleine hereingekommen wäre, aber okay. Neue Umgebung, fremder Erzieher, auch noch ein Mann. Ist in Ordnung. Das bringt nicht jeder sofort am Anfang.

Holger vergräbt seinen Kopf in der Halsbeuge seiner Mutter, lugt aber mit einem Auge hervor und beobachtet mich.

Wir machen es uns alle auf dem Teppich mitten im Gruppenraum gemütlich, ich bringe Frau Schönteich einen Kaffee und kläre sie noch einmal kurz auf, wie die nächste Stunde verlaufen soll.

Holger solle sich selbstständig in der neuen Umgebung umsehen, sie dürfe und solle ihn ruhig etwas ermutigen, auch kurz mit ihm spielen, ihn aber ansonsten selbst erkunden lassen und nicht allzu oft von sich aus auf ihn zugehen. Ich selbst werde mich ebenfalls zurückhalten und beobachten, wie Holger reagiert und inwiefern er bereit ist, mich in sein Spiel zu integrieren. So weit, so gut. Es kann losgehen.

Frau Schönteich stellt Holger neben sich ab. Holger bleibt stehen, regungslos, nahezu versteinert. Er trägt ein Poloshirt von Lacoste und schwarze Lederschuhe.

Okay, der Kleine ist schon mal eleganter angezogen als ich.

Holger leckt kurz seinen rechten Zeigefinger ab und fährt sich dann damit über seinen Kopf, als wolle er ein paar widerspenstige Haare bändigen, obwohl er kaum Haare auf dem Kopf hat. Dann sieht er mich an. Ich lächle. Er verzieht keine Miene. Ich nehme eines der Autos und schiebe es ihm langsam entgegen. Er sieht das Auto an. Dann wieder mich. Dann seine Mutter. Die lächelt ebenfalls und nickt. Holger nimmt das Auto in die Hand, steckt es sich in den Mund und wirft es mir dann an den Kopf.

»Holger-Wieselchen, nicht auf den Kopf, das tut weh«, sagt seine Mutter mit einer schwer erträglichen künstlich hohen Stimme.

Ich lächle ihn weiter dämlich an, während ich mir die Stirn reibe.

Also ein kleines Wieselchen, denke ich. Kein Bärchen, kein Hase oder vielleicht ein kleiner Schatz, nein: ein Wieselchen. Das könnte hart werden, schießt es mir ungewollt durch den Kopf.

Er bleibt wieder stehen, sein Gesicht unbestimmt und doch unbegeistert. Es vergeht eine Minute, ohne dass etwas passiert. Ich beginne, mit den Bausteinen einen Turm zu bauen. Dann biete ich Holger ebenfalls einen Bauklotz an. Er nimmt ihn ebenfalls sofort in den Mund und wirft ihn dann seiner Mutter an den Kopf.

»Holger-Wieselchen, was habe ich denn eben gesagt, auch der Mami tut das am Kopf weh.«

Ich muss mir den kleinen Holger plötzlich in pelzigem Wieselkostüm vorstellen.

Er guckt seine Mutter böse an, tritt dann vor mich, grinst und tritt den Turm aus Bausteinen um.

Ich glaube, mit dir werden wir noch viel Spaß haben, denke ich und sammle die Bausteine wieder ein.

Mit einer herrischen Geste zeigt Holger auf die Steine.

»Er möchte, dass Sie den Turm noch einmal aufbauen. Das macht er zu Hause auch immer so.«

Ach so, möchte das Wieselchen das also, denke ich. So einer bist du. Na ja, ist ja nicht deine Schuld, wenn du zu Hause damit durchkommst.

Ich lächle weiterhin. Von dem ganzen dämlichen Grinsen schmerzen mir bereits die Wangenmuskeln. Dann beginne ich von Neuem, den Turm aufzubauen. Holger beobachtet mich dabei ganz genau. Als ich beim sechsten Stein angekommen bin, kann ich bereits ahnen, was passieren wird. Holger kommt auf mich zu und tritt den Turm erneut um.

»Also Holger-Wieselchen, das macht man aber nicht.«

Der Kleine sieht mich herausfordernd an und zeigt wieder bestimmt auf die Holzklötze. Ich schüttle den Kopf.

»Tut mir leid, Holger, wenn du den Turm jedes Mal kaputt machst, dann macht mir das keinen Spaß.«

Ein bisschen macht es mir schon Spaß, denn ich kann mir auch denken, was jetzt passiert.

Holger wiederholt seine Geste, ich schüttle wieder den Kopf. Er sieht mich an. Wir taxieren uns für einen Moment. Dann fängt er an zu schreien.

»Ach Wieselchen, ist doch nicht so schlimm.«

Frau Schönteich streichelt ihm über den Rücken. Holger hingegen brüllt noch lauter, wirft sich auf den Boden und beginnt, mit Fäusten und Füßen auf dem Boden zu trommeln. Es klingt ein bisschen wie *We Will Rock You*.

Ich zeige ihm, dass ich wenig beeindruckt von seiner Aufführung bin, indem ich die Bausteine wieder in die Kiste räume und eines der Matchboxautos hin- und herfahren lasse. Während seines Schreikonzerts wirft er mir immer wieder verstohlene Blicke zu, und jedes Mal, wenn er feststellt, dass ich nicht darauf eingehe, steigert er sein Geschrei noch einmal. Ich habe das Gefühl, er präsentiert die komplette Tonleiter. Auf jeden Fall schafft er schreiend mehr als eine Oktave. Außenstehende müssen wohl glauben, dass das arme Kind gefoltert wird oder in unendlicher Trauer zu zerfließen droht. Aber ich kann genau sehen, dass keine einzige Träne über seine Wangen rollt. Holger gibt sich lediglich Mühe, die personifizierte Wut darzustellen. Es gelingt ihm beachtlich gut.

»Wieselchen, soll die Mami mit dir den Turm aufbauen?«

»Frau Schönteich, bei aller Höflichkeit, aber das wäre jetzt kontraproduktiv. Nehmen Sie es mir nicht übel, aber er muss auch einmal merken, dass er nicht immer seinen Kopf durchsetzen kann.«

Frau Schönteich lehnt sich zurück und macht ein beleidigtes Gesicht. Für einen Moment habe ich Angst, dass sie sich neben ihren Sohn wirft und ebenfalls anfängt zu schreien und mit allen vieren zu trommeln.

Nach drei weiteren das Gehör beanspruchenden Minuten gehen Holger merklich Kraft und Luft aus. Er verstummt auf einen Schlag, steht auf und sieht erst seine Mutter und dann mich böse an. Ich lächle ihm weiter freundlich entgegen.

Holger beginnt, sich umzusehen. Er zieht seine Mutter an der Hand. Bevor sie aufstehen kann, bitte ich sie, sitzen zu bleiben. Wieder sieht sie mich beleidigt an, bleibt jedoch sitzen. Holger fängt an zu schreien. Erneutes Trommelkonzert. Ich versuche, mich derweil mit seiner Mutter zu unterhalten. Unter anderem erfahre ich, dass Holger bisher kaum Kontakt zu anderen Kindern hatte, er zu Hause sehr viel schreit und sehr viel bekommt und dass er von seiner

Oma sehr verwöhnt wird, soll heißen: Bei der Oma ist er nicht das Wieselchen, sondern das hochwohlgeborene Prinzenwieselchen von und zu. Als Holger bemerkt, dass wir ihn ignorieren, gibt er auf und geht alleine auf Erkundungstour. Innerhalb von etwa einer Minute hat er alle Spielsachen ausgeräumt und auf den Boden geworfen, die nicht festgenagelt waren.

Ich fürchte schon jetzt die Tage, an denen wir mit Holger lernen werden, dass man Sachen, die man ausräumt, auch wieder aufräumt. Aber so weit sind wir noch nicht.

Holger stellt sich herausfordernd grinsend in die Mitte des Zimmers und präsentiert uns seine Version eines auf den Kopf gestellten Gruppenraums. Aber auch diesmal tue ich ihm nicht den Gefallen, davon beeindruckt zu sein. Ich ärgere mich auch nicht. Ich ignoriere es einfach. Stattdessen stehe ich auf und gehe an den Basteltisch. Ich nehme mir ein Blatt und ein paar Buntstifte und beginne zu malen. Aus den Augenwinkeln kann ich sehen, dass Wieselchen mich sehr genau beobachtet. Er versucht, den Uninteressierten zu spielen, aber es gelingt ihm nicht. Langsam und bedacht kommt er auf mich zu, und ich muss unwillkürlich an Chucky die Mörderpuppe denken. Er wirft einen Blick auf mein Blatt. Ich reiche ihm einen Stift. Er nimmt ihn, grinst und wirft ihn nach hinten über seinen Kopf. Das war motorisch betrachtet zumindest nicht schlecht, denke ich.

»Zu Hause malt er auch nicht gerne«, höre ich Frau Schönteich sagen. »Dabei würde die Omi sich so sehr über ein Bild vom Wieselchen freuen.«

Als ich die Malsachen wieder wegräume, beginnt Holger wieder zu schreien. Wenn Blicke töten könnten, dann hätte ich wohl schon gestern mein Testament machen sollen. Wieselchen beginnt, auf dem Tisch zu trommeln und gleichzeitig mit den Füßen zu stampfen. Als dies weder bei mir noch bei seiner Mutter eine nennenswerte Wirkung erzielt, haut er mehrmals seinen Kopf auf die Tischplatte.

»Das macht er zu Hause auch manchmal«, sagt Frau Schönteich.

Na gut. Dann müssen wir es wohl mit der Geheimwaffe Nummer eins versuchen.

Ich gehe an den Kühlschrank und hole einen Beutel mit selbst gemachter Knete heraus. Zurück am Basteltisch, beginne ich, ein paar Kugeln zu formen. Diesmal kann Holger sein Interesse nicht verbergen. Sein Wutanfall endet so abrupt, wie er begonnen hat. Mit Knete scheint er noch keine Erfahrung gemacht zu haben. Fasziniert beobachtet er, wie ich die lilafarbene Masse modelliere und verforme. Ich lasse ihn noch ein paar Sekunden zappeln. Dann frage ich ihn, ob er auch einmal probieren wolle. Er nickt und greift nach der Knete. Ich schiebe sie weg und ernte dafür sofort einen erneuten wuterfüllten Blick, welcher der Zugehörigkeit zu den sieben Todsünden alle Ehre macht.

»Aber die Knete werfen wir nicht durch das Zimmer, in Ordnung, Holger?«

Er funkelt mich an, und wir liefern uns ein kurzes Blickduell. Ich gewinne. Er nickt.

Die nächsten 20 Minuten verlaufen so friedlich und leise, dass man eine Stecknadel fallen hören würde. Ich unterhalte mich mit Frau Schönteich, erfahre ein wenig mehr über deren familiären Alltag zu Hause und wundere mich nicht allzu sehr. Unterdessen erforscht Holger seelenruhig dieses neue, sich merkwürdig anfühlende Spielzeug. Er versucht, es mir gleichzutun und ebenfalls eine Kugel zu formen. Er präsentiert mir sein Werk und lacht mich dabei an, und diesmal ist es ehrlich, ein glückliches und ehrliches Kinderlachen, ohne Wut, ohne Hohn und Herausforderung, Holger ist einfach ein spielendes Kind, das sich zum ersten Mal mit Knete beschäftigt und daran große Freude hat. Wir tauschen unsere Knetkugeln und lachen miteinander.

Na also, denke ich. Das ging letztendlich sogar noch schneller, als ich gedacht habe. Ein ganz normales und liebes Kind, das lediglich lernen muss, dass es nicht immer nach seinem Kopf gehen kann.

Die erste Stunde an diesem ersten Eingewöhnungstag ist vorbei. Jetzt kann es noch einmal spannend werden.

»Also Holger«, sage ich und stehe auf. »War schön mit dir heute. Und morgen darfst du schon wiederkommen.«

Holger sieht mich für einen Moment irritiert an, dann versucht er sich erneut an einer Knetkugel.

»So, Wieselchen, wir gehen nach Hause. Aber morgen kommen wir wieder.«

Da ist er wieder. Der wuterfüllte Blick. Die Augenbrauen gehen in steilem Winkel nach unten, die glatte, weiche Kinderstirn wird in tiefe, harte Falten gelegt. Ich glaube sogar, ein leises Knurren zu hören. Holger ist zu einer Löwenmutter geworden, die bereit ist, ihre Knete zu verteidigen.

»Komm, Wieselchen, morgen darfst du wieder mit der Knete spielen.«

Bitte fang an zu schreien, denke ich. Das ist deine Chance, bitte schrei los.

Holger beginnt zu schreien. Seine Stimme erreicht neue Höchstwerte, er holt noch einmal alles heraus, was in ihm steckt. Die letzten 20 Minuten hatte er Gelegenheit, seine Stimme zu schonen und nun wieder mit aller Kraft damit auf uns zu feuern wie mit einem Maschinengewehr.

Sehr gut, denke ich. Schrei ruhig noch ein bisschen weiter.

Normalerweise wünsche ich mir natürlich nicht, dass Kinder schreien, egal aus welchem Grund. Und erst recht wünsche ich mir kein schreiendes Kind mit der Ausdauer und dem Volumen eines Holger. Aber an dieser Stelle, wenn sich das Kind nach dem ersten Eingewöhnungstag verabschieden soll, ist ein Schreikonzert durchaus in Ordnung, wenn nicht sogar erwünscht. Denn letztlich heißt das einfach nur: Holger hat es in der Krippe gefallen, er hat gerne hier gespielt, und er möchte jetzt nicht gehen, sondern weiterspielen. Die besten Voraussetzungen für Eingewöhnungstag Nummer zwei.

Das teile ich auch Holgers Mutter mir.

»Wenn Sie das sagen«, ächzt sie nur, während sie bemüht ist, dem schreienden und hampelnden Holger die Schuhe anzuziehen. Ich winke Holger zum Abschied zu, und Holger, noch immer kreischend und um sich tretend, winkt mir ebenfalls zu.

*

Die nächsten beiden Tage verlaufen ähnlich. Holger gibt sich nach wie vor mehrmals pro Eingewöhnungstag selbstzerstörerischen Wutanfällen hin, die zwar in ihrer Intensität nicht abnehmen, dafür aber immer kürzer dauern. Die lilafarbene Knete ist allerdings noch immer ein zuverlässiges Wundermittel, welches ihn sich schnell beruhigen und zu einem äußerst zahmen Wieselchen werden lässt. Auch die ersten kurzen Trennungsversuche von seiner Mutter haben überraschend gut funktioniert. Hat Frau Schönteich beim ersten Mal lediglich für zehn Minuten den Raum verlassen, konnte sie beim zweiten Mal Holger bereits eine halbe Stunde allein in meiner Gesellschaft lassen. Seine kurzen Protestschreie, wieder ohne eine einzige Träne, zeugten lediglich vom Testversuch, ob es ihm gelingen würde, die Mutter mit Schreien wieder zurückzuholen. Es gelang ihm nicht, er ließ sich von mir beruhigen, Thema geklärt.

Heute soll Holger das erste Mal auf zwei der anderen Krippenkinder treffen. Mit mir als Erzieher hat er keine Probleme, das hat sich bereits gezeigt, Holger ist einfach ein großer Trotzkopf mit viel Ausdauer, der noch lernen muss, was *Nein* bedeutet. Interessant wird jetzt sein Verhalten gegenüber anderen Kindern.

Als Frau Schönteich Holger im Gruppenraum der Murmeltiere absetzt, sitzen Lucas und Jaqueline bereits am Basteltisch und malen dadaistische Bilder. Neugierig beobachten sie den Neuankömmling, lassen sich davon jedoch nicht aus der Ruhe bringen. Schließlich sind sie es gewohnt, dass immer mal wieder ein neues Kind zur Gruppe dazustößt. Holger betrachtet die beiden seiner-

213

seits ebenfalls präzise, aber verhalten, sein Gesicht vorerst wieder eine neutrale Maske.

Seine Mutter verabschiedet sich gleich von ihm. Holger rennt ihr schreiend hinterher und trommelt wie ein tollwütiges Wieselchen gegen die verschlossene Tür. Sein Trommeln und Stampfen scheint bei jeder Wiederholung einem prägnanten Beat zu folgen. Ich bin kein begnadeter Sänger, ansonsten würde ich eventuell anfangen zu rappen.

Lucas und Jaqueline sehen den Neuen irritiert an, wenden sich aber schnell wieder ihren Bildern zu, vielleicht sogar mit einem spöttischen Lächeln auf den Lippen, als würden sie denken: Seht euch mal den Anfänger an.

Ich nehme Holger auf den Arm. Er verstummt. Dann zeigt er auf die Tür, ich schüttle den Kopf.

»Die Mama kommt nachher wieder und holt dich ab.«

Er setzt zu einem erneuten Schrei an. Ich schüttle wieder den Kopf. Er schließt den Mund.

Super. Eingewöhnung abgeschlossen, denke ich. Kind lässt sich von mir beruhigen, Mission erfüllt.

Ich setze ihn ab und ziehe mich zurück. Holger beobachtet die anderen beiden. Er macht einen Schritt hinter die Spielküche und beobachtet weiter. Aus der Deckung heraus. Heimlich und aufmerksam. Wie ein Wieselchen eben. Dann geht er langsam auf die anderen beiden zu. Als hätte das Wieselchen eine interessante Witterung aufgenommen.

Lucas wendet sich von seinem Blatt ab und beobachtet ebenfalls den Neuen. Holger bleibt stehen, wie ein vom Scheinwerferlicht erfasstes Reh.

»Da!«, ruft Lucas und zeigt auf den Unbekannten.

»Das ist der Holger. Vielleicht möchte der Holger ja mit euch spielen.«

Die beiden beäugen sich noch ein paar Sekunden, schätzen einander ab, überlegen, ob der jeweils andere gefährlich werden könnte. Freund oder Feind? Verbündeter oder Rivale? Dann wendet sich Lucas wieder ab, und Holger schleicht sich weiter heran. Er setzt sich langsam und bedächtig zu den anderen beiden an den Tisch und beobachtet weiter. Jaqueline gibt sich unbeeindruckt. Sie sieht ihn kurz an, zeigt ihm ihr Bild und malt dann weiter. Das Spannende spielt sich zwischen den beiden Jungs ab. Es herrscht eine gewisse Spannung in der Luft. Noch sind sich beide unsicher, was sie mit der Situation anfangen sollen. Ich komme mir vor wie ein Biologe im tiefsten Dschungel, der das Sozialverhalten von Primaten erforscht.

Dann ergreift Lucas die Initiative.

»Da!«

Er schiebt Holger ein Blatt zu. Der runzelt die Stirn und schüttelt den Kopf.

Ich beschließe, die Gesellschaft ein wenig aufzuwecken. Bisher gab es kein weiteres Geschrei, keine körperlichen Auseinandersetzungen, kein Gespucke und keine Eifersuchtsanfälle, das heißt, es läuft im Grunde gut. Aber ich möchte ein wenig mehr Interaktion provozieren. Ich hole erneut die Knete aus dem Kühlschrank und lege sie zwischen den drei Kindern auf den Tisch. Jaqueline scheint heute ihre innere Ruhe gefunden zu haben und lässt sich von ihrer Malerei nicht ablenken. Aber durch die Körper der beiden Jungs geht ein Zucken. Lucas lässt seinen Stift sinken, Holger beugt sich etwas nach vorne. Beide machen sich zum großen Sprung bereit, lauern, lassen den jeweils anderen nicht aus den Augen. Dann passiert es. Beide greifen gleichzeitig auf den Beutel mit der Knete, bekommen ihn beide zu fassen, sie fangen an, daran zu zerren und zu ziehen, die Gesichter verkniffen, sie stehen auf, zerren weiter, ein Kräftemessen der Zwerge, sie drehen sich im Kreis, keiner der beiden ist bereit loszulassen, Speichel läuft ihnen aus den Mundwinkeln, die Blicke sind zu einem Strahl verschmolzen, niemand will einen Zentimeter Boden einbüßen, das Kräfteverhältnis ist ausgewogen, Lucas ist etwas älter, Holger dafür etwas größer. Dann reißt der Beutel, der große Klumpen Knete kullert davon. Beide springen nach vorne, packen die Knete mit beiden Händen, reißen lila Fetzen aus dem großen Stück wie Hyänen aus einem Antilopenkadaver. Dann wirft Lucas Holger eine Portion Knete gegen die Stirn, wo sie tatsächlich kleben bleibt, Holger revanchiert sich mit einer Handvoll Knete, die er in Lucas' Haare schmiert. Sie werfen sich aufeinander und rollen ineinander verkeilt durch den Gruppenraum.

Ich beschließe, den Knetekampf zu beenden, und trenne die beiden Knirpse voneinander. Ich stelle fest, dass die beiden am Lachen sind. Die bösen Blicke sind verschwunden, kein unsicheres Beäugen, beide lächeln sich an.

Ich schlucke meine Ermahnung hinunter und belasse es bei dem Hinweis, dass wir mit der Knete nur am Tisch spielen und diese nicht im ganzen Raum verteilen. Ich bitte sie, die Knetfetzen einzusammeln und zum Tisch zu bringen. Schockierend einsichtig und widerstandslos klauben die beiden die verteilte Knete auf und begeben sich damit an den Tisch, wo sie in gegenseitigem Austausch postmoderne Knetskulpturen herstellen.

Zufrieden beobachte ich das erfolgreiche Zusammenspiel der beiden und freue mich, Frau Schönteich mitteilen zu können, dass alles gut verlaufen ist.

Es funktioniert. Ein schönes Beispiel für Integration: ein Wieselchen unter Murmeltieren.

KAPITEL 28

STUHLKREIS-ACTION

Ein tägliches Ritual, das nicht jeden Tag stattfindet.

Der Stuhlkreis ist im Kita-Betrieb ein alltägliches Ritual. Den Kindern soll ein fester Tagesablauf geboten werden. In einem Stuhlkreis werden verschiedene Gruppenangelegenheiten angesprochen. Es werden neue Lieder, neue Spiele und zum Beispiel auch die Nachnamen gelernt. Seinen Nachnamen kann ein Kleinkind nämlich nicht einfach so. Außerdem sollen die kleinen Wilden auch mal zur Ruhe kommen. Ein Stuhlkreis bietet die Möglichkeit, sich mit allen Kindern gleichzeitig zu beschäftigen und das Gemeinschaftsgefühl zu stärken. So sollte es zumindest täglich sein. Manchmal muss man allerdings eben auch spontan sein, und das heißt, dass der Stuhlkreis an manchen Tagen auch mal ausfallen muss. Aber es wird zumindest versucht, mehrmals die Woche einen gemeinsamen Stuhlkreis abzuhalten. Zumindest in den Regelgruppen. Und da es in der Krippe viel seltener dazu kommt, darf und soll ich ab und zu einen Stuhlkreis in einer der Regelgruppen übernehmen.

Heute bin ich in der Bibergruppe. Als ich den Gruppenraum betrete, stürmt mir eine unbestimmte Zahl an Kleinkindern entgegen und klammert sich an meinen Beinen fest. Ich werde mit Fragen bombardiert.

»Spielst du mit mir?«

»Malst du mit mir?«

»Spielen wir Ninja?«

»Baust du mit mir Lego?«

»Was machst du hier, Herr Zerbas?«

»Machen wir ein Puzzle?«

»Kannst du mir ein Krokodil malen?«

»Spielen wir Memory?«

»Kannst du mir einen Ninja malen?«

»Liest du mir was vor?«

»Kannst du mir ein Zebra malen?«

»Ich muss Pipi, du auch?«

Ich bin so naiv und versuche anfangs noch, jede Frage zu beantworten, stelle aber schnell fest, dass dies nicht möglich ist. Mit einiger Mühe versuche ich, mir einen Weg durch die Masse zu bahnen, und komme mir vor wie Moses, der das Rote Meer teilte. Frau Bloch, die Gruppenleiterin der Biber, ruft die Kinder zusammen und kündigt ein großes Aufräumen an. Ich bin etwas beruhigt, dass das Aufräumen bei den Größeren genauso verläuft wie bei den Kleineren in der Krippe.

Niklas zieht mich an der Hand an einen der Tische und breitet ein Kartenspiel vor uns aus. Ich erinnere ihn daran, dass sie eigentlich alle Spiele auf- und nicht ausräumen sollten. Jenny schenkt mir ein Bild, auf dem ich nur Gekritzel erkenne und das ich dezent lobe. Ihre verhängnisvolle Frage, ob ich wisse, was das sei, kann ich leider nur mit einem Kopfschütteln beantworten. Es scheint allerdings nicht wichtig zu sein, denn auf meine Nachfrage antwortet sie lediglich: »Verrat ich nicht!« Ich werde mir zweimal überlegen, ob ich ein Bild mit einem »Verrat ich nicht!« bei mir zu Hause aufhänge. Wer weiß, vielleicht handelt es sich am Ende um etwas Unangemessenes. Frau Bloch verkündet den heutigen Stuhlkreis, gefolgt von einer Kakofonie aus Tische- und Stühlerücken und Streitereien, wem welcher Stuhl gehöre und wer neben mir und neben Frau Bloch sitzen dürfe. Ich enthalte mich dieser Diskussion, denn alles andere wäre schlicht und einfach dumm. Die beiden Stühle rechts und links von mir werden schließlich von Anika und Sina besetzt.

Wir beginnen mit einem gemeinsamen Lied, zu dem ein paar ritualisierte Klatsch-Rhythmen gehören. Wahrscheinlich mag es sich bei diesem Lied einmal um ein schönes und nettes Kinderlied gehandelt haben. Bei der gefühlt 389. Wiederholung allerdings kann ich dem nicht mehr allzu viel abgewinnen. Den Kindern jedoch macht es nach wie vor Spaß, sie singen und grölen mit Eifer und Inbrunst, die in ein paar Jahren einmal einige Musiklehrer glücklich machen oder in den Wahnsinn treiben wird.

Nach unserem musikalischen Einstieg reden wir ein wenig über die bisherige Woche. Die war zwar noch nicht allzu lang, aber zu erzählen gibt es immer viel. Niklas berichtet stolz, dass er bereits alle Schulanfänger-Aufgaben für diese Woche erledigt hat. Jenny erzählt lange und ausschweifend vom Geburtstag ihrer Mutter letztes Wochenende, inklusive der für uns sehr interessanten und aufschlussreichen Information, dass ihre Mutter wohl sehr betrunken war, so wie wohl fast alle Anwesenden auf der Party und dass die kleine Vierjährige ziemlich lange mitgefeiert hat. Anika und Sina versöhnen sich wieder, nachdem ein Streit um eine Brotdose sie am Vortag kurzweilig entzweit hatte. Ich bin froh, dass wir diese Unstimmigkeit lösen können, mit dem Ergebnis, dass Sina mich auffordert, mit ihr den Platz zu wechseln, damit sie und Anika nebeneinandersitzen können.

Nachdem jedes Kind zu Wort gekommen ist, wobei sich die Beiträge inhaltlich, stilistisch und hinsichtlich des Umfangs sehr unterschieden haben, möchte ich mit ihnen die Wochentage wiederholen. Auf einer kleinen Tafel stehen alle Tage geschrieben, die die meisten zwar nicht lesen, sich aber teilweise die Reihenfolge merken können. Neben den Wochentagen sind außerdem kleine

Magnete mit Fotos der Kinder angebracht, sowie verschiedene Bilder, die zeigen, welche Kinder in dieser Woche mit welcher Aufgabe betraut sind: Blumen gießen, Teewagen holen, solche Dinge eben.

»Heute wollen wir noch einmal die Wochentage wiederholen. Wer kann mir sagen, was für ein Tag heute ist?«

»Montag«, schreit Sina mir entgegen.

»Nicht reinrufen! Vorher melden.«

Jan streckt seine Hand in die Luft. Ich nicke ihm zu.

»Montag?«

»Nein.«

»Donnerstag?«

»Auch nicht. Zwei Tage früher quasi.«

»Freitag?«

»Schön wär's.«

»Montag.«

»Den hatten wir schon.«

»Mittwoch?«

»Fast.«

»Mittwoch?«

»Nein! Welche Tage gibt es denn noch, denk noch mal nach.«

»Hm … Samstag?«

»Dann wären wir nicht hier.«

»Warum nicht?«

»Weil das Wochenende wäre und wir nicht hier.«

»Warum nicht?«

»Weil die Kita da geschlossen hat.«

»Warum?«

»Nicht ablenken. Welcher Tag ist heute?«

»Mittwoch.«

»Nein, zum dritten Mal.«

»Ich weiß nicht.«

»Was kommt nach Montag?«

»Donnerstag.«

»Nein!«

»Dienstag?«

»Nein. Äh, ja. Ja! Ja!«

Jan darf eine Wäscheklammer auf der Tafel verschieben und auf den Dienstag stellen, was ihm nach dem dritten Versuch auch gelingt.

»Iiiihhh, der Niklas hat einen Butzelmann!«

»Was hat der Niklas?«

Ich schaue mich suchend um.

»Einen Butzelmann!«

»Was ist denn ein Butzelmann?«

»Na, ein Butzelmann! Guck doch, Herr Zerbas!«

Ich blicke zu Niklas, kann jedoch nichts erkennen. Auch er selbst scheint nicht zu wissen, was er wo angeblich habe.

»An der Nase! Da hängt ein riesiger Butzelmann!«

Jetzt kann ich es sehen. Unter Niklas' rechtem Nasenloch hängt ein stattlicher Popel. Ich schicke ihn los, ein Taschentuch zu holen.

Wieder etwas gelernt, denke ich. Ein Butzelmann ist also ein Popel. Die semantische Herkunft will sich mir nicht erschließen. Wie kommt man darauf, einen Popel Butzelmann zu nennen? Rotz und Schnodder, von mir aus. Aber Butzelmann?

Wir spielen Schuhsalat. Dafür müssen alle ihre Hausschuhe ausziehen, die dann alle unter einer Decke in der Mitte des Stuhlkreises versteckt werden. Der Reihe nach darf jedes Kind einen Schuh unter der Decke hervorholen und muss den Schuh seinem Träger oder seiner Trägerin zuordnen und bringen. Anika darf als Erste ziehen. Sie zieht meinen linken Hausschuh hervor. Ihr Blick eilt über die gesamte Runde auf der Suche nach dem Besitzer. Sie scheint überfordert. Sina zischt ihr die Lösung zu.

»Nicht vorsagen!«, rufe ich, aber Anika hat ihre Freundin sowieso nicht verstanden.

»Schau doch mal, Anika«, sage ich dann. »Der Schuh ist doch ziemlich groß. Wem könnte der dann gehören? Wer hat hier die größten Füße?«

Anika sieht sich ratlos um und entscheidet sich dann für Jenny, die wahrscheinlich die kleinsten Füße in der ganzen Runde hat. Die Kleine schlüpft mit beiden Füßen hinein, und alle fangen an zu lachen. »Das sind aber doch gar nicht meine«, schimpft Jenny und stemmt die Arme in die Hüften. »Die gehören dem Herr Zerbas!«

Wir spielen weiter, und es kommt noch zu diversen falschen Zuordnungen. Ich erhalte einen Spider-Man-Schuh, Jan bekommt einen pinkfarbenen Pantoffel, was die ganze Runde erneut in schallendes Gelächter verfallen lässt, ein paar Kinder versuchen zu schummeln, mehrmals fliegt ein Schuh durch die Luft, am Ende des Spiels ist Jennys zweiter Schuh verschwunden. Nach einer ausgiebigen Suchaktion, während der ich ernsthaft darüber nachdenke, ob in der Kita eventuell ein Hausschuhe klauender Geist sein Unwesen treibt, taucht der gesuchte Pantoffel schließlich in der Playmobilkiste auf. Niemand kann sagen, wie er dort gelandet ist.

»Bevor wir gleich die Stühle wieder leise zurückstellen und dann nach draußen gehen ...« Fast alle Kindern springen auf und fangen an, ihre Stühle kreuz und quer durch den Raum zu schieben.

»Stopp! Alle wieder zurück.«

Die Biberkinder schieben ihre Stühle zurück.

»Bevor wir gleich die Stühle wieder leise zurückstellen und dann nach draußen gehen ...« Wieder springen ein paar Kinder auf und schieben ihre Stühle lauthals über den Boden.

»Stopp, habe ich gesagt! Ich bin noch nicht fertig. Wieder zurück.«

Sie schieben ihre Stühle zurück.

»Bevor wir *gleich* die Stühle wieder leise zurückstellen – und alle bleiben jetzt noch sitzen – und dann nach draußen gehen – *sitzenbleiben* – wer kann jetzt noch mal wiederholen, welchen Wochentag wir heute haben?«

Fast alle Hände gehen in die Höhe, ein paar Kinder ächzen und stöhnen.

»Niklas?«

»Donnerstag!«

ELTERN-GESCHICHTEN

Was wäre eine Kita ohne die lieben Eltern?

Also hier habe ich Holgers Essen eingepackt.« Frau Schönteich holt zwei Tupperboxen aus Holgers Rucksack. »In der roten Box ist Obst und Gemüse, nur Bio natürlich, kauft Ihre Kita-Köchin eigentlich auch Biolebensmittel? Ich hoffe doch!« Ehe ich antworten kann, redet sie weiter. »In der blauen Box sind seine belegten Brote, mit Frischkäse, laktosefrei, wir sind nicht ganz sicher, ob er laktose-freie Lebensmittel braucht, aber wir vermuten es. Und hier«, sie drückt mir die beiden Tupperboxen in die Hände und taucht er-neut in Holgers kleinem Rucksack ab, »hier sind noch seine kleine glutenfreien Dinkel-Knabber-Häschen.«

Sie stellt eine Plastiktüte mit Knabbergebäck auf die obere Box, welches die Form von kleinen Hasen hat.

Ich blicke auf den kleinen Lebensmittelberg in meinen Händen.

Bionazis also auch noch. Hätte ich mir ja denken können.

Ich habe nichts gegen Bio. Selbstverständlich nicht. Ganz prin-zipiell gesehen, sollte es eigentlich mehr oder nur Bio geben. Ich selbst kaufe auch Bio, nicht nur, aber auch. Aber die Lösung aller

Probleme liegt darin sicherlich nicht, auch wenn manche gerne so tun.

Frau Schönteich geht vor Holger in die Knie, kneift ihm in die Wangen, streicht über seine Haare, schmiert etwas von Muttis Spucke auf seine Stirn und verabschiedet sich von ihm.

»Tschüss, mein Wieselchen. Die Mami holt dich heute Mittag wieder ab.«

Sie gibt ihm einen Kuss und verlässt zielstrebig den Gruppenraum der Kleinen Murmeltiere, ohne auf Holgers Quengelei einzugehen, worum ich sie die letzten Tage erneut gebeten habe. Holger gibt einen lauter werdenden und wütend klingenden Laut von sich, sieht mich böse an, ich schüttle den Kopf, und er verstummt. Ein kurzes Blickduell, dann gesellt er sich zu den anderen.

Ehe ich Holgers Essenspaket, das sicher für eine Woche reichen würde, verstauen kann, öffnet sich erneut die Tür, und Sofie kommt hereingedackelt, an der linken Hand ihre Mutter, an der rechten ihren Vater.

»Guten Morgen«, sage ich. »Heute mal wieder alle zusammen?«

»Ja, Sofie wollte ihren Papa heute morgen einfach nicht loslassen.«

Die Kleine zieht ihren Papa, einen großen, dünnen Mann mit gräulichen Locken auf dem Kopf, Richtung Spielküche.

»Sofie, der Papa muss aber gleich zur Arbeit gehen. Und die Mama auch.«

Ich habe Sofies Vater lange nicht gesehen, in der Regel wird sie von seiner Frau gebracht und abgeholt, aber ich glaube nicht, dass er gerade in seiner normalen Tonlage gesprochen hat. Er scheint einer von denen zu sein, die der Meinung sind, Kinder immer mit extrem hoher Stimme ansprechen zu müssen. Oft kombiniert mit einer Dutzi-dutzi-wau-wau-Sprache.

Sofie zieht an der Hand ihres Vaters. Als der sich nicht auf ihre Höhe begeben will, entspringt ihrem Mund ein langsam anschwellender Warnton. Ihr Vater geht in die Knie und lässt sich Plastikteller und Plastikkarotten reichen.

»Aber nur ganz kurz, Sofie, der Papa muss gleich arbeiten.«

»Genau, mein Schatz, der Papa muss gleich arbeiten«, stimmt ihre Mutter zu. »Ich fahr auch schon mal los, sonst komme ich zu spät.« Sie winkt den beiden zu, die brav zurückwinken. »Wir sind mit zwei Autos gekommen heute. Ist nicht so gut für die Umwelt, aber …«

Ich warte darauf, dass sie den Satz beendet, aber sie lacht mich nur an, winkt auch mir und verlässt den Gruppenraum. Ihr Mann hat mittlerweile eine kleine Kinderschürze an.

Ich lege endlich Holgers Frühstück ab, das ich noch immer in den Händen gehalten habe. Wieder öffnet sich die Tür. Es herrscht ein Betrieb wie am Bahnhof. Morgens halb zehn in der Kita. Zwei Arme werden in den Gruppenraum gestreckt, an deren Enden Justin hängt. Er wird mir in die Arme gedrückt, ein böser Gestank weht mir entgegen, ich kann gerade noch so einen kurzen Blick auf Justins Mutter erhaschen, die, während sie schon wieder davonhastet, mir noch einige schnelle Worte entgegenruft: »Guten Morgen tut mir leid bin spät dran Justins Windel ist voll gerade passiert könnten Sie vielleicht ich muss los auf Wieder …« Das letzte Wort wird von der zufallenden Tür abgeschnitten.

Es ging zu schnell, als dass ich irgendwie hätte reagieren können. Etwas perplex stehe ich da, Justin in den Händen, der mich schräg ansieht und auf seinen Popo deutet. Ich blicke zu meiner Kollegin, die ungläubig den Kopf schüttelt. Langsam drehe ich mich um und gehe mit Justin ins Badezimmer. Als ich zurückkomme, sitzt Sofies Vater im Schneidersitz auf dem Boden, vor sich ein wackelnder Turm aus Bauklötzen.

»Oh Mann, sieh mal nach draußen«, sagt Lara und lässt ihr Gesicht ein wenig entgleisen.

Ich wende meinen Kopf. Draußen auf dem Parkplatz laufen eine Frau und ein Mann auf die Kita zu. Die beiden tragen die gleiche Jacke und auch die gleichen Schuhe. Vor seinem Bauch hängt in einem Tragegurt ein Baby, fünf oder sechs Monate alt vielleicht.

Sie sehen sich etwas kritisch um und zeigen abwechselnd auf das Gebäude und den Außenbereich der Krippe.

»Na klasse«, sagt Lara. »Die wollen bestimmt einen Krippenplatz.«

Wir seufzen ein Duett.

Natürlich haben sie jedes Recht, sich nach einem freien Platz zu erkundigen, und es ist ja auch völlig nachvollziehbar. Das ist schließlich auch unser Job. Trotzdem gehört es nicht gerade zu unseren favorisierten Beschäftigungen, neuen Eltern Rede und Antwort zu stehen und sie herumführen zu müssen. Wir mussten uns einfach schon zu oft die verqueren und manchmal wirklich unverschämten Vorstellungen von manchen Leuten anhören, wie sie sich die perfekte Kita für ihr Kind vorstellten und was sie von uns erwarteten. Nicht selten werden die Interessenten uns gegenüber sehr ungehalten, wenn wir keinen freien Platz mehr haben, und wollen oft nicht akzeptieren, dass wir nun mal nicht unbegrenzt Kinder aufnehmen können. Dass es in vielen Regionen zu wenig Plätze gibt, ist richtig, und auch dass die Suche schwierig ist und nervenaufreibend. Das können wir nachvollziehen. Unsere Schuld ist es aber nicht, und dass wir uns dafür nicht mehr rechtfertigen wollen, ist vielleicht auch verständlich.

Das Dreiergespann steuert auf den Eingang zu und bestätigt unsere Befürchtung. Lara und ich blicken uns an.

»Du machst das!«, sagen wir wie aus einem Mund.

Dann spielen wir Schnick Schnack Schnuck.

Mist!

*

»Guten Morgen, wir sind die Familie Riese. Wir möchten gerne unseren kleinen Simon-Michael für die Krippe anmelden.«

Ich seufze innerlich sehr laut und gebe den beiden lächelnd die Hand.

»Haben Sie denn noch Krippenplätze frei?«

»Also wenn unser Personalstatus so bleibt, dann haben wir voraussichtlich noch ein oder zwei Plätze frei. Das kommt auch darauf an, wie viele Anmeldungen wir in den nächsten Wochen noch bekommen und wie dringend Ihre persönliche Situation ist.«

»Also bei uns ist es dann sehr dringend.«

Was sonst, denke ich.

Ich erkläre Familie Riese, dass sie die Anmeldeformulare bekommen und ausfüllen müssen und dass wir uns schnellstmöglich mit ihnen in Verbindung setzen werden. Sie nicken sehr viel und nehmen dabei die Räumlichkeiten sehr kritisch in Augenschein. Ich führe sie ein bisschen herum und zeige ihnen die gesamte Kindertagesstätte, erkläre unser Konzept, stelle meine Kolleginnen vor und beantworte gewissenhaft ihre Fragen.

»Das sieht doch alles ganz nett aus, oder was meinst du?« Frau Riese lässt ihren Mann nicht zu Wort kommen. »Aber die Gegend, also da muss ich sagen, die ist ja doch etwas, also wie soll ich sagen … unvorteilhaft. Für eine Kindertagesstätte.«

Ich frage sie, was genau sie damit meine.

»Na ja, als wir hierher gefahren sind, ist uns aufgefallen, dass sich ein paar Straßen weiter …« Sie beugt sich näher zu mir und beginnt zu flüstern. »Dass sich ein paar Straßen weiter ein Bordell befindet. Das ist mittlerweile ja stadtbekannt.«

Ich nicke.

»Da haben Sie recht. Das ist ja mittlerweile auch ganz offiziell und von der Stadt genehmigt.«

Frau Riese runzelt die Stirn.

»Und was uns auch aufgefallen ist, das wollten wir ja erst gar nicht glauben, aber am anderen Ende der Straße befindet sich ja ein Flüchtlingsheim. Das ist da aber neu, soweit wir wissen.«

Ich nicke wieder. Frau Riese auch. Dann stimmt Herr Riese mit ein.

»Ein Flüchtlingsheim fast genau neben einer Kindertagesstätte.«

Sie flüstert wieder. Diesmal beuge ich mich zu ihr.

»Ja. Aber das sind ja auch Menschen«, flüstere ich. »Und die meisten sind sogar sehr nett.«

Herr Riese nickt. Ich auch. Dann sieht Frau Riese ihren Mann etwas streng an, und er hört auf zu nicken.

»Also ob das so eine geschickte Lösung ist. Eine Kindertagesstätte zwischen Bordell und Flüchtlingsheim. Das hätte man ja ein bisschen besser planen sollen.«

Ich versichere den beiden, dass es bisher keine Probleme gegeben habe. Weder von der einen Seite noch von der anderen. Ihre Blicke bleiben skeptisch.

»Denken Sie denn, es bestehe die Möglichkeit, dass die Kindertagesstätte eventuell in eine andere Gegend umziehe?«

Ich weiß nicht, mit welcher Antwort ich diese Frage würdigen soll. Ich beschließe, nicht das zu sagen, was ich denke, und belasse es bei einem: »Ich denke nicht.«

*

Als ich in den Gruppenraum der Kleinen Murmeltiere zurückkomme, sitzt Sofies Vater in der Mitte des Zimmers und hat sich unter einer kleinen Schlafdecke versteckt.

Keine fünf Sekunden, nachdem ich die Tür hinter mir geschlossen habe, öffnet sich selbige wieder. Diesmal ist es Lucas mit seiner Mutter. Sie lächelt mich herzlich an, Lucas umarmt zur Begrüßung mein linkes Bein, ehe er in die Mitte des Zimmers läuft und nachsieht, wer sich da unter der Schlafdecke versteckt hat.

»Herr Zerbas, mein Mann und ich haben noch einmal über die Sache mit dem Impfen nachgedacht. Also, nachdem in Deutschland ja keine Impfpflicht herrscht, haben wir uns doch gemeinsam und einstimmig dagegen entschieden, Lucas mit diesen ganzen Impfungen zu belasten. Wir sind der Meinung, dass dabei viel zu viele unberechenbare Zusatzstoffe verwendet werden.«

Ich nicke und stimme ihr zu, dass das natürlich ihre Entscheidung sei. Trotzdem erinnere ich sie, dass in einer Kindertagesstätte bei einer großen Anzahl von Kindern auf verhältnismäßig engem Raum ansteckende Krankheiten nicht vollständig zu verhindern seien und dass sie damit rechnen müsse, dass Lucas sich auch einmal mit diversen Erregern anstecken werde.

»Das ist in Ordnung«, antwortet sie mir. »Lucas' Körper wird damit zurechtkommen. Das Leben hat Krankheiten erschaffen, und das Leben kann Krankheiten standhalten. Wir glauben, dass er dadurch nur stärker werden kann.«

Lucas rennt mit der Decke über dem Kopf an uns vorbei und prallt mit voller Wucht gegen die Tür.

»Ach, und bevor ich es vergesse. Sie haben doch letzte Woche Geburtstag gehabt, oder nicht?« Sie gratuliert mir nachträglich und schließt mich fest in die Arme. »Ich habe noch eine Kleinigkeit für Sie.«

Sie überreicht mir eine kleine Tupperbox – »selbst gemachter Rhabarberschnittlauchkuchen, alle Zutaten aus unserem Garten« – und eine selbst gebastelte Karte mit bunten Handabdrücken aller Familienangehöriger. Ich bin etwas gerührt und bedanke mich mehrmals.

»Von mir auch alles Gute nachträglich.«

Sofies Vater sitzt in einem großen Kreis von Plastikgleisen mit einer Plastikeisenbahn.

Ich schaue mich in der Runde um und stelle fest, dass nur noch Samantha fehlt. Das überrascht uns wenig, da sie in der Regel zu spät gebracht wird, sofern sie überhaupt gebracht wird. Wir haben ihre Eltern schon mehrmals gebeten, sich an die Bringzeiten zu halten, aber manche Menschen haben einfach Probleme mit Uhrzeiten. Oft wird Samantha auch gar nicht gebracht, ohne uns telefonisch zu verständigen. Es ist also jeden Tag eine Überraschung, ob wir sie sehen werden oder nicht.

*

Wir richten das Frühstück her. Die kleinen Murmeltiere sitzen bereits ungeduldig am Tisch und warten auf ihre gluten- und laktosefreien Biodinkelbrote. Oder auf ihre sehr gesunden Schokoladencroissants. Trinkflaschen und Gläser werden verteilt und direkt kreuz und quer miteinander getauscht. Sofies Vater sitzt mit am Tisch und teilt sich eine Banane mit seiner Tochter. Ich habe aufgegeben, ihn darauf hinzuweisen, dass er womöglich zu spät zur Arbeit komme, beziehungsweise schon längst viel zu spät dran sein müsse.

Die Tür wird schlagartig aufgerissen. Samanthas Mutter steht schwer keuchend im Türrahmen und versucht, etwas zu sagen. Ihre Worte gehen jedoch in einem Röcheln und Japsen unter. Samantha quetscht sich an ihr vorbei und setzt sich direkt mit an den Frühstückstisch.

»Ich hab verschlafen und der Samantha auch«, bringt ihre Mutter schließlich hervor.

Immer noch keine Artikel und Pronomen gelernt.

Ich verkneife mir eine Antwort. Das kann natürlich passieren. Möglicherweise kann es auch fünfmal die Woche passieren, offensichtlich geht das auch.

»Oh, und ich hab der Samantha ihr Frühstück vergessen.«

»Das ist natürlich blöd«, sage ich.

»Ja.«

»Ja.«

Wir sehen uns schweigend an.

»Ja«, sagt sie dann noch einmal.

»Ach, dann bekommt die Samantha was von unserem Frühstück ab, oder, Sofie?«

Sofies Vater schneidet ein Stück von Sofies Leberwurstbrot ab und reicht es weiter. Samantha sagt Danke, zumindest klingt es so ähnlich.

Natürlich haben wir auch in der Krippe etwas zu essen und hätten Samantha nicht ohne sitzen lassen. Aber ich muss gestehen, aus erzieherischen Gründen hätte ich Samanthas Mutter noch etwas zappeln lassen.

»Was ich noch fragen wollte.« Ihre Mutter rückt nahe an mich heran. Ich habe die Küchenzeile hinter mir und kann leider nicht ausweichen. »Ich wollte fragen, ob die Krippe am nächsten Samstag aufmachen kann, da haben wir nämlich Termine, und da können wir den Samantha nicht so gut mitnehmen.«

Ich setze eine bedauerliche Miene auf, auch wenn ich gar nicht genau weiß warum.

»Wie Sie wissen, hat die gesamte Kita am Samstag geschlossen. Das wird auch so bleiben.«

»Aber kann man da nicht eine Ausnahme machen?«

»Nein«, sage ich und verzichte auf das anschließende *tut mir leid*.

»Und wenn ich mal Ihre Chefin, die Frau Mühleisen, frage?«

»Die wird Ihnen mit sehr großer Sicherheit dieselbe Antwort geben.«

»Vielleicht können Sie ja einen Tag Urlaub nehmen oder so und am Samstag trotzdem hierherkommen und auf der Samantha aufpassen.«

Ich weiß nicht, was ich darauf antworten soll.

»Ich weiß nicht, was ich darauf antworten soll. Nein, das geht nicht.«

Sie verzieht das Gesicht.

»Es ist halt so, dass ich da Termine habe.«

Ich verziehe keine Miene. Ich frage auch nicht, um welche Termine es sich dabei handelt.

»Weil, ich muss da zum einen zum Friseur.«

Ja, das muss sie wirklich, denke ich.

»Und dann hab ich halt noch andere Termine.«

»Das kann ich verstehen.« Kann ich nicht. »Aber ich bin sicher, dass Sie eine Lösung finden werden.« Mir ist das ehrlich gesagt egal.

Sie sieht mich noch ein paar Sekunden an, auf ihrem Gesicht wechseln sich die Emotionen ab wie anbrausende Wellen – verzagt, unschlüssig, verzweifelt, wütend. Dann verabschiedet sie sich von Weitem von ihrer Tochter und geht.

»Tja, ich glaube, ich gehe dann auch mal. Ich muss ja noch zur Arbeit.«

Sofies Vater erhebt sich und nutzt dabei den Moment, in dem Sofie von Lucas und Niels mit Grimassen abgelenkt wird.

»Ich hoffe, Sie kommen nicht zu spät«, sage ich.

Er sieht auf seine Uhr.

»Ach, das – oh!« Er sieht mich erschrocken an. »Also, ich muss los. Bis bald.«

Er verlässt übertrieben lässig den Gruppenraum und schließt leise die Tür hinter sich. Kurz darauf kann ich ihn über den Parkplatz rennen sehen.

KAPITEL 30

MEINE KEIME, DEINE KEIME

Warum sollte man seine kranken Kinder
zu Hause lassen, wenn sie in der Kita doch
so gerne ihre Keime miteinander teilen?

Herbstzeit ist Schnupfenzeit. Aber im Kindergarten ist das ein bodenloser Euphemismus. Herbstzeit im Kindergarten ist Schnupfen-Husten-Fieber-aber-ich-bringe-mein-Kind-trotzdem-in-den-Kindergarten-Zeit. Und der Begriff Kindergarten ist dann sowieso völlig irreführend, wenn nicht sogar völlig falsch. Im Herbst und im Winter arbeiten wir nicht mehr in einem Kindergarten, sondern in einem Zuchtlabor voller Killerviren, deren unkontrollierter Ausbruch wahrscheinlich die Auslöschung der gesamten Erdbevölkerung zur Folge haben könnte.

*

Draußen ist es noch dämmrig, ich bin müde, und auch die zweite Tasse Kaffee scheint nicht stark genug zu sein, um etwas Leben in meine Glieder oder gar in meinen Kopf zu bringen. Koffein ist auch nicht mehr das, was es mal war.

Zwei grelle Scheinwerfer erobern den Parkplatz und blenden mich. Ich beobachte Lucas' Mutter, die ihren kleinen Sohn schwerfällig aus dem Auto hievt und ihn, umgeben von wuchernden Atemwolken, in Richtung Krippe trägt. Der kleine Kerl hängt wie ein lebloser Sack über ihrer Schulter. Schon von Weitem glaube ich zu erkennen, wie trübe seine Augen sind und wie rot seine Backen. Lucas leistet keine nennenswerte Unterstützung, als seine Mutter versucht, ihm die Straßenschuhe aus- und die Hausschuhe anzuziehen. Als verfüge sein Körper über keinerlei Knochen und als wären alle seine Muskeln in Streik getreten, kippt er immer wieder zur Seite, und seine Mutter kann ihn immer wieder gerade noch auffangen. Unter seinen Nasenlöchern kann ich zwei traurige Regenwürmer zittern sehen.

Als die beiden den Gruppenraum der Kleinen Murmeltiere betreten, weiß ich bereits im Voraus, was sie uns gleich sagen wird.

»Guten Morgen. Lucas ist heute nicht ganz so fit, gestern hatte er auch Fieber, aber heute morgen nicht, also dachte ich, ich bringe ihn trotzdem mal.«

»Mhm«, sage ich.

Sie stellt Lucas auf dem Boden ab, wo er schwankend stehen bleibt, kurz davor umzufallen.

»Wenn es zu schlimm wird, können Sie mich ja anrufen.«

»Mhm«, wiederhole ich.

»Ich weiß aber nicht, ob ich mein Handy höre.«

»Mhm.«

Sie beugt sich hinab, um Lucas einen Kuss zu geben, entdeckt dann aber die austretenden Körperflüssigkeiten unter seiner Nase und richtet sich kusslos wieder auf. Stattdessen streichelt sie ihm über die Haare.

»Tschüss Großer, bis später!«

Lara und ich blicken beide auf dieses arme Kind, das eigentlich zu Hause ins Bett gehört.

»Sollen wir sie gleich anrufen?«, fragt Lara.

»Noch ist sie draußen auf dem Parkplatz«, antworte ich.

»Lucas krank?«, fragt Niels und stellt sich mit traurigem Gesicht neben seinen Spielkameraden.

»Ja, der Lucas ist ein bisschen krank.«

Niels streicht Lucas über die Backe und gibt ihm einen Kuss über das linke Ohr.

Von so viel Empathie können sich manche Erwachsene mal etwas abschneiden, denke ich und nehme Lucas auf den Arm, der immer noch keine Anstalten eigenständiger Bewegung macht.

Natürlich kann ich durchaus verstehen, dass es manchmal einen organisatorischen und logistischen Spagat erfordert, Beruf und Kind unter diesen überbeanspruchten Hut zu bekommen. Wenn beide Eltern berufstätig sind und keine Großeltern oder sonstige Verwandte in der Nähe, stellt sich nicht selten die Frage: Wohin mit dem Nachwuchs? Nicht jeder Arbeitgeber verfügt über unbegrenzte Geduld und Toleranz, wenn seine Angestellten jeden zweiten Tag zu Hause bleiben, weil das Kind krank ist. Und Kleinkinder sind oft krank. Aber trotzdem gilt es, seitens der Eltern vernünftige Prioritäten zu setzen. Geht es meinem Kind wirklich schlecht und kann niemand sonst auf mein Kind aufpassen, muss ich eben zu Hause bleiben. Den Nachwuchs mit glühender Stirn, einem Husten, der klingt wie ein Dinosaurierkrächzen, oder einer laufenden Nase, mit deren Spur Hänsel und Gretel den ganzen Wald hätten durchqueren können, in die Krippe zu bringen, nützt niemandem etwas. Am allerwenigsten den kranken Kindern selbst. Abgesehen davon, dass dadurch ein Kreislauf gefördert wird, aus dem auszubrechen in einer Kindertagesstätte ohnehin nahezu unmöglich ist. Denn bei vielen Kleinkindern auf engem Raum, die Spielzeug, Löffel und Popel miteinander teilen, ist es vorprogrammiert, dass jeder jeden ansteckt. Und sobald der Erste wieder gesund ist, geht es wieder von vorne los. Und selbstverständlich werden auch die Erzieherinnen und Erzieher davon nicht verschont.

»Das macht jetzt bestimmt wieder rasend schnell die Runde, und alle Kinder werden krank und wir dann auch!«, jammert meine Kollegin.

»Wahrscheinlich«, sage ich. »Aber wir können ja versuchen aufzupassen.«

Wie als Antwort des ungnädigen Schicksals niest Lucas lauthals neben mir, ein kleiner explodierender Vulkan, und ich spüre etwas Feuchtes an meinem Hals.

*

Eine Stunde später sind alle Kinder am Spielen. Auch Lucas zeigt sich ein wenig agiler, ist aber sichtlich weniger energiegeladen als sonst. Was im Grunde auch seine Vorteile haben kann. Die Bande der Kleinen Murmeltiere hat die Spielküche komplett ausgeräumt und auf dem Esstisch verteilt. Seit er gebracht wurde, hat Lucas jedes Kind mindestens dreimal angehustet. Die Krippe ist zu einem Virenparadies geworden, in dem man einfach nur die Hand auszustrecken braucht und eine Handvoll Krankmacher geschenkt bekommt. Wer hat noch nicht, wer will noch mal?

Lucas dreht sich zu mir um. An seiner Hand hängt ein langer Rotzfaden.

»Da!«

Er klingt beinahe stolz.

Kann er auch sein, denke ich. Ich habe noch nie solch einen langen Rotzfaden gesehen. Ein Eintrag im *Guiness Buch der Rekorde* sollte ihm sicher sein.

»Ja, ganz toll, Lucas«, sage ich, und es ist mir in dem Moment egal, dass er noch nicht weiß, was Ironie bedeutet.

Lara wirft mir die Tempopackung zu, und ich versuche, Schadensbegrenzung zu betreiben. Nach getaner Arbeit ist das Taschentuch vollgesogen, als zöge ich einen Putzlappen aus einem Wassereimer. Ich werfe es in den Mülleimer, komme zurück und sehe einen neu-

en Faden, der sich aus einem seiner Nasenlöcher kämpft. Warum bitte sollten wir uns Sisyphos als einen glücklichen Menschen vorstellen, denke ich und mache erneut seine Nase sauber. Dann stecke ich das Taschentuch in seine Hosentasche.

»Hier, das können wir nachher noch einmal benutzen.«

Das Tempo fällt aus Lucas' Hosentasche. Niels hebt es auf, hält es gleich einem goldenen Pokal triumphierend nach oben und reibt es sich anschließend über die eigene Nase.

»Na klasse«, sage ich. »Warum auch dagegen ankämpfen.«

Lara verkriecht sich ans andere Ende des Gruppenraums.

»Oh Mann, morgen sind wir alle krank«, jammert sie.

Wie als Antwort darauf fängt Samantha neben ihr an zu husten. Wir blicken sie erschrocken an. Dann noch ein Husten, diesmal hinter mir. Justin sitzt mit offenem Mund da, die Zunge im Mundwinkel. Lara und ich rutschen in die Mitte des Zimmers.

Noch ein Husten von Samantha, Lucas stimmt mit ein und zeigt, dass er momentan noch der Führende ist. Dann kommt Jaqueline hustend auf uns zugelaufen.

»Die sind überall«, jammert Lara und klammert sich an mir fest.

Wir werden umzingelt, ich komme mir vor wie ein Guerillakämpfer im Dschungel, hinter jedem Baum warten tödliche Gefahren. Die Kinder kommen auf uns zugerannt und werfen sich auf uns. Ich spüre etwas Feuchtes im Nacken. Lucas wischt sich seine Nase an meinem Ärmel ab. Samantha hustet mir entgegen, gibt mir einen Kuss auf die Wange und hustet erneut. Ich glaube bereits ein Kratzen in meinem Hals zu spüren, meine Nase kitzelt, mir wird heiß, vielleicht glüht meine Stirn bereits, auf jeden Fall fühle ich mich schon jetzt erschöpft bis elend. Im Kindergarten muss man zwangsläufig hypochondrische Züge entwickeln. Lucas umrundet mich und wirft sich mir entgegen. Noch in der Luft kann ich die Anzeichen eines gewaltigen Niesanfalls sehen. Ich versuche, mich noch zu ducken, mich zu schützen, muss ihm trotzdem irgendwie die Arme entgegenhalten, da ich ihn ja nicht einfach auf den Boden fallen lassen kann. Im selben Moment, in dem er in meinen Armen landet, schüttelt es seinen ganzen Körper, ein Niesen ungeahnten Ausmaßes entfleucht seiner kleinen, roten Nase, und auf meinem Pullover glänzt das, was aus seiner kleinen, roten Nase herausgekommen ist.

Ich ziehe langsam die Tempopackung aus meiner Hosentasche, und mit einem tiefen Seufzen ergeben wir uns unserem Schicksal.

KAPITEL 31

LATERNENUMZUG MIT HINDERNISSEN

Dunkelheit, viele Menschen, Teelichter in den Händen von Kleinkindern – viel Potenzial für vorhergesehenes Unvorhergesehenes.

Und am ersten Tag schuf Gott Tag und Nacht, es wurde Licht und Gott sah, dass es gut war, und Gottes Wort hat in einer Kita schon ein wenig Gewicht. Zumindest theoretisch oder auf administrativer Ebene. Aber diese weise und lebenswichtige Schöpfung und diese Tatsache des Lichts, egal ob von Gottes Hand oder Urknall oder sonst einem chemisch-physikalischen Zufall, dieses Licht, das uns den Weg leiten, das die Dunkelheit vertreiben und Mut spenden soll – ob es geplant war, dass dieses Licht wirklich durch die schiefen Augen eines … Erdferkels scheinen soll?

*

Ich betrachte die von der Decke baumelnde Laterne und komme mir ein wenig vor wie ein arroganter Kunstkritiker in einem Museum. Die Gestalt der Laterne besitzt vier kurze Gliedmaßen, die in verschiedene Richtungen zeigen. Sie besitzt einen langen, krummen Schwanz, und die Mitte des Körpers ist hohl und bietet dadurch Platz für ein Teelicht oder auch eine kleine elektrische Stabglühbirne. Und als Kopf besitzt das seltsame Laternenwesen etwas, das für mich eindeutig wie der Kopf eines Erdferkels aussieht. Wie ein hässliches Erdferkel. Ich will keinem lebendigen Erdferkel unrecht tun, ich mag Erdferkel, ich mag Tiere im Allgemeinen, man muss trotzdem zugeben, dass ein Erdferkel nicht unbedingt der alleransehnlichste Vertreter im Tierreich ist. Aber diese Laterne scheint auch unter der Würde eines Erdferkels zu sein.

Es fällt mir etwas schwer, mir vorzustellen, wie eine ganze Herde solcher Erdferkellaternen am Sankt-Martins-Umzug das Viertel unsicher macht. Hätte der heilige Sankt Martin gewusst, was seine Geste aus Nächstenliebe im 21. Jahrhundert für Früchte tragen würde, hätte er es sich damals vielleicht noch einmal überlegt.

Ich werfe einen Seitenblick auf meine Kollegin Frau Schiller, die mit neutraler Miene ebenfalls das Machwerk eines wohl mit sehr viel Fantasie gesegneten Kindes betrachtet.

»Sag mal, hast du das entschieden, oder war das die Idee der Kinder, dieses Jahr Laternen in der Form von Erdferkeln zu machen?«

Meine Kollegin sieht mich an, ihr Gesicht eine funktionale Fläche.

»Das soll eine Katze sein.« Ihr Ton ist nicht ganz so neutral wie ihr Gesicht. »Und es war meine Idee.«

»Ach so, eine Katze.«

Ich nicke fachmännisch und betrachte das Werk von Neuem. Ich weiß nicht, ob diese Information es besser macht.

»Und welchem begnadeten Kind«, frage ich, »ist es gelungen, eine Katze wie ein Erdferkel aussehen zu lassen?«

Wieder sieht meine Kollegin mich an, die Neutralität ist aus dem Gesicht geflohen und hat einer deutlichen Missgunst Platz gemacht.

»Die Laterne ist von mir.«

*

Es ist kalt und dunkel, und gerne würde ich mit der Dunkelheit verschmelzen und unsichtbar werden. Dummerweise bin ich jedoch einer der musikalischen Anführer unserer illustren Gesellschaft und darf und soll und muss zusammen mit der Kita-Leiterin Frau Mühleisen den Sankt-Martins-Zug unserer Kita durch die laternenerleuchtete Finsternis rund um das Kita-Gelände führen. Immerhin kann ich mich teilweise hinter meiner Gitarre verstecken. Um uns herum tummeln sich Eltern und Kinder, auch ein paar Geschwister und Großeltern sind dabei. Die meisten Erwachsenen sind damit beschäftigt, auf dem Boden liegende Laternen aufzusammeln, kleine Glühbirnen zu reparieren oder auszutauschen, ihre Kinder mit Brezeln zu füttern oder Teelichter anzuzünden und in den selbst gebastelten Laternen zu versenken. Ich bin mir nicht sicher, ob Teelichter in Papierlaternen, die von Kindergartenkindern getragen werden, eine allzu gute Idee sind. Vor allem wenn ich sehe, dass Jonas seine Laterne gerade gegen den Kopf seines Vaters schlagen lässt. Zum Glück hält dieser das Teelicht noch in der Hand.

Nach ein paar einleitenden Worten von Frau Mühleisen setzt sich der Zug in Bewegung.

»Stopp!«, ruft es laut von hinten.

Wir bleiben stehen. Sascha läuft in mich hinein und prallt mit seinem Kopf gegen mein Hinterteil.

Wir warten auf Herrn Zaputek, der versucht, die Laterne aus den Haaren seiner Tochter zu befreien. Auch in dieser befand sich zum Glück kein Teelicht, sondern ein kleiner elektrischer Stab.

Wir können weiterlaufen. Gemeinsam singen wir diverse Laternenlieder. Meistens geht es um Sterne, Lichter und Nächstenliebe. Der Mond darf natürlich auch nicht fehlen. Kaum ein Elternteil singt mit, ich weiß nicht genau, ob aus Textunkenntnis oder aus Unwillen. Dafür singen die meisten Kinder lauthals mit, und auch wenn sie nur die Hälfte der Töne treffen, kann es einem bei diesem abendlichen Spaziergang inmitten von kleinen Lichtern und schrägen Kinderstimmen fast ein wenig warm ums Herz werden.

»Du Blödmann, das ist meine Laterne!«

»Gar nicht, die gehört mir!«

»Nein, du Blödmann, das ist meine Laterne!«

»Gar nicht, die gehört mir!«

»Nein, du Blödmann, das ist meine Laterne!«

Mich umschleicht das Gefühl, irgendwo hänge eine Schallplatte. Aber es sind nur Jan und Niklas, die angefangen haben, miteinander zu rangeln. Es ist unschwer zu verstehen, dass es um die rechtmäßige Zugehörigkeit ihrer beiden Laternen geht. Jan zerrt an Niklas' Laterne, ohne seine eigene dabei loszulassen. Niklas hingegen denkt gar nicht daran, seine Laterne aufzugeben. Ich kann keinen großen Unterschied zwischen den beiden Laternen erkennen. Zwei nahezu identische Erdferkelkatzen. Oder Katzenerdferkel. Ich finde beides recht zutreffend.

Direkt hinter den beiden raufenden Jungs, die immerhin dazu in der Lage sind, dabei noch weiterzulaufen, läuft der Vater von Jan. Auf seinem Gesicht spiegelt sich Verzweiflung. Sie spiegelt sich nicht nur, sie leuchtet regelrecht, blendet mich nahezu. Das Zerren und Ziehen der Jungs wird wilder, die Wörter, die sie sich an die Köpfe werfen, ebenfalls. Die Erdferkelkatzenlaternen haben erste schwerwiegende Dellen abbekommen. Jans Vater macht keine Anstalten, in die Auseinandersetzung einzugreifen. Stattdessen blickt er mich an. Ich stolpere erst einmal über eine Baumwurzel, da auch ich die ganze Zeit weitergelaufen bin, während ich vorwiegend hinter mich gesehen habe.

Jans Vater zuckt die Achseln und sieht sich um.

»Wo ist denn meine Frau?«

Ich bin mir nicht sicher, ob seine verzweifelte Frage an mich gerichtet ist oder an sich selbst. Er sieht mich wieder an, sein Gesicht erinnert mich ein wenig an einen Bluthund. Einen traurigen Bluthund.

»Können Sie da mal dazwischengehen?«, fragt er mich.

Jetzt sehe ich ihn an. Vielleicht sehe ich auch aus wie ein Bluthund. Obwohl, bei dieser Frage hoffe ich eher auf einen Dobermann.

Habe ich den kleinen Jan etwa in einer dreiminütigen Zärtlichkeit gezeugt, oder Sie?, würde ich gerne sagen. Stattdessen: »Ich habe leider gerade keine Hand frei«, halte zum Beweis die Gitarre in die Höhe und drehe mich wieder nach vorne.

Der Streit dauert hinter meinem Rücken noch eine Minute hörbar fort, ohne dass jemand interveniert, dann scheinen die beiden sich einig geworden zu sein und laufen wieder vergnügt an mir vorbei. Ein erneuter kurzer Blick über meine Schulter zeigt mir ein stolzes Vatergesicht. Ich schüttle gedanklich den Kopf.

*

»Mama, mir ist schlecht.«

Ich höre Anikas Stimme irgendwo hinter mir und bin sofort auf der Hut. Dieser Satz aus Anikas Mund verheißt nichts Gutes. Denn Anika ist die unumstrittene Kotz-Meisterin unserer Einrichtung. Dass sich in einer Kita des Öfteren mal ein Kind übergeben muss, ist vielleicht gar nicht so überraschend. Viele Kinder auf engem Raum, eine Brutstätte für Krankheiten und diverse Erreger und Viren. Und generell übergeben sich Kinder einfach auch einmal. Aber Anika kann diesbezüglich auf eine lange Serie von Vorfällen zurückblicken. Die Top fünf von Anikas Kotz-Unfällen: in den Wäschekorb mit frisch gewaschener Wäsche; die Rutsche hinunter; auf meine neuen Schuhe; auf Frau Mühleisens neue Schuhe; in das Aquarium. Das Aquarium wurde danach abgeschafft.

Dementsprechend gebieten diese vorwarnenden Worte von Anika höchste Vorsicht. Das kleine, süße Mädchen mit dem Potenzial einer riesigen Kotzfontäne schlägt zwar auch häufig falschen Alarm. Aber Vorsicht ist bekanntlich besser als Nachsicht. Wenn diese Floskel einmal zutrifft, dann bei jemandem, dessen neue Schuhe von Anika vor nicht allzu langer Zeit ruiniert worden sind.

Wir stimmen ein neues Lied an. Sankt Martin reitet durch Schnee und Wind und ist ein guter Mensch, ein Gutmensch sozusagen, aber ein richtiger, also ohne es abwertend zu meinen, ein guter Mensch eben.

»Herr Zerbas, mir ist schlecht.«

Erschrocken springe ich zur Seite und greife einen falschen Akkord. Niemand scheint es zu bemerken. Ich will etwas erwidern, aber Anika bleibt gar nicht stehen, sondern läuft weiter.

»Frau Mühleisen, mir ist schlecht.«

Auch die Kita-Leiterin kennt Anikas Momente, und ich kann sehen, wie auch sie, weiterhin singend, sich sprungbereit macht, es aber trotzdem noch schafft, dem Mädchen zärtlich über den Kopf zu streicheln. Anika scheint zufrieden, grinst sogar ein wenig, obwohl sie mir wirklich etwas bleich erscheint. Sie läuft weiter und berichtet Benjamin, Sven, Sarah, Sarahs Mutter, Sarahs kleinem Bruder und einigen anderen, dass ihr schlecht sei. Jedem einzeln.

Wir ziehen weiter durch die Straßen, singen die immer selben Lieder, achten darauf, dass keine Laterne abfackelt, und sind weiterhin auf der Hut vor Sarah, die unerschrocken ihre Runde durch den Menschenzug dreht.

Ich werde von Niels überholt, der auf den Schultern seines Vaters sitzt und seine Laterne durch die Luft schleudert. Zum Glück war auch sein Vater so klug, kein Teelicht zu verwenden. Daher ist es auch nicht ganz so schlimm, dass Niels mir seine Laterne auf den Kopf haut. Dabei fällt sie ihm aus der Hand. Niels' Vater geht in die Knie und versucht, sie wieder aufzuheben, kann sich mit seinem Kind auf den Schultern jedoch nicht weit genug nach vorne beugen. Ich laufe weiter und tue so, als hätte ich nichts gesehen.

»Herr Zerbas, kannst du mir noch mal erzählen, was der Sankt Martin gemacht hat?«

Julian taucht neben mir auf, seine Laterne mit Teelicht sehr bedächtig vor sich herführend.

»Das haben wir doch schon ganz oft im Kindergarten besprochen. Hast du denn alles schon wieder vergessen?«

Julian nickt, seine Augen nicht von seiner Laterne abwendend.

»Aber ich weiß es noch«, ruft es neben mir. Benjamin schlängelt sich zwischen ein paar Erwachsenen hindurch und schließt sich uns an. »Darf ich die Geschichte erzählen?«

Ehe ich dem zustimmen kann, beginnt er bereits loszuplappern.

»Also, da war der gute Sankt Martin, der ist auf einem Pferd geritten, glaub ich, oder auf einem Zebra vielleicht auch, und es hat geschneit und war ganz kalt, weil es geschneit hat, und dann hat er einen Mann getroffen, der hatte keine Schuhe an und ganz kalte Füße, weil er keine Schuhe anhatte, und da hat der Sankt Martin angehalten und mit seinem Schwert einen Schuh ausgezogen und hat den Schuh dem Mann gegeben, damit der keine kalten Füße mehr hat, weil es hat ja geschneit. Und dann ist der Sankt Martin weitergeritten auf seinem Zebra, und der Mann hat den Schuh angezogen. Und deshalb feiern wir Laternenumzug, weil der Sankt Martin so lieb war, und das nennt man nächste Liebe.« Benjamin sieht zu mir herauf. »Stimmt das, Herr Zerbas?«

»Ja«, sage ich. »Stimmt fast alles.«

Auch Julian nickt zufrieden.

»Und weißt du auch noch, wann das ungefähr war?«

»Hm.« Benjamin runzelt die Stirn. »Das ist schon ganz lange her, ich glaube, so fünf Jahre oder so?«

»Ungefähr«, sage ich. »Noch ein kleines bisschen länger.«

»Mir ist schlecht.«

Wir zucken alle drei zusammen, als Sarah an uns vorbeiläuft.

*

Zum gefühlt zehnten Mal stimme ich die Akkorde von Sonne, Mond und Sterne an. Mittlerweile schmuggle ich absichtlich immer an einer beliebigen Stelle einen falschen Akkord in das Lied und verkneife mir das Lachen, wenn die Singenden versuchen, sich mit schrägen Stimmen dem falschen Akkord anzupassen.

Wir haben es fast geschafft, die Kita ist nicht mehr weit. Der Umzug soll auf dem Parkplatz enden, wo wir uns noch einmal alle zusammenfinden, ein letztes Mal gemeinsam ein Lied singen, vielleicht kommt der Pfarrer auch noch vorbei und besteht auf einem gemeinsamen Gebet, und dann gibt es zum Abschluss Kinderpunsch und gezuckerte Brezeln.

Ich bleibe an der Zufahrt zum Parkplatz stehen und lotse die Laternen schleudernde Meute in die richtige Richtung, vor allem um darauf zu achten, dass sich niemand vor dem gemeinsamen Gebet drücken kann, denn der Pfarrer wartet tatsächlich bereits.

Eltern und Kinder schlendern an mir vorüber, viele grinsen mich an, ich grinse zurück, ein paar blicken mich sehr mürrisch an, ich grinse zurück. Meine Hände sind mittlerweile ziemlich kalt, da ich keine Handschuhe trage, mit denen ich nämlich keine Gitarre spielen könnte. Auch dem Pfarrer scheint kalt zu sein, denn mit lauter Stimme verkündet er das nun folgende Gebet, während die letzten Nachzügler des Zuges noch eintreffen.

»Lasst uns gemeinsam ein paar Worte an Gott richten …«

Dann passiert sehr viel auf einmal. Ich glaube nicht, dass es eine Antwort von Gott ist, falls doch, sollte er seinen Humor noch einmal überdenken.

Den Worten des Pfarrers folgt ein lauter »Vorsicht!«-Ruf. Ein alter Mann kommt sehr wacklig auf einem Fahrrad angefahren, ohne Licht, dafür eine Flasche Bier in der Hand. Ich muss zur Seite hechten, um nicht von ihm überfahren zu werden. Während des Fallens drehe ich mich auf den Rücken, um meine Gitarre zu retten, und lande sehr unsanft auf dem Boden. Ich komme neben Jonas zu liegen, dessen Laterne im selben Moment Feuer fängt. Sein Gesicht wird gespenstisch erleuchtet. Vor Schreck lässt er seine brennende Erdferkelkatzenlaterne fallen, ich rolle wieder ein Stück zurück, um nicht davon getroffen zu werden. Ich höre noch die Worte »Mir ist schlecht«, die in einem geräuschvollen Würgen untergehen. Sarah steht neben mir, wieder rolle ich mich zur Seite, Sarah beugt sich

nach vorne, übergibt sich auf Jonas' Laterne und löscht damit das Feuer.

Schwer keuchend liege ich auf dem Boden, neben mir die keuchende Sarah und der keuchende Jonas. Zwei Meter weiter, aus einer Hecke heraus, das Keuchen des alten Fahrradfahrers.

Ich bin mir nicht ganz sicher, ob das alles gerade wirklich passiert ist. Eigentlich kann es nicht sein. Zu unwirklich. Zu konstruiert. Klingt irgendwie zu ausgedacht. Aber die aus der Hecke baumelnden Beine des Radfahrers, meine schmerzende Schulter, die schwelenden Überreste von Jonas' Laterne und der saure Geruch direkt neben mir überzeugen mich dann doch sehr schnell. Manchmal schreibt das Leben eben doch die besten Geschichten.

Mir schießt der Gedanke durch den Kopf, was der gute Sankt Martin in diesem Moment gemacht hätte. Vielleicht hätte er einen Teil seines Mantels mit seinem Schwert abgetrennt und auf den rauchenden und stinkenden Trümmerhaufen der Erdferkellaterne geworfen. Dann hätte er dem betrunkenen Radfahrer auf die Beine geholfen und ihm die Bierflasche abgenommen. Und dann hätte er selber einen großen Schluck genommen.

KAPITEL 32

GOTTESDIENST

Nicht nur den Kindern fällt es schwer, während
des Gottesdienstes ruhig sitzen zu bleiben

Mein Kopf fühlt sich schwer an. Er ist lediglich ein schwerer Klotz, der irgendwie den Weg auf meinen Hals gefunden hat und von dort nun nicht mehr weichen will oder kann und dessen Balance mir unermessliche Kraft und Konzentration abfordert. Schwerer als mein Kopf sind nur meine Augenlider, und immer wieder scheint sich ein dunkler Vorhang vor meine beiden Augen zu legen, den abzuwehren mir immer schwerer fällt. Die Zeit scheint sich in eine siruppartige Masse verwandelt zu haben, die sich quälend langsam einen Berg nach oben schuftet.

Zeit ist eine merkwürdige Sache. Der ganze Kram mit der Relativität, da muss auf jeden Fall etwas dran sein. Früher war eines meiner Lieblingszitate das von Einstein, in dem es heißt, zwei Minuten auf einer heißen Herdplatte zu sitzen kämen einem vor wie zwei Stunden, aber zwei Stunden mit einem schönen Mädchen zusammenzusitzen kämen einem vor wie zwei Minuten. Nun sitze ich im Moment zwar nicht auf einer heißen Herdplatte, aber bei einer schönen Frau sitze ich leider auch nicht. Zumindest nicht in unmittelbarer Nähe und vor allem auch nicht alleine.

Meine Situation mit einer heißen Herdplatte zu vergleichen mag teilweise vielleicht gerechtfertigt sein, hat aber selbstverständlich keinerlei Absicht, die Lebenshaltung anderer Menschen zu beleidigen oder schlechtzumachen. Trotzdem muss ich sagen, dass ich mich momentan in einem erdrückenden Vakuum aus unzähligen und Unendlichkeiten andauernden Minuten befinde, während denen ich gezwungen bin, still zu sitzen und dabei einen verzweifelten Kampf gegen die Müdigkeit und Langeweile zu führen, die zwar keine körperlichen Schmerzen verursachen, meinen Geisteszustand jedoch trotzdem unangenehm torpedieren.

Jede Zelle in meinem Körper schreit, sofern sie nicht eingeschlafen ist. Jede Zelle in meinem Körper gibt mir deutlich zu verstehen, dass sie nicht hier sein will und ihre Belastungsgrenze bald erreicht ist. Aber leider sehe ich keinen Ausweg. Wegrennen ist unmöglich. Es gibt keine Fluchtmöglichkeit. Wenn alles schläft und einer spricht, dieses nennt man Unterricht. In meinem Fall sieht es jedoch so aus: Wenn Kindergartenkinder und Erzieher beinahe vor Langeweile sterben und anfangen, unsäglichen Quatsch zu machen, dieses nennt man Kindergartengottesdienst.

*

Ich starre den Pfarrer an. Sein Mund bewegt sich. Ich nehme Laute wahr. Aber der Inhalt seiner Worte will sich mir nicht erschließen. Mein kognitives System hat den Zugang verweigert. Irgendwo in meinen Gehörgängen bleiben die Informationen verdurstet auf der Strecke, finden keinen synaptischen Anschluss, um bis zu meinem Gehirn zu gelangen. Ich glaube nicht, dass ich allzu viel verpasse.

Der Pfarrer ist ein netter, etwas kauziger dünner Mann Anfang 50. Er redet viel und gerne, und das tut er auch jetzt. Nur dass ich davon nicht viel mitbekomme.

Links neben mir sitzen Jaqueline und Sofie, die das Gesicht des jeweils anderen untersuchen. Sofies Zeigefinger landet im Ohr ihres Gegenübers, Jaqueline hält ihrer Spielkameradin im Ausgleich die Nase zu. Doch beide grinsen dabei stumm, also gibt es keinen Grund, sie davon abzuhalten. Ich bin sogar etwas neidisch, da sie scheinbar eine, zumindest in ihren Augen, sinnvolle Beschäftigung gefunden haben. Ich blicke auf meine andere Seite. Jans Gesichtsausdruck sieht so aus, wie ich mich fühle. Noch einen Platz weiter sitzt Fabian, der auf seinem Stuhl nach vorne und nach hinten kippelt, immer wieder stoisch vor- und zurückschaukelt wie ein verhaltensgestörtes Zootier.

Der Blick des Pfarrers streift mich, er lächelt freundlich. Ich will ihn erwidern, aber ich befürchte, es gelingt mir nicht.

Plötzlich ein lauter Schlag. Fabian ist vorwärts vom Stuhl gefallen und mit dem Kopf gegen die Rückenlehne des Stuhls vor ihm geknallt. Ich springe ihm besorgt entgegen. Gleichzeitig muss ich gestehen, dass ich einen möglichen Ausweg sehe. Vielleicht braucht Fabian ja etwas zum Kühlen, oder gar ein Pflaster, muss versorgt werden, was hier in der Kapelle schwer machbar ist, ich müsste also mit ihm nach draußen gehen.

Fabian grinst mich an. Er reibt sich die Stirn.

»Mir ist gar nichts passiert. Tut gar nicht weh.«

Er setzt sich wieder auf seinen Platz und beginnt von Neuem, vor- und zurückzuschaukeln.

Verstimmt setze ich mich ebenfalls wieder auf meinen Stuhl. Ich lehne mich etwas nach vorne und werfe einen Blick auf die Reihe vor mir, die mit weiteren Krippenkindern besetzt ist. Die Kleinen verhalten sich ungewöhnlich friedfertig und unauffällig. Jonas und Samantha halten Händchen, Lucas lässt in regelmäßigen Abständen seine Lippe schnalzen, und Niels summt leise vor sich hin, so leise, dass er nicht einmal ermahnt werden muss.

Vielleicht braucht ja jemand eine frische Windel? Wir wollen schließlich nicht, dass eine volle Windel das ganze Gemeindehaus verpestet. Nicht dass Windelwechseln meine Lieblingsbeschäftigung ist, aber im Sinne des Allgemeinwohls wäre ich bereit, mit einem etwaigen Luftverpester leise und unauffällig den Gottesdienst ausnahmsweise frühzeitig zu verlassen.

Ich beuge mich etwas nach vorne und atme tief durch die Nase ein. Nichts. Noch einmal etwas weiter links, da sitzt Justin, normalerweise in Sachen überlaufende Windel recht zuverlässig. Aber auch hier, nichts. Kein Sinne beraubender Gestank, ganz im Gegenteil. Die ganze Bande schnuppert komplett wie frisch gebadet und gepudert.

Kein Verlass auf die kleinen Hosenscheißer, denke ich. Kacken in den unmöglichsten Situationen die Windel bis zum Rand voll, und jetzt, wenn man es mal gebrauchen könnte, leiden alle an Verstopfung, oder was?

Mein Blick sucht meine Kollegin, die am anderen Ende der Kapelle sitzt. Sie scheint meinen Blick ebenfalls gesucht zu haben.

Sie verdreht theatralisch die Augen. Ich nicke.

Sie macht mit ihrer Mimik ein paar eindeutige Zeichen der Langeweile und des Einschlafens. Ich nicke wieder.

Dann blickt sie verstohlen nach links und rechts, ehe sie mir mit schielenden Augen und herausgestreckter Zunge eine passable Grimasse macht.

Ein Lachen will plötzlich und kraftvoll aus meinem Mund klettern, ich halte es gerade noch davon ab und verschlucke mich dabei. Frau Mühleisen, die zwei Reihen vor mir sitzt, dreht sich zu mir um. Auch der Pfarrer blickt mir entgegen. Ich versuche mich an einem entschuldigenden Grinsen.

Als meine Luftzufuhr wieder normalisiert ist, blicke ich zu Lara und sehe, dass sie nun diejenige ist, die sich das Lachen verkneifen muss.

Okay, denke ich. Herausforderung angenommen.

Ich lasse meinen Nacken kreisen, lockere meine Kiefermuskeln, lasse meine Finger knacken. Dann drehe ich mich zu ihr, die obere

Zahnreihe entblößt, meine Nase zu einer Schweinsnase nach oben gezogen, die Augen weit aufgerissen.

Lara beißt sich in die Faust. Befriedigt stelle ich fest, dass ihr Oberkörper vor unterdrücktem Lachen bebt.

Die Revanche lässt nicht lange auf sich warten, und während der nächsten Minuten überlassen wir uns einem pantomimischen Grimassen- und Fratzenfeuerwerk, das von der Angst lebt und noch weiter angefeuert wird, dabei erwischt zu werden.

Der Pfarrer scheint bisher nichts bemerkt zu haben, oder er hat so viel Humor und so viel Selbstbeherrschung, sich nichts anmerken zu lassen.

Ich bin gerade dabei, mit meinen beiden Mittel- und Zeigefingern ein kompliziertes Lippenkonstrukt zu bauen, als mein Blick den Blick des kleinen Jan kreuzt, der neben mir sitzt. Ich erstarre in meiner Bewegung. Jan blickt zu mir auf. Sein Gesicht lässt keine Deutung zu. Dann zieht er sich mit seinen Fingern seine Augen zu Schlitzaugen und streckt mir die Zunge raus.

Ich beschließe, das Spiel zu unterbrechen, da wir beginnen, die Aufmerksamkeit einiger Kinder auf uns zu ziehen. Niels hat sich nach hinten gedreht und sieht mich an, ich zeige nach vorne und ermahne ihn, er solle zuhören. Mit einem Schnaufen tut er wie ihm geheißen.

Oh, es macht Spaß scheinheilig zu sein, schießt es mir durch den Kopf, und ich bedeute zwei weiteren Knirpsen, wieder nach vorne zu schauen.

Es vibriert in meiner rechten Hosentasche. Ich kann mir bereits denken, wer mir eine Nachricht geschickt hat.

Mit versteinerter, wenn nicht gar demütiger, nein bußfertiger Miene ziehe ich verstohlen mein Handy aus der Hosentasche und lasse es unter meinem Pullover verschwinden. Dieser verfügt praktischerweise über einen Reißverschluss, sodass ich mit etwas unbequemer Haltung meine Brust entlang hinunter und auf mein Display schielen kann.

Guck mal, der Pfarrer hat zwei verschiedenfarbige Socken an …

Ich hebe meinen Kopf, schaue nach vorne, muss mich etwas groß machen. Der Pfarrer redet gerade recht intensiv auf die erste Reihe ein, Sarah steht ihm gerade Rede und Antwort bei irgendeiner Bibelgeschichte. Ich blicke auf seine Füße. Und tatsächlich, wenn er sich bewegt, rutschen seine Hosenbeine gerade so weit nach oben, dass sie am linken Fuß einen weißen und am rechten Fuß einen schwarzen Socken erkennen lassen.

Ich beschließe, das Spiel etwas brenzliger zu machen, und schreibe ihr zurück

Wenn ich du wäre, dann würde ich einen Zungenfurz loslassen.

Mit schielenden Augen beobachte ich Lara beim Lesen meiner Nachricht. Sie scheint nur einen Moment nachzudenken, dann macht sie dicke Backen, streckt ihre Zunge heraus und macht ein unverwechselbares Geräusch. Nicht allzu laut. Aber doch so laut, dass ich es hören kann. Genauso wie der Pfarrer und Frau Mühleisen. Sie blicken zu meiner Kollegin, die derweil Sven ermahnende Gesten macht und ihm laut zuflüstert, er solle ruhig sein.

Gut gerettet, denke ich. Sven wäre das locker zuzutrauen gewesen.

Wenige Sekunden später vibriert erneut mein Handy.

Wenn ich du wäre, dann würde ich grunzen wie ein Schwein.

Leichteste Übung, denke ich mir, vor allem, da viele potenzielle Sündenböcke um mich herum versammelt sind.

Wieder verstohlene Blicke nach links und nach rechts, dann gebe ich meine Imitation eines Hängebauchschweins von mir, die mir zum einen lauter gelingt als beabsichtigt, auf die ich insgeheim aber auch etwas stolz bin. Vor allem habe ich den perfekten Zeitpunkt erwischt. Ich kann den Pfarrer gerade noch sagen hören: »Und Jesus sagte zu ihm …«

Dann mein Grunzen.

Alle Blicke sind auf mich gerichtet. Oder zumindest in meine Richtung, denn ich weiß sie erfolgreich von mir abzuwenden, indem ich mich nach vorne beuge und Niels zurechtweise, dass er doch bitte nicht das Schwein zu spielen brauche. Der zu Unrecht Beschuldigte sieht mich etwas verwirrt an, dann grinst er ein breites Grinsen, weil er sich über das Wort *Schwein* freut.

Jede Runde unseres kleinen Wettbewerbs wird zunehmend brenzliger. Niemand scheint uns als Quelle dieser Sabotageakte gegen die Langeweile auszumachen. Mehrfach ermahnen wir einige Kinder, die nie genau verstehen, was wir von ihnen wollen, sich jedes Mal jedoch folgsam wieder umdrehen und den Mund halten.

Lara muss einen Rülpser von sich geben, ebenfalls sehr einfach auf eines der Kinder abzuwälzen. Mit einem relativ laut gerufenen *Hallelujah* scheine ich mich etwas verdächtig zu machen, aber das Fieber hat uns gepackt, und wir sind noch nicht bereit, unser Spiel zu beenden.

Lara muss ein Gesangsbuch über zwei Reihen hinweg werfen, ich muss im Ausgleich laut polternd von meinem Stuhl fallen. Großen Mut beweist meine Kollegin, indem sie tatsächlich deutlich hörbar und mit verstellter Stimme *Pimmel* ruft, womit wir allerdings gefährlich viel Aufmerksamkeit auf uns ziehen, auch wenn Lara versucht, Matthias die Schuld in die Schuhe zu schieben, welche dieser nichts ahnend annimmt und sich sogar entschuldigt.

Letztendlich muss ich mich geschlagen geben und Lara den Sieg in diesem Spiel zugestehen. Ihrer Aufforderung, ich solle nach vorne gehen und den Pfarrer darauf hinweisen, dass er zwei verschiedenfarbige Socken trage, komme ich nach ausführlicher Überlegungen nicht nach.

*

»Mir ist schlecht.«

Sofort bin ich aufmerksam und hellwach.

Sarah muss kotzen, denke ich. Super, das ist die Rettung!

Ich bin bereits aufgestanden und will gerade nach vorne gehen, um Sarah einzusammeln – der Pfarrer ist schon einige Schritte von

ihr zurückgetreten –, als diese in die Runde schaut, anfängt zu lachen und dann verkündet: »Nein, doch nicht.«

Enttäuscht lasse ich mich – und wie ich sehen kann, auch meine Kollegin – wieder auf meinen Stuhl fallen.

Wir blicken uns an, ernst, unsere Augen werden zu Schlitzen, und wir beide denken wahrscheinlich genau dasselbe.

Das kotzende Kind gehört mir!

Wenn die kleine Sarah wirklich mit einem Lebensmittelauswurf anfängt, dann werde ich sie nach draußen bringen. Ich kümmere mich um das kotzende Kind, komm mir dabei ja nicht in die Quere, wenn hier jemand das kotzende Kind aus dem Gemeindehaus bugsiert, dann ich.

Während der nächsten Minuten hoffen wir auf einen weiteren und ernst zu nehmenden Übelkeitsanfall von Sarah, während wir uns immer wieder lauernde Blicke zuwerfen. Aber Sarah enttäuscht uns. Sie lässt sich ihr Essen nicht noch einmal durch den Kopf gehen. Zumindest nicht heute.

Keine Kotze. Keine Kacke. Keine Kinder, die weinen oder Quatsch machen oder sonst irgendwie gebührend oder ungebührend auf sich aufmerksam machen. Es scheint tatsächlich so, als müssten wir den Gottesdienst bis zum Ende durchstehen. Es ist mir unbegreiflich, wie es den Kindern heute gelingt, ruhig und brav und erschreckend vernünftig auf ihren Plätzen zu verweilen.

Ein lauter Schlag ertönt. Das Geräusch kommt mir bekannt vor. Ich blicke nach rechts. Fabian ist erneut von seinem Stuhl gefallen. Benommen und mit wackligen Beinen versucht er, sich aufzurichten, und muss sich dabei festhalten. Aus einer kleinen Platzwunde auf seiner Stirn läuft ein sehr kleines Blutrinnsal.

»Diesmal hat es doch ein bisschen wehgetan.«

Ich springe ihm entgegen. Mit Fabian auf dem Arm und einem laut vernehmlich Flüstern, ich würde mich um ihn kümmern, verlasse ich die Kapelle hastig Richtung Ausgang. Nicht ohne vorher meine Kollegin mit einem schadenfrohen Blick zu versehen.

KAPITEL 33

NIKOLAUS

Der Nikolaus muss wohl oder übel lernen,
dass brav und nicht brav überholte Konzepte sind

D as Jahr neigt sich dem Ende entgegen. Ein Satz, den man jedes Jahr hört und liest. Erfahrungsgemäß liegen die Nerven in der Kindertagesstätte im Dezember blank wie ein Piratensäbel. Die letzten Monate haben viel Energie gekostet. Es gab gute und weniger gute Momente, bei Kindern wie auch bei Erziehern. Es gab Herausforderungen und Erfolgserlebnisse, bei Kindern wie auch bei Erziehern. Es gab Gelächter und Tränen. Bei Kindern wie auch bei Erziehern.

Und jetzt, nach einem bunten Jahr voller bunter Erlebnisse, breitet sich Jahresendstimmung auch in der Kita aus. Ich habe das noch nie so richtig verstanden. Schließlich knüpft das neue Jahr nahtlos an das alte an. Man wird nicht von einem Tag auf den anderen von all seinen Problemen oder Sünden erlöst. Man wird nicht auf einen Schlag klüger oder stärker oder reicher. Man muss weiterhin seine Miete zahlen, weiterhin zur Arbeit gehen und weiterhin volle Windeln wechseln. Eigentlich ändert sich nichts. Ich kann den Wunsch nach Neuanfang und guten Vorsätzen schon verstehen. Aber wenn wir ehrlich sind: Das neue Jahr wird genauso weitergehen, wie das alte aufgehört hat. Trotzdem kann man zwischen den Jahren natürlich versuchen, neue Energie zu tanken, sich zu erholen, sich zu wappnen und von mir aus auch gute Vorsätze festlegen, obwohl man die auch zu jedem anderen beliebigen Zeitpunkt des Jahres festlegen könnte. Aber ich bin gerne bereit, es zu versuchen.

Die Stimmung in der Vorweihnachtszeit in der Kita ist trotzdem ambivalent. Einerseits freut man sich auf Weihnachten und die Ferien. Andererseits steigt das Stresslevel noch einmal um einige Nummern an. Es wird wie wild und wahnsinnig gebastelt, es wird ausufernd und lauthals gesungen, es wird für das Krippenstück des Weihnachtsgottesdienstes geprobt, es wird ungefähr 123-mal die Weihnachtsgeschichte in unterschiedlichen Fassungen besprochen. Die Erzieherinnen und Erzieher stehen unter Druck, um das Jahr zu einem erfolgreichen Ende zu bringen, und die aufgeregten Kinder, die sich auf Weihnachten und vor allem auf Geschenke freuen, tragen nicht gerade dazu bei, die Stimmung aufzulockern.

Der heutige Tag steht unter einem besonders hibbeligen Stern. Heute wird der Nikolaus unsere Kita besuchen. Natürlich ist es nicht der, sondern ein Nikolaus, und unter Bart und Kostüm steckt, so wie die letzten drei Jahre auch, Herr Schneller, der Papa von Julian.

Ich habe Kopfschmerzen. Es kommt mir vor, als würden Brüllaffen Granaten in meinem Kopf zum Explodieren bringen. Auf meiner Zunge ist ein Geschmack von Katzenkotze. Ich habe das gar nicht so geringe Bedürfnis, auf der Stelle sterben zu wollen.

Gestern war unsere Team-Weihnachtsfeier. Das ist vielleicht schon Information genug. Ja, ich habe einen Kater. Ich würde in diesem Moment gerne nicht existieren. Meine Kollegin Lara hat heute noch kein Wort gesprochen, ihr Gesicht sagt hingegen sehr viel ohne Worte. Und unsere Kita-Leiterin Frau Mühleisen hat heute noch nicht einmal die Tür ihres Büros geöffnet. Hätte ich nicht ihre heisere Stimme am Telefon gehört, hätte ich vermutet, dass sie gar nicht da sei.

Wir sind alle in der Lage, unsere Arbeit zu machen und unserer Aufsichtspflicht gegenüber den Kindern nachzukommen, da darf man mich nicht falsch verstehen. Allerdings arbeiten wir unter einem Mantel physischer und psychischer Schmerzen. Meine Bewegungen mögen etwas phlegmatisch erscheinen und meine Ausdrucksweise etwas dumpf. Aber wir würden niemals den Umgang mit den Kindern darunter leiden lassen. Mir ist es heute bereits gelungen, Justin aus der Spielküche zu befreien, nachdem er seinen Kopf durch die abnehmbare Spüle gequetscht hat. Ich war in der Lage, Lucas' zerkaute und halb verdaute Banane vom Boden aufzuwischen, die er dort nach einem Niesanfall verteilt hat. Und ich konnte eine immens volle Windel, eine wirklich unverschämt und schier unmenschlich pralle Windel, wechseln, ohne mich zu übergeben. Angesichts der Abendgestaltung des Vortags eine meiner Meinung nach beträchtliche Leistung.

Wer feiern kann, kann auch arbeiten. Ein alter und, zumindest denke ich das in diesem Moment, verabscheuungswürdiger Spruch. Aber ich muss zugeben, auch wenn ich den Erfinder dieses Spruches gerade gerne verprügeln oder ihm eine volle Windel an den Kopf werfen würde, er hat irgendwie seine Berechtigung.

Allerdings ist vielleicht ganz gut nachvollziehbar, dass meine Motivation, in meinem derzeitigen Zustand heute einem unechten Nikolaus zu begegnen, sehr gering ausfällt, weniger als null, also quasi sehr weit unten im negativen Zahlenbereich. Aber die Sache kann man schlecht abblasen. Herr Schneller ist wahrscheinlich schon unterwegs. Und heute ist Freitag, und morgen ist Nikolaus.

Und irgendwie, auch wenn wir es jedes Jahr versuchen zu vermeiden, haben ein paar Kinder bereits Wind davon bekommen. Jedes Jahr dasselbe. Wir versuchen, es geheim zu halten, und wollen die Kinder eigentlich überraschen. Aber auf unergründliche Weise schaffen sie es jedes Jahr aufs Neue, vorab davon zu erfahren. Als könnten sie den Nikolaus riechen. Also Herrn Schneller, der aber, soweit ich weiß, recht dezent riecht, nach billigem Aftershave. Vielleicht haben wir einen Maulwurf inmitten der Kleinen Murmeltiere und Eulen und Biber. Einen Spion. Ich weiß es nicht. Fakt ist: Die Kinder wissen Bescheid. Und sie sind bereits aufgeregt und hibbelig. Sie sind unruhig wie ein Rudel Hyänen im Zoo kurz vor der Fütterung. Die Großen wissen Bescheid, wer uns nachher besuchen wird. Und die Kleinen wissen es zwar nicht so richtig, haben sich aber von der Aufregung der anderen anstecken lassen.

*

Ich sitze auf dem Boden und beobachte die Krippenkinder, die momentan glücklicherweise in friedliches Spiel vertieft sind. Die Ruhe kann nicht von langer Dauer sein, da bin ich mir sehr sicher, das lehrt uns die Erfahrung. Also versuche ich, den Moment auszukosten, soweit es mein pochender Kopf und mein von einem flauen Gefühl heimgesuchter Magen zulassen.

Infernalischer Krach ertönt, als sämtliches Geschirr der Spielküche zu Boden gefegt wird. Ich weiß nicht, wer es war, mein Kopf ist zu sehr damit beschäftigt, an den explodierenden Schmerzen nicht zugrunde zu gehen. Ich halte meinen Schädel mit beiden Händen fest, als drohe andernfalls die Gefahr, dass er zerberste. Dann spüre ich ein leichtes Tippen auf meiner Schulter. Ich öffne langsam ein Auge. Jaqueline steht neben mir. Ihr Gesichtsausdruck ist besorgt, sie sieht mich mit schräg gelegtem Kopf von der Seite an.

»Aua?«

Ich nicke langsam.

»Ja«, flüstere ich. »Aua.«

Jaquelines Blick wird nahezu mütterlich. Sie streichelt meinen Arm, meine Schulter, dann meine Wange, meinen Kopf, dann landet ihr Finger kurz in meinem Ohr. Sie legt ihren Kopf kurz auf meine Schulter, tätschelt mir noch einmal den Bauch, dann lässt sie mich mit meinen sehr langsam abflauenden Schmerzwellen wieder alleine, nicht ohne mir noch mal einen mitfühlenden Blick zuzuwerfen. Ich habe das Gefühl, mir gehe es tatsächlich ein wenig besser. Solange es noch solche liebevollen und empathischen Gesten von Kindern gibt, kann die Welt noch nicht verloren sein.

Jaqueline greift nach ihrer Trinkflasche und nimmt einen großen Schluck. Neben ihr steht Holger, unser Neuer, der sich mittlerweile ganz gut eingelebt hat. Die Wutanfälle sind seltener geworden, und seinen Kopf schlägt er auch nicht mehr auf den Boden. Die beiden stoßen miteinander an. Jaqueline wirft mir wieder einen Blick zu. Dann schickt sie mir auch noch eine Kusshand zu. Ich lächle ihr entgegen. Sie lächelt ebenfalls. Dann lässt sie einen Rülpser los.

*

Nach einem fünften Glas Wasser und einer Kopfschmerztablette scheinen sich die Schmerzen langsam wie eine lethargische Ebbe zurückzuziehen. Ich öffne eines der Fenster, da die Luft im Gruppenraum der Kleinen Murmeltiere einem vergammelten Komposthaufen gleicht. Drei unserer Windelträger haben es geschafft, selbige nahezu gleichzeitig zu füllen. Klingt komisch, ist aber so. Das kommt manchmal vor. Ob es sich dabei wirklich nur um Zufall handelt oder ob die Kinder eventuell über einen weiteren geheimen Sinn verfügen, der sie zu solch einem Scheiß-Timing befähigt, bleibt wohl auf ewig ungeklärt. Ich bin nur froh, dass ich dreimal hintereinander gegen Lara beim Schnick Schnack Schnuck gewonnen habe.

Als ich eines der Fenster öffne, sehe ich einen Nikolaus über den Parkplatz laufen. Sein Bart hängt ihm unterm Kinn, im Mundwinkel eine halbe Zigarette.

Warum sollte der Nikolaus auch vor solch menschlichen Lastern gefeit sein, denke ich und versuche zu verhindern, dass eines der Kinder Herrn Schneller draußen entdeckt.

Lara kommt nach der dritten gewechselten Windel aus dem Badezimmer, mit einem Gesichtsausdruck wie nach der dritten gewechselten Windel. Ich versuche, mir einen hämischen Kommentar zu verkneifen, scheitere, ernte einen bösen Blick von meiner Kollegin und teile ihr dann mit, dass Herr Schneller eingetroffen sei und wir mit den Kleinen schon mal einen Sitzkreis machen können, da Herr Schneller in seinem Kostüm und hoffentlich ohne Zigarette bei den Kleinen Murmeltieren als Erstes vorbeischauen wird.

Lara und ich machen die Ansage, dass wir jetzt alle gemeinsam aufräumen. Das dauert eine Weile, und nach fünf Minuten habe ich das Gefühl, dass es unordentlicher aussieht als zuvor. Für jedes eingeräumte Spielzeug scheinen zwei andere mitten im Zimmer aufzutauchen. Nach weiteren fünf Minuten haben wir es dann geschafft, und nach einer weiteren gewechselten Windel sitzen wir endlich alle gemeinsam in einem kleinen Stuhlkreis.

Meine Frage, ob jemand wisse, wer uns gleich besuchen komme, wird erst mit verdutztem Schweigen beantwortet, ehe Niels laut und aufgeregt »Polizei« rufen kann.

Ich schüttle den Kopf.

»Nein, aber so ähnlich. Heute kommt der Nikolaus.«

Ein paar Kinder ziehen begeistert den Atem ein und trommeln mit den Füßen auf dem Boden, die anderen schauen mich gelangweilt an, als habe ich ihnen nichts Neues mitgeteilt.

»Soll ich mal nachsehen, ob der Nikolaus schon vor der Tür steht?«

Zwei Kinder nicken. Das muss genügen.

Ich schleiche etwas theatralisch zur Tür, versuche die Schmerzen, die zwar schwächer werden, aber immer noch auf meinen Synapsen von einer Schläfe zur anderen reiten, zu ignorieren und drücke die Klinke herunter.

Der Gang ist leer.

»Niemand da«, stellt Niels richtig fest.

Ich blicke etwas ratlos zu Lara, die wiederum mit den Schultern zuckt und offensichtlich noch mehr mit ihrem Kater zu kämpfen hat als ich.

»Hm«, sage ich. »Sollen wir den Nikolaus vielleicht mal gemeinsam ganz laut rufen?«

Die meisten Kinder nicken eifrig.

»Wag dich bloß nicht«, zischt mir Lara entgegen und hält sich wieder ihren Kopf.

Ich grinse sie an. Dann vergeht mir mein Grinsen, als ich ihren Blick sehe, der wirklich nicht weit davon entfernt sein kann, sprichwörtlich zu töten.

»Oder wir rufen erst mal ganz leise, okay? Alle zusammen: Nikolaus. Nikolaus …«

Die Krippenkinder zischen und sabbeln und stammeln mit und verteilen dabei eine nicht geringe Menge Spucke auf dem Boden.

»Ich komme ja schon, bin schon da.«

Herr Schneller kommt den Gang entlanggehastet, ein großes Buch und einen noch größeren Sack in der einen Hand, mit der anderen Hand unter seinem roten Mantel herumfummelnd.

»War noch auf dem Klo«, raunt er mir entgegen. »Ho ho ho, wen haben wir denn da? Sind das etwa die Kleinen Murmeltiere?«

Holger fängt an zu weinen.

Der Nikolaus bleibt etwas betreten im Türrahmen stehen.

Lara nimmt ihn auf den Schoß, knuddelt ihn ein wenig und sagt ihm, er müsse keine Angst haben.

Normalerweise kotzen Krippenkinder auf Erzieher. Aber angesichts von Laras Gesichtsfarbe habe ich die Befürchtung, und tief in meinem Inneren vielleicht auch die leise Hoffnung, dass es heute einmal umgekehrt laufen könnte. Holger beruhigt sich schnell wieder, wirft dem Nikolaus aber böse Blicke zu. Hauptsache mal wieder geschrien, weil man etwas gesehen hat, was man nicht kennt.

Die übrigen Kinder blicken teilweise aufgeregt, teilweise skeptisch. Sie scheinen den großen Mann in seinem roten Mantel noch nicht wirklich einordnen zu können. Wenn man bedenkt, dass die Kleinen teilweise noch keine zwei Jahre alt sind, kann man es ihnen aber auch nicht verübeln.

»Schön habt ihr es hier«, sagt Herr Schneller, und ich kann sehen, wie ihm bei jedem Wort Fusseln aus seinem Bart in den Mund geraten. »Wirklich toll. Da fühle ich mich gleich sehr wohl.« Er rutscht auf dem kleinen Kinderhocker hin und her, der für seine Größe viel zu klein ist. »Jetzt wollen wir doch mal sehen, was in meinem Buch so über euch steht.«

Niels sieht mich von der Seite aus an.

»Is' das?«

»Das ist der Nikolaus.«

Dann zieht Lucas an meinem Ärmel.

»Wua?«

Ich schüttle den Kopf, bin aber vor allem froh, dass er nicht *scheiße* sagt.

Herr Schneller legt sein großes, mit Alufolie umwickeltes Buch auf seine Oberschenkel und beginnt mit einer schauspielerischen Leistung, die einem RTL-Nachmittagsprogramm in nichts nachsteht, in seinem Buch zu lesen und zu suchen.

»Wen haben wir denn da? Niels!«

Niels zuckt zusammen und macht große Augen. Der Nikolaus blickt in die Runde. Ich deute unauffällig auf Niels, damit er weiß, um wen es sich überhaupt handelt.

»Bist du denn brav gewesen dieses Jahr?«

Niels blickt kritisch. Dann beschließt er zu grinsen. Dann schüttelt er den Kopf.

»Was? Du warst nicht brav? Bist du dir sicher?«

Niels überlegt. Dann nickt er.

»Hm, was machen wir denn da? Eigentlich habe ich nur Geschenke für Kinder, die auch brav gewesen sind.«

»Schenke?«, fragt Niels und scheint auf einmal sehr hellhörig.

»Ja, Geschenke. Aber nur für brave Kinder.«

Niels steht auf und läuft auf den Nikolaus zu. Er deutet auf den großen Sack.

»Da drinne?«

»Vielleicht sind die Geschenke da drin. Warst du denn brav? Denk noch mal nach.«

Niels blickt Herrn Schneller an, dann mich. Ich nicke ihm leicht zu. Niels grinst, wendet sich wieder zum Nikolaus und posaunt lauthals heraus: »Brav!«

Herr Schneller rückt schließlich ein Geschenk heraus, und Niels flitzt damit schnell auf seinen Platz zurück. Ich kann ihn gerade noch zu einem *Danke* überreden, ehe er das Papier des ersten Schokoladennikolaus aufgerissen hat.

Bevor Herr Schneller einen weiteren Namen aufrufen kann, steht Lucas bereits neben ihm und versucht, in den Sack hineinzuspähen.

»Hallo kleiner Mann, nicht so eilig. Ich muss erst mal sehen, ob dein Name auch in meinem Buch steht.«

Lucas würdigt ihn nur eines kurzen Blickes und fängt dann an, an dem Geschenkesack zu zerren. Der Nikolaus ist sichtlich herausgefordert, indem er gleichzeitig versucht, in sein Buch zu sehen und seinen Sack zu verteidigen.

»So, mal schauen, ob ich deinen Namen finde.«

Herr Schneller blickt zu mir, ich versuche, mit überdeutlichen Lippenbewegungen stumm Lucas' Namen zu formulieren.

Herr Schneller wirft noch einen Blick in sein Buch, in welches die Namenslisten von jeder Kita-Gruppe geklebt sind.

»Jaqueline? Das ist doch ein Mädchenname, oder?«

Ich verdrehe die Augen und zische ihm den richtigen Namen entgegen.

»Ach so, Lucas! Hier bist du ja.«

Herr Schneller zerrt nun seinerseits an seinem Sack.

»Warst du denn auch brav, Lucas?«

Die Antwort besteht in einem ungeduldigen Blick.

»Hm, Lucas? Bis du brav gewesen?«

Dieselbe Antwort.

»Nun ja.« Der Nikolaus scheint zu überlegen. »Du siehst mir auf jeden Fall sehr brav aus.«

Ich unterdrücke ein Prusten. Er überreicht Lucas ein Geschenk, der läuft damit sofort davon. Ich fordere auch ihn auf, sich zu bedanken. Lucas dreht sich um: »Scheiße.«

Es klopft. Frau Schiller öffnet die Tür, neben ihr Benjamin und Julian.

»Seht mal, der Nikolaus ist tatsächlich schon da.«

Benjamin und Julian halten sich vor Aufregung gegenseitig fest. Lara und ich blicken unsere Kollegin fragend an.

»Die beiden werden heute früher abgeholt. Deshalb wäre es gut, wenn sie jetzt bei euch mitmachen können und ihre Geschenke bekommen.«

»Wer sagt denn, dass die beiden überhaupt was kriegen?«, nuschelt Lara leise, aber ich glaube, außer mir hat sie niemand verstanden.

Ich nicke.

»Wird schon gehen. Machen wir spontan.«

Benjamin und Julian wollen direkt auf den Mann in Rot zulaufen, ich schicke sie erst mal zwei Stühle holen und in unseren Sitzkreis.

»Je mehr, desto besser«, sagt Herr Schneller und schickt noch ein künstliches »Ho ho ho« hinterher, das wie schlecht auswendig gelernt klingt.

»So, dann machen wir mal weiter. Die Samantha habe ich noch in meinem Buch stehen.«

Er spricht jedes *a* wie ein *a* aus.

Samantha, die das Geschehen bisher einigermaßen begeistert verfolgt hat, schrickt zusammen und scheint wie versteinert.

»Samantha, möchtest du zu mir nach vorne kommen?«

Die Kleine rührt sich nicht.

»Du warst doch bestimmt auch brav, oder? Dann hab ich auch ein Geschenk für dich.«

Weiterhin keine Regung. Der Mann mit dem Bart holt das Geschenk bereits heraus und hält es ihr hin. Lucas will schon aufstehen und es einsammeln, Lara hält ihn zurück. Samantha hingegen macht keine Anstalten, das Angebotene entgegenzunehmen.

»Sollen wir zusammen gehen?«, frage ich sie leise. »Du brauchst keine Angst zu haben.«

Den Blick weiterhin auf den Nikolaus gerichtet, scheint sie lange zu überlegen. Vielleicht denkt sie auch gar nicht, vielleicht herrscht in ihrem Kopf gähnende Ödnis, ich weiß es nicht. Dann endlich nickt sie langsam, streckt mir ihre Hand entgegen, starrt aber weiterhin nach vorne. Mit sehr langsamen und sehr kleinen Schritten nähern wir uns beide dem Mann in Rot, der versucht, aufmunternd zu grinsen. Als wir schließlich nur noch einen Schritt von ihm entfernt sind, hält er ihr wieder das Geschenk entgegen. Samanthas Hand geht sehr langsam nach vorne. Der Begriff *Zeitlupe* erklärt nicht ansatzweise die Geschwindigkeit, mit der sie diese Armbewegung ausführt. Ihr Gesicht ist wie in Stein gehauen. Dann endlich umgreifen ihre Finger das Geschenk, und keine Sekunde später sitzt sie wieder auf ihrem Platz. Zum Auspacken benötigt sie nur einen Bruchteil der Zeit. Sie stopft sich sofort etwas Schokolade in den Mund und zieht dann einen Apfel aus der kleinen Geschenktüte. Samantha betrachtet das runde Ding wie ein außerirdisches Objekt und lässt es kurz darauf mit einem vernehmlichen »Bäh!« auf den Boden fallen.

Herr Schneller verteilt seine Gaben an die übrigen Krippenkinder ohne weitere Zwischenfälle.

»So. Wir haben ja noch zwei weitere Gäste bekommen.« Er blickt auf Benjamin und Julian, die anfangen, vor Aufregung auf ihren Stühlen zu zappeln. »Ich schaue mal in mein Buch, ob ich euch beide auch hier finde.« Er blättert ein paar Seiten hin und her. Ich gehe davon aus, dass er den Namen seines Sohnes auch ohne Spickzettel weiß. »Aha, hier habe ich einen gefunden. Julian!«

Der Junge zuckt zusammen. Er wirft mir einen hilfesuchenden Blick zu. »Woher weiß der meinen Namen?«

Nun blicke ich hilfesuchend zu Lara. Die wiederum scheint mit offenen Augen eingeschlafen zu sein.

»Nun ja, das ist doch der Nikolaus. Der weiß von allen Kindern die Namen.«

Jetzt blickt Julian mich etwas mitleidig an, als müsse man mir erst einmal erklären, wie die Welt so funktioniere.

»Aber das ist doch nicht der echte Nikolaus. Das ist ein Mann. Der hat sich verkleidet als Nikolaus.«

Was soll ich demgegenüber erwidern?

»Ho ho ho«, ertönt es von Herrn Schneller. »Bist du dir sicher, kleiner Mann?«

»Ja.«

Nun blickt der Mann in Rot zu mir. Ich habe das Gefühl, im Raum werden Hilfe suchende Blicke umhergeworfen wie ein Volleyball.

»Komm doch mal zu mir, und wir schauen, ob wir noch ein Geschenk für dich haben.«

Julian läuft nach vorne und beginnt, an Herrn Schnellers rotem Mantel zu zupfen.

»Ist der überhaupt echt?«

»Natürlich ist der echt!«

»Und dein Bart?«

»Der auch.«

»Darf ich mal dran ziehen?«

»Nein.«

Herr Schneller greift schnell in seinen Sack und überreicht Julian sein Päckchen.

»Musst du mich nicht erst fragen, ob ich brav war?«

»Oh, ich glaube, du warst fast immer brav, oder? Da bin ich mir sehr sicher.« Der Nikolaus zwinkert mir zu. »Außer einmal, als du zu Hause die Kekspackung aus der Schublade geklaut und vor dem Abendessen aufgegessen hast.« Julian macht große Augen. Er dreht sich langsam um und will zurücklaufen.

»Was sagt man?«

Ich hasse diesen Satz, ganz nebenbei. Aber irgendwie wird das von uns erwartet.

Julian dreht sich um.

»Danke.«

»Gern geschehen, kleiner Mann.«

Julian bleibt stehen. Er runzelt die Stirn und schaut dem Nikolaus in die Augen.

»Papa?«

Herr Schneller beginnt, etwas hektisch in seinem Bart herumzuwühlen. »Ähm, was? So ein Quatsch. Dein Papa ist bestimmt noch arbeiten. Oder? Also, ähm, wen haben wir denn noch? Benjamin?«

Während Julian von Benjamin abgelöst wird und Ersterer noch einen weiteren skeptischen Blick auf den Mann mit dem Bart wirft, habe ich unfreiwillig die Bilder im Kopf, wie Frau Schneller eine Affäre mit dem Nikolaus hat.

Die Kindertagesstätte beginnt sich zu leeren. Nach und nach werden die Kinder abgeholt. Die Kita hat zwar noch zwei Wochen geöffnet, bevor die Weihnachtsferien beginnen, trotzdem herrscht am Tag des Nikolausbesuchs immer eine gewisse Abschiedsstimmung. Nicht nur das Kita-Personal schwimmt im Vorweihnachtsstress, auch einigen Eltern steht selbiger ins Gesicht geschrieben. Die Mutter von Sofie berichtet mir im Türrahmen stehend ausführlich, für wen sie noch welche Geschenke besorgen müsse und wie viel sie noch zu tun habe. Ich versuche, mitfühlend zu nicken und mich irgendwie wieder in den Gruppenraum zurückzuziehen. Aber ihr Gesprächsschwall ist wie ein Strudel, aus dem es kein Entkommen gibt. Ihr Mann bekomme zu Weihnachten wahrscheinlich Socken. Fast sage ich laut: Niemand mag Socken zu Weihnachten.

Lucas' Mutter überreicht mir bereits ein kleines frühzeitiges Weihnachtsgeschenk, etwas Schokolade und eine selbst gemachte Kerze, auf der in schrägen Buchstaben *Lucas* steht. Ich bedanke mich und freue mich auf jeden Fall sehr über die Geste. Ehe wir uns verabschieden, kommt es noch zu einem dramatischen Heulanfall, da Lucas nicht versteht, dass die Schokolade und die Kerze für mich und nicht für ihn sind. Samanthas Mutter fragt mich zum zehnten Mal, an welchem Tag die Kita nach den Schließtagen wieder geöffnet sei. Ich beantworte ihr die Frage zum zehnten Mal.

Ob es die Möglichkeit gebe, die Kita ein paar Tage früher zu öffnen, sie habe sehr viel zu tun und wisse nicht wohin mit Samantha.

Ich antworte ihr freundlich, so hoffe ich zumindest, dass dies nicht möglich sei, und ich frage sie nicht, was sie denn so viel zu tun habe, damit sie mich auch nicht anlügen kann.

Schließlich ist nur noch Justin übrig. Der Gruppenraum ist bereits aufgeräumt. Der Kleine sitzt auf meinem Schoß, und wir spielen dreimal hintereinander *Hoppe hoppe Reiter*. Hauptsache, er kann für keine erneute Unordnung sorgen. Wir sehen das Auto von Justins Vater auf den Parkplatz fahren. Dann ertönt ein lautes Pupsgeräusch, gefolgt von einem Geruch, der selbst Zombies in die Flucht schlagen würde.

Lara und ich blicken uns an. Dann blicken wir nach draußen.

»Wir könnten behaupten, es sei in dem Moment passiert, als er hereingekommen sei.«

»Ich weiß nicht«, gebe ich zu bedenken. »Das glaubt der uns doch nicht.«

»Was soll er denn machen?«

»Nichts. Aber das können wir doch nicht machen, oder?«

Wir blicken wieder nach draußen. Justins Vater steht noch immer auf dem Parkplatz. Er telefoniert.

»Du wickelst«, sagt Lara. »Er sitzt auf deinem Schoß.«

»Moment. Die Regel gibt es nicht.« Ich stehe auf und setze Justin zwischen uns auf den Boden. »Das wird anständig ausgeschnuckt, so wie immer!« Lara seufzt.

»Kurz vor Feierabend. Muss das denn sein?«

Wir strecken unsere Hände aus und schwingen sie dreimal.

»Schnick Schnack Schnuck!«

Ich verliere. Und ich seufze.

»Also los, Justin.« Ich hebe ihn wieder nach oben. »Ein letztes Mal noch in den Kampf. Dann ist Wochenende.«

Justin grinst mich breit an, als hätte er genau verstanden. Er streckt mir seine Hand ins Gesicht, streichelt meine Nase. Dann steckt er seinen Finger in mein Nasenloch.

52 WUNDERBARE WOCHENENDEN

WIE LÄSST MAN ES SICH ALS FAMILIE SO RICHTIG GUT GEHEN? DIE BESTE GEBRAUCHS-
ANWEISUNG FÜR EINE LUSTIGE, TURBULENTE UND ERHOLSAME FREIZEIT MIT KINDERN

52 WUNDERBARE WOCHENENDEN
LUSTIGE, VERRÜCKTE UND SCHÖNE IDEEN
FÜR DIE GANZE FAMILIE
Von Sabine Bohlmann
232 Seiten, Taschenbuch
ISBN 978-3-86265-223-5 | Preis 9,95 €

»In ihrem Buch macht Sabine Bohlmann kreative Vorschläge, wie man gemeinsam mit der Familie das Wochenende gestalten kann. Sie zeigt, wie man an ›Repariertagen‹ das Nützliche mit dem Angenehmen verbindet, wie man auch ohne Geld auszugeben tierisch viel Spaß hat, wie man sich gegenseitig verwöhnt oder was für eine Gaudi ein Fotoshooting-Wochenende sein kann – und wie man am besten zusammen faulenzt. Mit ihrem Einfallsreichtum bringt die Münchner Schauspielerin und Mutter zweier Kinder auf jeden Fall Farbe in jedes noch so graue Wochenende. Selbstverständlich lassen sich die Ideen auch wunderbar auf Ferien- und Urlaubstage übertragen.«
Schwäbische Zeitung

»Mit Sabine Bohlmanns Buch hat Langeweile keine Chance mehr.« *stadt-land-kind.de*

MANUEL ZERWAS, geboren 1987 in Speyer, Studium in Landau und Mainz, Master of Education in den Fächern Deutsch und Sport. Ein Jahr Erzieher in einer Kindertagesstätte. Seit 2015 Referendariat für gymnasiales Lehramt. Erster Lyrikband SINN IM UNSINN 2014 im Brot & Kunst Verlag in Karlsruhe erschienen. Preisträger Junges Literaturforum Hessen-Thüringen 2013, Martha-Saalfeld-Förderpreis 2015.

Manuel Zerwas
JONAS, NIMM DEN DINOSAURIER AUS DER NASE!
33 Geschichten aus dem absurden Alltag eines Kita-Erziehers
Mit Illustrationen von Jana Moskito

ISBN 978-3-86265-597-7
© Schwarzkopf & Schwarzkopf Verlag GmbH, Berlin 2016
Zweite Auflage August 2016
Vermittlung: Literaturagentur Brinkmann, München | Alle Rechte vorbehalten. Dieses Werk ist urheberrechtlich geschützt. Jede Verwendung, die über den Rahmen des Zitatrechtes bei korrekter und vollständiger Quellenangabe hinausgeht, ist honorarpflichtig und bedarf der schriftlichen Genehmigung des Verlages | Autorenfoto: © Lena Csercsevics | Coverfotos: © tonic85, © Vadim Ponomarenko, © Jaykayl (alle: www.depositphotos.de)

KATALOG
Wir senden Ihnen gern kostenlos unseren Katalog.
Schwarzkopf & Schwarzkopf Verlag GmbH
Kastanienallee 32, 10435 Berlin
Telefon: 030 – 44 33 63 00
Fax: 030 – 44 33 63 044

INTERNET | E-MAIL
www.schwarzkopf-schwarzkopf.de
www.facebook.com/schwarzkopfverlag
info@schwarzkopf-schwarzkopf.de